AI 시대, 내 일의 내일

AI 시대, 내 일의 내일

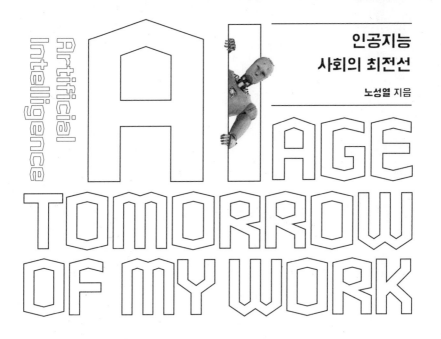

Artificial Intelligence

인공지능
사회의 최전선

노성열 지음

AI AGE TOMORROW OF MY WORK

동아시아

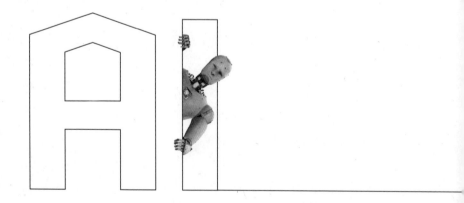

2016년 알파고 쇼크가 휩쓸고 간 후 모든 분야에서 인공지능 혁명이 한창이다. 법률 분야도 예외가 아니어서 '리걸 AI', 즉 법률 AI가 법조계 안팎의 주목을 받고 있다.

AI 기술은 인간의 판단과 의사결정을 자동화하는 도구라는 점에서 다른 IT 기술과는 그 충격의 차원이 다르다. 특히 법률 서비스는 그 본질이 인간과 관련된 판단과 의사결정이라는 점에서 인공지능 기술이 도달할 궁극의 목표 중 하나라고 할 수 있다. 그러나 법적 문제들은 오늘날 가장 높은 수준의 AI 기술로도 해결하기 어려운 모호성과 복잡성을 지닌다. 한편 사법 작용은 근대 이후 자유와 민주주의를 바탕으로 하는 국가 공동체의 기본적 구조를 이루고 있다는 점에서 인공지능 기술이 미칠 미묘한 영향을 좀 더 섬세하게 들여다볼 필요도 있다. 그럼에도 불구하고 국내외에서는 새로운 아이디어와 열정으로 무장한 개척자들의 도전이 이어지고 있다.

이 책은 AI 기술의 확산을 계기로 세계 각국의 법률 서비스 분야에서 벌어지고 있는 일들을 현장감 있게 묘사하면서도 사태의 핵심을 명확히 전달하고 있다는 점에서 과학 저널리즘의 모범을 보여준다. 저자의 땀과 예지가 담긴 이 책을 읽으며 느낀 즐거움을 다른 독자들도 함께하기를 기대한다.

_**이상용**(인공지능법학회 회장, 충남대 법학전문대학원 교수)

영국 BBC가 제작한 다큐멘터리 8부작 〈세계의 역사History of the World〉(2012)의 마지막 회를 보면, 1989년 베를린 장벽 붕괴와 1991년 소련의 해체로 공산주의가 자본주의에 패하고, 그로써 역사가 종언을 고했다고 해설한다. 여기서 역사의 종언이란 새로운 역사의 시작을 의미하고, 1997년 IBM의 슈퍼컴 딥블루가 인간 체스 고수 가리 카스파로프를 이긴 사건이라고 규정한다. 이를 기점으로 인류 문명이 알고리즘이 여는 새로운 역사로 전환되기 시작했다는 것이다.

그 후 2016년 서울 한복판에서 벌어진, 구글의 딥마인드가 개발한 알파고와 이세돌 9단의 세기적 바둑 대국은 4차 산업혁명의 쇼크에 다름 아니었다. 알파고 버전은 68회의 대국에서 유일하게 이세돌에게 한 번 패한 기록으로 바둑계를 은퇴했다. 이후 알파고는 진화를 거듭하며 인간은 제쳐버리고 자기들끼리 대국하는 경지에 이르렀다. 디지털 물리학의 선구자인 에드 프레드킨Ed Fredkin은 138억 년의 이 우주 역사에서 빅뱅, 생명의 탄생, 인공지능의 출현을 우주사 3대 사건으로 꼽았다.

인공지능은 4차 산업혁명의 핵심으로 초지능과 초연결의 세상을 열고 있다. 그 세상이 어떤 모습이 될지 예측은 분분하지만, 결론은 살아봐야 알 것 같다. 저자는 기자의 눈을 갖고 발로 뛰어다니며, 그 요술 같은 AI가 펼쳐지는 최전선의 상황을 역동적으로 그려내고 있다. 분야별로 법률, 의료, 금융, 게임, 정치·군사, 예체능으로 구분해서 들려주는 스토리가 드라마틱하고도 유익하다. 저자의 다음 책은 인간 지능을 앞서게 될 기계 세상에서 인간의 역할은 무엇이 될지, 가치관은 어찌 될지가 아닐까 싶다.

_**김명자**(한국과학기술단체총연합회 회장)

21세기 인간사회는 폭풍 전야이다. 컴퓨터가 인간 지능을 능가하는 특이점이 다가오고 있기 때문이다. 특이점 시대가 되면 수만 년간 이어온 인간 중심 사회는 큰 변화를 맞을 것이다. 두렵다고 생각하는 사람도 있을 것이다. 하지만 두려움은 무지로부터 온다. 다가올 AI 시대를 정확히 알고 대비하면, 우리가 원하는 미래를 만들어 갈 수 있다. 이 책은 우리를 미래 세계로 인도하며 준비할 수 있게 해주는 가이드북이 될 것이다.

_**이광형**(KAIST 문술미래전략대학원 교수 겸 교학부총장)

서점에 가면 AI 관련 책이 적지 않게 진열돼 있다. 이 정도면 AI 열풍이라 해도 과장된 말은 아닐 듯싶다. 의사인 나는 자연스럽게 AI와 의료 혹은 헬스케어 관련 서적에 눈길이 간다. 하지만 화려한 제목과 달리 가슴에 와닿는 내용은 발견하기 어렵다. 왜 이러한 괴리가 발생하는 것일까 곰곰이 생각해보았다. 저자들이 실력이 부족해서 그런 것은 아니리라. 책마다 화려한 제목과 목차 그리고 그에 걸맞은 내용을 담고 있다. 그러나 AI를 현장에서 직접 활용하고 있는 현역 의사인 내게 깊은 인상을 주기엔 무엇인가 부족하다는 느낌을 늘 갖고 있었다.

의료 AI를 취재하러 와서, 나와 첫 인연을 맺은 저자의 원고를 보았다. 몇 단락 지나지 않아 '이 책은 내가 평소에 다른 책에서 느끼던 제목과 내용의 괴리감을 느낄 수 없구나'라는 생각이 들었다. 자연스럽게 여타 비슷한 내용의 서적과 무엇이 다른 것일까 의문이 생겼다. 내가 나름 발견한 차별성은 저자에게 있었다. 노성열 기자는 이 책을 머리와 동시에 발로 써 내려갔다는 느낌을 받았다. 수십 년 쌓인 민완기자로서의 능력, 노련한 언론인으로서의 감각과 식견을 해박한 지식에 더한 보기 드문 명저라고 감히 독자들에게 추천한다. 현장을 누비며 많은 사람을 인터뷰하는 등 살아 있는 지식을 책에 담아내었다.

이 책에는 AI 기술이 실제 적용되고 있는 현장 곳곳의 생생한 목소리가 담겨 있다. 바로 이러한 점이 수많은 논문과 책을 인용한, 나름 훌륭해 보이는 책들이 내게 감동이 줄 수 없었던 빈 곳을 튼실하게 메꾸고 있다. 특히 뛰어난 점은 단순히 AI에 대한 지식을 이야기하는 것을 넘어 AI가 의료시스템에 어떤 영향을 줄 것인가의 문제와, AI의 도입으로 인해 의료계가 당면한 현재 문제와 향후 발전 방향까지 다루었다는 것이다. 또 법률, 금융, 게임, 정치와 군사, 예술과 스포츠, 윤리까지 포괄적인 내용을 전개하고 있는 점은 저자와 같은 노련한 언론인 출신 제너럴리스트가 아니면 흉내 내기 어려운 영역이다. 전문인은 물론이고 인공지능에 관심 있는 청소년도 읽을 수 있도록, 어려운 내용임에도 비교적 평이한 문장으로 알기 쉽게 저술한 점 또한 높이 평가한다. 가능하면 이 책이 널리 읽혀서 AI 관련 산업의 발전, 나아가 우리나라가 4차 산업혁명 시대의 성공적 리더로 진입하는 데 기여하는 훌륭한 안내서 역할을 해냈으면 한다.

_이언(가천대길병원 인공지능병원 추진단장 겸 신경외과 교수)

차례

들어가며

인공지능(AI)은 무엇인가? 한마디로 말해 인간 뇌의 디지털 쌍둥이digital twin라 할 수 있다. 신이 흙을 빚어 자신을 닮은 피조물을 세상에 내놓았듯, 인간은 생물학적 자손에 이어 알고리즘의 수학적 DNA를 심은 AI 신생아도 낳았다. 이 아기가 할 수 있는 것은 아직 매우 제한적이지만, 더 성장하면 우리와 생김새만 조금 다른 이란성 쌍둥이 형제가 될 확률이 높다. 왜 AI인가? 자연의 최적natural optimization이기 때문이다. 자유시장의 원칙은 과학·철학 등 학문의 세계라고 해서 빗겨 가지 않는다. 숱한 아이디어 중에서 최고로 가치 있는 아이디어가 살아남도록 걸러주는 자연선택 작용을 하는 것이다. 딥러닝도 여러 개의 은닉층 간 목표치 근접 경쟁으로 최적화를 이룬다. 가장 우수할 수밖에 없다. AI를 어떻게 다뤄야 할까? 아이를 기르듯, 애정을 갖고 관찰하면서 스스로 성장하도록 도와야 한다. 필요할 때는 윤리와 법의 큰 훈육 기준만 제시하도록 하자. 우리는 부모이니까.

나는 2019년 한 해를 AI로 지새웠다. 2019년 2월부터 8월까지 반년 동안 '인공지능 최전선' 시리즈 기사를 취재하느라 전국

방방곡곡을 그리고 미국과 유럽을 자동차로, 기차로, 비행기로 넘나들었다. 공부하는 연구자의 자세도 가졌지만 기본적으로 저널리스트의 현장 본능을 따랐다. 묻고, 확인하고, 다시 한 번 의심했다. 연재를 마친 후 출판을 결심하고 나머지 4개월은 주말 없이 보냈다. 원고의 대부분을 새로 썼다. 힘들었지만 동시에 즐겁고 뿌듯했다. 책은 흩어진 기억을 총정리할 기회를 주었다. 그러나 최신 정보와 트렌드를 다루다 보니 집필 중에도 끊임없이 내용을 추가하거나 수정하는 번거로움도 안겨줬다. 인터뷰 등 현장감을 최대한 살리고, 생생한 최전선 지식을 독자와 공유하려 애썼다.

책의 구성을 보면 1장 법률에서부터 8장 인공지능 윤리까지, 각 분야의 인공지능 지식을 총망라하고자 노력했다. 평생 한 분야 연구에 종사해온 학자의 눈으로 보면 엉성할 수 있겠지만 전문가와 대중을 잇는 언론의 소임을 다하는 데 만족하겠다. 5장에서 정치 AI와 군사(안보·무기) AI를 나누지 않고 한데 묶은 것은 두 가지 이유 때문이다. 첫째, 정치 AI라고 할 만한 것은 아직 사례가 많지 않다. 디지털 민주주의와 블록체인 민주주의는 비교적 현장 스토리를 찾기 쉬웠다. 하지만 핀테크와 금융 AI를 구분했듯, '디지털 민주주의=정치 AI'라고는 말할 수 없다. 앞으로의 개발과 활용 가능성이 기대되는 분야이다. 둘째, 군사 AI는 국가기밀급 보안 문건이 대부분이라 비공개를 원칙으로 하는 기관이 많았다. 30년 경력의 노하우를 총동원해 국내외 사례를 모았으나 흡족할 만한 양과 질의 데이터를 확보하지 못했다. 아쉽지만 비공개 민감 정보를 포함해서 보다 깊숙한 내용을 다음 기회에 보완할 것을 약속한다.

예술과 스포츠 분야도 하나로 묶었다. 두 분야의 AI가 모두 막 현장에서 쓰이기 시작한 단계이기 때문이다. 예술 AI는 기계 실업 공포에 시달리는 인류에게 마지막 남은 창의성의 무기까지 뺏어 갈 것이라는 우려로 인해 최근 관심이 높아졌다. 특히 GAN 기술의 탄생 후 음악, 미술, 문학 등 각 영역에서 활동 무대를 넓히고 있다. 이제는 기계도 창의성을 발휘한다고 인정해야 할 것인가 같은 철학 논쟁까지 낳고 있다.

언론과 교육, 마케팅 분야의 AI 보급현황도 하나의 장에 묶었다. 알고리즘에 비판적 잣대를 들이대고 감시하는 일은 AI 시대 언론의 또 다른 책무로 떠올랐다. 교육이 AI에 의해 가장 많이 변하게 될 직역職域임은 틀림없다. 지능과 지식의 정의가 바뀌고 있는 시점에서 근대시민, 대중사회의 성실한 일꾼을 양성하기 위해 설계된 현대 교육의 기본 틀은 송두리째 흔들릴 것으로 예견된다. 보수적인 교육 풍토 속에서도 분투하고 있는 에듀테크Edu-tech 업체 한 곳을 미래의 벤치마크로 소개해본다. 아무리 소리 높여 외쳐도 우리나라에서 교육 분야까지 AI 기술이 침투할 정도가 되려면 꽤 오랜 시간이 걸릴 것이라는 게 필자의 관측이다.

여기까지는 AI라고 하는 파괴적 신기술이 국가 행정이나 산업 현장, 연구실에서 어느 정도 수준까지 도달해 있고, 어떻게 시행되고 있는가를 주로 살폈다. 그런데 AI가 실험실 안에서 연구 단계에 있을 때는 괜찮지만, 문밖을 나서 현실사회와 만나는 순간 법적·윤리적 충돌과 파열음이 발생한다. AI가 장착된 기계의 작동은 한 번도 경험해보지 못한 새로운 가치판단, 우선순위 가리기 등 어려운 사고과정과 결정을 요구하기 때문이다. 기계는 실험실에서 이미 완성됐지만 대중 보급 단계로 가려면 이 새로운 장비와 기술이 사람들에게 해를 끼치지 않음은 물론, 인류의 행복 증진에 기여한다는 복리후생적 효용이 증명돼야 한다. '착한' AI, '올바른' AI, '신뢰할 수 있는' AI 같은 윤리적 가이드라인이 나올 수밖에 없는 배경이다.

더 나아가 '~하는 게 바람직하다'라는 윤리적·철학적 방향설정뿐 아니라, 현실사회에서 다른 존재들과 잘 어울려 작동할 수 있도록 '~해야 한다'라는 제도적·법적 의무를 준수하도록 요구받는다. 법과 제도는 AI를 인간사회의 일원으로 인정하면서 기존 규범과 통일성·일관성을 갖게 하는 교량 역할을 한다. 좀 딱딱하지만 AI 지식 중 가장 근본적이고도 중요한 AI 윤리와 법·제도를 일별하는 것으로 말미를 장식했다. 자, 그럼 다가올 AI 시대에 대한 맛보기를 시작해보자.

법률

법률과 AI의 접목,
리걸테크를 넘어서

AI 변호사, 어디까지 왔나

2019년 8월 29일 오후 1시 서울 서초동 한복판에 자리 잡은 변호사
회관. 평소 변호사들만 들락거리던 조용한 건물에 이날은 유독 활기
가 넘쳤다. 특히 대규모 회의를 개최할 수 있는 메인 홀과 몇 개의 세
미나실이 마련된 5층은 마이크를 손에 든 방송기자, 각종 영상 장비
를 짊어진 촬영기자들로 가득 차 있었다. 복도 접수대에서도 단정한
정장 차림을 한 안내원들이 쇄도하는 방문객에게 명찰을 나눠주거나
현장 등록을 도와주느라 여념이 없었다. 한마디로 시골 장터처럼 왁
자지껄했지만 동시에 약간 팽팽하게 긴장된 공기도 느껴지는, 뭔가
묘한 분위기가 감돌았다. 이곳에서 한국, 아니 아시아 최초로 AI 변호
사와 인간 변호사의 대결이 예정돼 있었기 때문이다. 바로 제1회 알
파로 경진대회Alpha-Law Competition 현장이다.

알파로 경진대회는 〈제1회 법률인공지능 콘퍼런스〉(이하 콘퍼런스)의 부대행사로 열린 대회이다. 콘퍼런스는 한국인공지능법학회와 대법원 산하 사법정책연구원이 '리걸legal AI의 현재와 미래'를 주제로 개최했다. 콘퍼런스 자체는 법조계에 AI를 도입하려는 시도가 어디까지 진행되었고, 또 앞으로 어느 분야까지 적용할 수 있을지를 탐색해보는 학자들의 논문 발표 자리였다. 그렇기에 순수한 학술행사로서의 성격이 강했다. 그러나 알파로 경진대회는 거기에 기술 시연을 더한 사업적 성격이 가미되었다.

자율주행이나 영상 이미지 인식 같은 첨단기술 분야에서 상호 간에 기술 동향을 점검하고 장단점을 보완하기 위해서는 경연대회의 방식이 아주 효과적이다. 자유시장 경제의 경쟁 원리를 적용한 것이다. 알파로라는 이름을 보면 짐작하겠지만, 2016년 이세돌 9단을 상대로 벌인 바둑 5번기에서 4 대 1이라는 충격적인 점수 차로 승리를 거머쥔 바둑 AI 알파고Alpha-Go를 다분히 의식한 이름이다.

알파고의 등장은 커다란 충격이었지만, 한국 사회에는 동시에 커다란 축복이기도 했다. 알파고가 이후 중국의 커제 9단이나 일본의 쇼기しょうぎ(일본의 장기) 챔피언과 차례로 대국해 승리하는 등 충격은 이어졌다. 하지만 이세돌과의 대국이 남긴 첫인상에 비할 바는 아니다. 그때 이세돌 본인은 물론, 동료 프로기사들이나 아마추어 일반인을 막론하고 누구도 시합 직전까지 인간의 승리를 의심하지 않았으니까. 그 충격의 여파로 한국 바둑

계는 알파고 이전과 알파고 이후로 확연하게 갈리게 되었다. 그 야말로 'AI 빅뱅'의 시작이었다.

이 사건을 계기로 바둑에 한정하지 않고, AI 자체에 대한 일반인의 관심이 폭발적으로 높아졌다. 학계와 산업계를 가리지 않고, 사회의 모든 분야에서 공부와 연구 붐이 일어났다. 한국인공지능법학회는 한국 최초로 만들어졌으며, 지금까지 최대 규모를 자랑하는 AI 연구모임이다. 알파고 쇼크 두 달 후인 2016년 5월 법학과·컴퓨터공학과 교수들을 중심으로 설립된 인공지능법연구회에 판사·변호사 등 현직 법조인, 리걸테크 벤처기업인까지 가세해 2018년 출범했다. 이 학회와 사법정책연구원이 함께 준비한 콘퍼런스는 알파고 쇼크 이후 3년간 축적된 학문적·실무적 연구 성과와 경험을 총정리하는 학술행사인 한편, 부대행사인 알파로 대회를 통해 법률 AI를 일반인에게도 널리 알리고자 하는 부수적 목적도 갖고 있었다.

대회는 인간 변호사와 AI가 계약서 분석 및 자문 능력을 겨루는 시합 형식으로 진행됐다. 법률 AI와 사람 한 명으로 구성된 AI·인간 협업協業 팀 셋과, 변호사 두 명으로만 구성된 아홉 팀은 시합 개시 직전에 전달받은 시험문제를 분석해 답안을 제출했다. 법적 사안의 주제는 근로기준법이었고, 이에 따라 서류는 세 종의 근로계약서가 준비되었다. 답안은 계약서의 문제점을 지적하고 그 근거법규 조항을 제시하는 자문 및 검토 보고서 형태로 작성됐다. 세 명의 심사위원단은 각 답안의 제출 팀을 알 수 없는 블라인드 방식으로 채점했다. 과연 결과는 어땠을까?

놀랍게도 1~3위를 모두 AI·인간 협업 팀이 휩쓸었다. 특히 화제가 되었던 것은 법을 전혀 모르는 일반인 참가자와 AI의 협업 팀이 3위를 차지했다는 사실이다. 법률 지식이 전혀 없었던 물리학 전공의 대학생인 일반인 참가자 대표 신아영 씨가 그 주인공이다. 그가 수상소감에서 밝힌 바에 따르면, 주관식 답안은 오로지 AI가 출력한 정보를 짜깁기하는 정도로만 썼을 뿐이라고 한다. 신 씨는 AI가 서류를 분석하는 시간이 고작 6초밖에 걸리지 않았다며 찬사를 아끼지 않았다.

그렇다면 이런 호평이 법률 지식이 없는 일반인의 입장에서만 나온 것일까? 2위를 차지한 김한규 변호사도 여기에 한마디를 보탰다. "최저임금법 문제에서 연봉을 월급으로 쪼개고 상여금 등을 산입한 계산으로, 위법 사항을 도출해내는 것을 보고 감탄했다"라는 평이다. 법률 분쟁의 핵심은 정해진 사실관계에서 얼마나 다양한 쟁점을 파악하고 이를 주장할 논거의 배경으로 꾸미느냐에 달려 있다. 이 점을 고려하면, 현재 법률 AI의 수준은 단순히 문장을 분석하는 차원을 넘어 인간이 생각하지 못한 배경지식까지 찾아내는 수준에 도달해 있는 셈이다.

보통 사람들은 법적 분쟁이 닥치고 나서야 부랴부랴 법무사를 찾고, 변호사와 면담 예약을 잡는다. 이제껏 법률이란 분야는 '문제가 생기고 나서' 알아보는 대상이었던 것이다. 과거에는 의학 또한 마찬가지였다. 병에 걸리고, 증상이 나타나고 나서야 대

책을 강구했다. 그러나 지금은 '병이 생기기 전에 치료한다'라는 콘셉트의 예방의학으로 스펙트럼이 변화하고 있다. 법률도 전혀 다를 게 없다. 이번 대회는 근로기준법을 과제로 내놓았는데, 실제로 노동법을 위시한 '계약'의 문제가 가장 분쟁이 생기기 쉬운 분야이다. 계약서를 작성하기 전에 미리 그 위험성을 점검할 수 있다면 법적 분쟁의 문화가 완전히 달라질 것이다. 사후적 사법체계에서 예방사법으로의 중심 이동이 이루어지는 것이다. 이날 인간과 겨룬 계약서 분석 법률 AI C. I. A.^{Contract Intellgent} Analyzer는 ㈜인텔리콘연구소에서 자체 개발한 시스템이다. 이 연구소의 대표인 임영익 변호사는 이러한 미래지향적인 법률 문화를 꿈꾸며 AI의 최전선에 뛰어들었다. 한국의 법률 시장에도 알파고 쇼크 못지않은 알파로 쇼크가 들이닥치고 있음을 예고하는 인상적인 장면이었다.

2019년 8월 한국형 초보 AI 변호사 '알파로'의 등장은 AI 법률가의 존재가 더 이상 멀리 있지 않다는 사실을 단적으로 보여주었다. 변호사뿐 아니라 판사와 검사의 자리도 마찬가지다. 이미 한국 법조계에는 상당한 지각 변동이 일어나고 있다. 법원과 검찰 그리고 변호사 업계를 막론하고 AI를 업무 고도화에 활용하려는 구체적인 움직임이 진행되고 있는 것이다.

법률가의 사무실에 컴퓨터를 도입하려는 시도는 사실 오래된 일이다. 법전法典과 소송서류에 둘러싸인 예비 변호사, 종이 더미에 파묻힌 로스쿨 학생을 묘사했던 〈하버드 대학의 공부벌

레들Paper Chase〉(1973)의 이미지는 이제 구태의연한 것이 되었다. 종이로 된 서류가 없어진 것은 아니지만 많은 부분이 대체되고 있다. 이제 어딜 가나 변호사 사무실의 정돈된 책상 위에는 PC가 빠지질 않는다.

컴퓨터와 법률의 궁합이 잘 맞는다는 점에는 몇 가지 합당한 이유가 있다. 첫째로 엄청난 양의 정보, 지금 식으로 말하자면 빅데이터를 다루는 업종이기 때문이다. 둘째, 법률 체계가 수학적 프로그래밍, 즉 코딩의 논리적 사고 전개 방식과 매우 유사하기 때문이다. 셋째, 수사-기소-재판-집행으로 이어지는 사법 절차가 정형·반복적인 업무로 자동화하기 쉽기 때문이다. 이렇게 법률에 정보기술(IT)를 접목한 디지털 자동화 프로세스가 바로 '리걸테크'이다.

그러나 법률 AI는 리걸테크를 한 단계 넘어선 존재이다. 전기 청소기가 로봇 청소기로 진화했다고 할까. AI 법률가는 사람의 개입 없이 스스로 학습해서 끊임없이 진화하고, 최종 분석과 추론 결과를 정확한 수치를 바탕으로 정리해 의뢰자에게 전달한다. 문서와 사진, 동영상 등 콘텐츠를 읽고 쓰는 작업은 물론, 음성으로 사람들과 대화할 수도 있다.

컴퓨터가 텍스트와 이미지를 읽게 하는 기술은 기계 독해 machine reading로 불린다. 물리적인 외형뿐 아니라 콘텐츠 안에 담긴 정보와 맥락까지 파악해야 하기에, 쉽지 않은 입력 테크놀로지이다. 또 이렇게 한 번 기억장치 안에 저장된 정보를 다시 인간에게 알려주려면 글자와 이미지, 음성으로 간추려 출력해야 한다. 이 중에서 언어(텍스트·음성)를 컴퓨터에게 인식시키고 다시 인간이 알아듣게 표현하도록 만드는 기술을 자연어 처리Natural Language Processing, NLP라고 한다. 앞서 알파로 경진대회에서 보았듯, 법률 AI는 변호사뿐 아니라 일반인과도 자연스럽게 소통하기 위해 이런 고도의 소통 능력을 갖춰야 한다.

법률 AI의 종류

지능형 리걸테크, 즉 단순한 법무 자동화에 AI를 더한 법률 AI의 종류는 매우 다양하다. 영미법과 대륙법 체계를 채택하고 있는 개별 국가마다 사법 시스템 운영 방식이 제각기 다르고, 더욱이 최고 선진국인 미국에서도 1년이 다르게 관련 기술이 빠르게 발전하고 있어 새로운 영역을 기존 분류 방식에 끼워 넣기 곤란한 경우도 많다. 톰슨로이터 같은 대형 미디어 기업과 로긱스 등 리걸테크 컨설팅 회사, 한국정보화진흥원 등 연구기관들이 발표한 자료에 따르면 기능별로 법률 AI를 크게 다음과 같이 나누고 있다. 모든 나라에서 어느 정도 공통적으로 발달하고 있는 분야들이다.

크게 지능형 검색, 쟁점 도출, 계약서 자동 작성 및 분석, 소송 및 입법 결과 예측, 법률 포털, 변호사 검색 및 매칭, 전자증거개시 등으로 나뉜다. 이 가운데 소송 입법 예측이나 전자증거

기능별 분류	역할	대표업체
지능형 검색	법령, 판례 및 논문 등 문헌조사	Westlaw, LexisNexis 로앤비
쟁점 추출 (리걸 리서치)	방대한 자료에서 법률 쟁점이 될 만한 핵심 구절을 논리적 맥락에 맞게 골라 눈에 띄게 표시해주거나 요약본(브리프) 작성	Ross Intelligence, Lexis Answer, Casetext 유렉스
계약서 자동 작성	영업부서 등에서 조건을 입력하면 계약서 등 정형화된 서류양식을 자동 작성	Contract Express, HotDocs, Concord
계약서 리뷰	계약서 검토 후 오류, 수정 및 보완 사항 표시. 최유리 조건 제시	LawGeeks, ThougtRiver, ContractRoom
계약서 자동 실사	M&A 거래에서 중요 조항을 요약해 차트화. 비정형 계약조항이나 법령 및 사내규정 위반 조항 표시.	KIRA, Legalsiftner, Seal, LinkSquares
소송, 입법 예측	재판관 성향 분석 후 승소, 패소 예측. 입법안 통과 가능성 계산	Ravel Law, Lex Machina Fiscal Note

법률 AI의 기능별 분류(자료 제공: 한국정보화진흥원)

개시는 영미권 국가에서만 가능하고, 아직 한국에서는 법적·정서적으로 용인되지 않고 있다. 그러나 전자증거개시의 경우, 재판의 IT화 진전과 더불어 채택될 가능성도 배제할 수 없다. 소송 예측은 재판장의 과거 판결 성향과 선호 문구 등까지 추출해 변호사가 승소 여부를 판단할 수 있게 돕는 기술이다. 재판에서 이기지 못할 확률이 높다고 나오면 당사자에게 아예 소송 포기를 권유하기도 한다. 입법 예측 역시 국회에서 해당 법안이 통과될 확률을 AI가 계산해준다. 로비스트나 이익단체에 매우 유용한 도구이다. 이들 선두 기술의 도입 속도는 상당히 빠르다. AI 법률가는 결코 먼 미래의 일이 아니다. 선구적인 전자정부 국가로 유명한 에스토니아는 AI 판사의 법제화를 추진하면서 이미 시험 운용을 하고 있다. 경미한 소액 심판 사건의 경우 소송 당사자들이 제출한 서류에 근거해 신속하게 판결을 내린다. 결과에 불만이 있다면 항소해서 인간 판사가 있는 2심으로 가면 된다.

이렇게 기능별로 분류하는 것만이 아니라, 다시 이를 법률 시장의 관점에서 공급자와 수요자별로 나눠서 살펴볼 수도 있다. 법률 AI는 법률 전문가인 판사, 검사, 변호사의 업무를 도와주는 조수 노릇도 하지만, 법률 서비스의 소비자에게도 싸고 빠른 대체 서비스를 제공하는 역할도 하기 때문이다. 이 밖에 법원, 검찰 등 재조在曹 기관이나 전체 법조계 운영 체제의 업무 효율 향상, 국회 등 입법기관 관련 서비스를 비롯한 제3의 영역도 있다. 주된 소송과 비송非訟(신탁·등기·경매·청산 등) 사건 외에도 입법, 집행을 포함해 사법 시스템은 인간사의 거의 모든 활동에 관여한다고 보면 된다. 리걸테크와 AI 법률가의 가장 큰 차이는 단순 지원을 벗어나 최종 판단까지 내려주는 점이다. AI 판사와 AI 검사는 과로에 시달리는 인간 판사와 검사의 단순·반복·정형화된 업무량을 줄여줘 보다 본질적인 법리적 판단에 집중하도록 도와준다. 초점이 사법 서비스 공급자의 편의성 제고에 맞춰져 있다. 그러나 AI 변호사는 인간 변호사의 조수 역할을 넘어, 일부 대체까지도 가능할 것으로 예상된다. 왜 그럴까. 수요자 입장에서는 변호사 없는 '나 홀로 소송'이 가능해지기 때문이다. AI가 어려운 법률 서비스에 대한 일반 시민, 즉 수요자의 접근성을 크게 높여주는 것이다. 비싼 수임료 때문에 드나들기 힘들었던 변호사 사무실의 문턱을 확 낮춰주는 셈이다. 장기적으로는 변호사의 일자리가 줄어들고, 심지어 일부 학자는 소송하기 전에 미리 승소·패소 여부까지 예측할 수 있어 재판 자체도 없어질 것이라는 극단적 전망까지 내놓고 있다.

법원, 검찰, 변호사의 법률 AI 활용 현장 엿보기

그렇다면 한국의 법조 3륜은 법률 AI를 어떻게 활용하고 있을까. 대한민국 법원은 전자소송, 검찰은 과학수사, 변호사는 업무 전반에 시험적으로 도입을 준비하고 있다. 현재 재판 절차 전반을 디지털화한 전자소송은 형사를 제외하고 민사·행정·가사·특허·보전처분·회생·파산·민사집행 등 모든 소송과 비송 분야에서 시행 중이다. 이른바 전자법원e-court이다. 여기서 한 걸음 더 나아간 차세대 전자소송은 재판의 지능화, 즉 AI 법원을 목표로 하고 있다. 대법원 법원행정처는 원래 2024년 AI 판결문 초고 작성을 목표로 지능형 법원 실현을 선언했다가 최근 들어 도입 속도를 조절하며 신중한 자세로 돌아선 상태이다. 법률 AI에 큰 관심을 보이며 한국에서 국제학술대회까지 열었던 전 대법원장이 정권교체 후 낙마한 다음, 청사진은 낙후된 전산장비 교체에 초점을 맞춘 현대화로 다시 그려졌다. 물론 AI 도입에 대한 판사들의 심리적 거부감도 고려한 조치이다.

검찰은 수사 분야에 AI를 활용할 방법을 우선적으로 찾고 있다. 경찰도 마찬가지이다. 대다수 증거가 전자문서 등 디지털 파일로 바뀐 추세에 맞춰, 디지털 포렌식(훼손·멸실데이터 복원) 기술은 일정 경지에 올라 있지만 지능형 범죄수사는 여전히 초기 단계이다. 음성·문자·사진·동영상 기록의 분석과 계좌추적 시 대량의 정보를 빠르게 분류해 범죄의 이상 신호^{outlier} 패턴을 추출하는 AI 학습은 기술적으로 쉽지 않은 작업이다. 그럼에도 이인수 대검찰청 디지털포렌식연구소장은 "인간 수사관의 경험과 직관까지 학습시키는 게 최종 목표"라고 자신 있게 밝힌 바 있다.

또 하나 난관은 인권 문제이다. 사법 집행은 기본적으로 신체의 자유, 재산권 등 기본권을 제한하는 국가의 합법적 공권력 행사이다. 현재도 미란다 고지 등 적법 절차에 따른 신중한 법 집행을 수사관들에게 요구하고 있다. 만약 AI가 특정 용의자가 진범인 확률을 85퍼센트라고 판단하면 이걸 그대로 믿고 구속영장을 청구해야 할까? 이에 관련한 책임은 누가 져야 하는지

명확하지 않다. AI가 관련된 다른 사안들과 마찬가지로, 법률 분야에서도 제도적으로 넘어야 할 장벽이 많은 것이다.

이와 달리 변호사 업계에서는 법률 AI 도입이 훨씬 활발하다. 변호사의 조력은 의사의 진료처럼 기본적으로 비용을 지불하고 구입하는 전문지식 서비스이기 때문이다. 공적인 제도의 제약을 그만큼 덜 받는 것이다. 가장 쉽게 찾아볼 수 있는 것은 내게 꼭 맞는 변호 서비스를 찾아주는 변호사 검색 및 매칭 서비스이다. 사건 내용과 비용에 가장 잘 맞는 변호사를 찾아서 추천해주는 AI 중개 서비스인 셈이다.

미국의 로부스LawBooth, 영국의 렉수Lexoo, 우리나라의 헬프미HELP ME나 로앤컴퍼니 등은 벌써 2~3년 전부터 사업을 시작해 순항 중이다. 부동산을 알아볼 때도 전통적인 중개업소를 선호하는 기성세대와 달리 젊은 층은 직방, 다방 등 디지털 솔루션에 익숙하다. 변호사를 고르는 것도 마찬가지이다. 스마트폰으로 간편하게 변호사를 찾는 데 아무런 거부감이 없다.

다음은 변호사 없이 법률 서류를 완성하는 문서 자동작성 Auto Documentation 서비스이다. 소액사건 재판 준비나 간이 계약서 체결 시 AI 프로그램의 도움으로 빈칸을 채워가며 스스로 작성·제출할 수 있도록 돕는 것이다. 국내 전문기업 헬프미는 2016년 지급명령 신청서를 자동으로 작성하여 법원에 제출하는 프로그램인 '지급명령 헬프미'를 선보였다. 지급명령은 민사소송법상 독촉절차에 해당하는 간편한 소송행위로, 채무이행·체불임금 요구 등 다양한 분야에서 쓰인다. 자연히 일반인들이 자주 이용하게 되는 절차이지만, 대개 법률 지식이 없어서 수십만 원을 주고 변호사나 법무사에게 맡기는 경우가 많았다. 그러나 '지급명령 헬프미'는 언제, 얼마를, 어느 기한까지 빌려줬나 등 사실관계를 채워 입력하면 지급명령 신청서를 온라인에서 작성해준다. 한 장당 3만 9,000원 정도 이용료를 내면 그만이다. '리걸인사이트', '제법아는언니' 등 유사 업체도 비슷한 가격에 법률 자문 및 서류 작성 서비스를 제공한다.

미국에서 가장 유명한 예는 미국 스탠퍼드대 대학생이 만든 '돈 내지 마Do Not Pay' AI 채팅 로봇이다. 주차위반 벌금 딱지를 받은 시민이 전화·인터넷·모바일 등으로 접속해 진짜 변호사와 상담하듯이 음성으로 자신의 상황을 설명하면 행정당국에 이의를 제기해 승산이 있는지를 즉시 판정해준다. 24시간 열려 있고 30초면 상담이 끝난다. 창업자인 조슈아 브로우더는 시민권 강화 차원에서 무료로 채팅 프로그램을 제공하고 있다며, 비싼 변호사 비용을 내지 않고도 빠르고 정확한 법률 서비스를 받을 수 있다고 말한다. 주차위반뿐 아니라 앞으로 부동산 거래 같은 사적 계약으로 범위를 확장할 경우 인간 변호사의 도움은 사실상 필요 없게 된다.

하지만 아직 인간 변호사를 AI 변호사가 100퍼센트 대체할 순 없다. 장차 그렇게 될 가능성도 없다고 봐도 좋다. 앞서 국내에서 열린 알파로 대회에서 인간 변호사와 AI 변호사가 겨룬 법률 분야는 노동법의 근로계약서 분석이었다. AI 변호사를 개발한 임영익 인텔리콘 대표는 왜 노동법 분석 AI 변호사부터 만들었냐는 질문에 "반복적이고 정형적인 문답이 가장 많아 그만큼 기계 독해, 딥러닝, 법률 추론을 시키기 쉬울 것으로 봤기 때문"이라고 답했다. 그러니까 변호사 업계에 반드시 어두운 미래만 있는 건 아니다. 소비자의 법률용어 이해와 문서 작성, 간단한 법률 상담은 AI가 하더라도 보다 전문적인 서비스는 인간 변호사에게 받을 수 있기 때문이다. 보급형과 고급형으로 이원화되는 것이다. 감기는 동네 병원에서 1차 치료를 받고, 더 중한 병은 2차 의료기관인 종합병원으로 가는 것과 같은 이치이다.

한국의 AI 판사·검사·변호사

한국의 법률 AI 최전선은 어디쯤 와 있을까. 아직은 기술과 제도, 인식 모두 리걸테크 수준에 머물고, 선진국 수준에 들기에는 어렵다는 게 중론이다. 기술은 법률에 그저 정보기술을 접목한 수준을 넘지 못했다. 단순 전산화를 넘어선 디지털 트랜스포메이션Digital Transformation, 즉 빅데이터와 AI의 지능화 기술이 부족하기 때문이다. AI 전문가, 그것도 법률까지 아는 하이브리드 지식인은 거의 없다. 보수적인 법조인은 기술에 부정적이고, 컴퓨터 과학자는 법을 잘 모른다. 제도 정비 역시 늦장 걸음이다. AI 벤처와 변호사의 동업을 허용하는 변호사법 개정안(정성호 더불어민주당 의원 발의)은 국회에서 여전히 논의단계에 머물러 있다.

2018년 8월 발의된 변호사법 일부 개정안은 변호사 아닌 자도 법률문서 데이터베이스를 활용해 단순 법률문서를 자동 생성·제공하는 서비스를 할 수 있도록 하고, 서비스 제공 대가로 변호사와의 이익 분배도 허용토록 했다. 정 의원은 법안을 제출하면서 제안 취지를 이렇게 설명했다. "최근 AI 변호사가 현장에 투입되는 등 법조 분야에서도 AI를 비롯한 다양한 기술을 활용한 법률 서비스가 등장하고 있다. 미국에서는 1,100여 개의 리걸테크 기업이 활동하고 있을 정도로 세계적으로 확대되는 추세이다. 그러나 현행법은 변호사 아닌 자가 법률문서 자동생성 프로그램 서비스를 제공하면 비변호사의 법률사무 취급에 해당하여 법률 위반이고, 그러한 서비스를 제공하는 대가로 변호사로부터 수임료를 배분받는 경우는 동업금지 위반으로 처벌되는 등 법률 서비스 산업의 성장에 걸림돌이 되고 있다."

현행 변호사법은 변호사 아닌 자의 법률대리 행위를 엄격하게 금지하고 있다. 이는 법률 소비자인 일반 시민을 무분별한 사기성 서비스 대행 범죄로부터 보호한다는 명목도 있지만, 실상은 변호사 직역職域의 독점적 배타적 이익 보장이라는 직역 이기주의의 양상이 훨씬 더 짙다. 이는 의료를 포함한 자격증 사업, 이른바 인·허가 직종의 공통된 특징이기도 하다. 사업 간 경계가 무너지고 융합 속에서 새로운 가치를 창출하는 21세기 4차 산업혁명 시대에 반드시 타파돼야 할 앙시앵 레짐Ancien Régime 으로 분류된다. 하지만 이런 규제 속에서도 작은 변화가 시작되고 있다.

AI 판사가 판결문까지 작성?...법원은 신중 모드

"AI가 유사판례를 찾아주고 판결문 초고草稿까지 써준다." 2018년 4월 대법원이 발표한 '2024년 스마트 법원 4.0' 계획에서 가장 눈에 띄는 대목이다. 판결문 맨 위에 들어가는 법원과 사건명 및 사건번호, 당사자 정보 등 형식적 기재사항은 재판사무시스템이라는 법원 내부 전산망 데이터베이스에서 이미 자동 생성해주고 있다. 판사가 직접 쓸 필요 없이 컴퓨터가 알아서 빈칸을 채워준다. 그러나 지능형 판결문 초고 생성은 한발 더 나아가 주문主文, 청구 취지, 판단 이유 등 판결문의 실질적 기재사항까지 써주는 수준을 목표로 잡았다. 판사들도 깜짝 놀랄 만한 내용이다. 이게 가능할까.

주문은 결론을 한 줄로 요약한 문장이다. '피고는 원고에게 ○○○원을 지급하라' '상고를 기각한다' 같은 형식이다. 청구 취지는 원고가 피고에게 요구한 내용이다. 주로 소장에 나온 문장을 그대로 싣는다. 판단 이유야말로 판결문의 핵심이다. 판사가 왜 주문과 같은 결론을 내렸는지 논리적으로 설명한 소논문이다. 이것도 크게 세 부분으로 구성된다. 기초 사실(인정 사실), 당사자 주장, 판단이다. 기초 사실은 재판에서 증거 등으로 확인된 사건의 사실관계이다. 당사자 주장은 원·피고가 다툰 상반된 의견을 말한다. 판단은 기초 사실에 비추어 당사자 주장 중 어느 쪽이 거짓됐나 또는 잘못됐나를 가려주는 노른자위 중 노른자위이다. 이 가운데 기초 사실과 당사자 주장은 판사도 원·피고가 제출한 서면에서 뽑아 재구성한다.

그래서 당시 법원행정처 전산정보관리국은 계획에서 (AI의) 서면 요약 기능으로 기초 사실과 당사자 주장을 제공하면 결론에 해당하는 판단만 법관이 직접 작성하도록 하겠다고 밝혔다. 이렇게 되면 판사는 주문과 판단 부분만 직접 쓰면 되기에 판결문 작성 부담이 훨씬 덜어진다. 현재 전자소송을 하지 않는 형사재판을 제외한 모든 재판 업무에서 5페이지 이하 짧은 판결문이 대부분을 차지한다. 정확하게 대법원의 2017년 전자소송 결재 통계에 따르면 전체 판결문 중 5페이지 이하의 짧은 판결문이 88퍼센트에 달했다. 판사들이 경미한 사건의 정형·반복적 판결문 작성에 매달리느라 정작 깊이 생각해야 할 중대 사건의 긴 판결문 작성에 쓸 시간이 부족하다는 것이다. 만약 AI가 '감기'에 해당하는 평이한 다수 사건의 판결문 상당 부분을 써준다면 판사는 '암' 급의 중대 사건 판결문에만 집중할 수 있다.

이를 지능형 판결문 작성 지원, 지능형 쟁점 추출이라고 한다. AI가 유사 판결을 추천하고, 판결문의 형식적 초고까지 작성·제공해주면 법관은 사건 심리와 판결에 충실할 수 있다. 특히 AI가 방대한 소송기록 분석 후 쟁점을 추출해 법관에게 보여주면 이 부분만 집중 심리할 수 있어 더욱 시간과 노력이 절약된다. 기술을 개발하던 법원행정처 전산정보관리국은 매우 구체적으로 실행 가능성을 검토했다. 첫째, 유사 판결문 추천을 위해 소장·답변서·준비서면·판결문 등 기존 소송자료로 빅데이터를 구축하고 이를 기계학습 알고리즘으로 탐색해 가장 유사한 사건의 번호를 법관에게 제공한다. 판사는 제공된 사건번호를 클릭하면 해당 판결문을 조회할 수 있다. 둘째, 법관의 사건 메모 프로그램과 연동해 기초 사실, 주장 등을 정리해 쟁점 문장을 추출한다. 추출된 문장이 쟁점이 맞는지 판단하기 위해 초기에는 판사가 레이블링labeling(꼬리표 달기) 하는 지도학습 방식으로 모델을 구축한다. 그러면 자동 추출된 쟁점 문장을 타임라인 순으로 일목요연하게 보여주고 판사가 이를 가감하면 법관 사건 메모에 입력된 내용을 바탕으로 판결문 초고를 생성한다. 전산정보관리국은 기술이 성숙 단계에 오르면 쟁점 추출 과정을 생략하고 소송자료에서 직접 요약문을 뽑아 판결문 초고를 자동 생성할 수 있을 것이라고 전망했다. 주장서면 요약을 위해 텍스트랭크TextRank 알고리즘을 활용하겠다는 안까지 내놓았다. 텍스트랭크는 구글의 페이지랭크PageRank 알고리즘을 텍스트에 적용해 중요 문장을 추출하는 방법이다.

그러나 법원은 최근 들어 신중한 행보로 돌아섰다. 유사 판결문 검색 및 추천은 몰라도 판결문 초고의 실질적 기재사항까지 자동 작성하는 데는 훨씬 시간이 더 걸릴 것이라고 한발 물러선 것이다. 바뀐 이유는 크게 두 가지이다. 판사 및 당사자들의 반발과 기술적 구현 어려움이다. 우선, 업무가 과중해도 판결문은 내 손으로 써야 한다는 판사의 책임감, 과학기술에 대한 이해 부족과 불신이 있다. 어느 영역에서나 AI가 넘어야 할 '전문가의 벽'인 셈이다. 그뿐만 아니라 '일반인의 벽'도 있다. 기술적으로 쟁점 추출과 판결문 자동 생성이 어느 정도 가능하더라도 자기 생명과 재산을 기계의 손에 맡긴다는 데 대한 사회적 공감대가 형성돼야 한다. 두 번째, 판사가 믿고 맡길 만큼 AI가 신뢰성 있는 쟁점 추출과 서면 요약을 할 수 있어야 한다. 판결문은 단순 검색이나 번역이 아니다. 여행지에서 식당 검색과 메뉴 번역은 좀 틀려도 큰 지장이 없지만 판결문은 아주 작은 차이도 개인의 인권에 엄청난 영향을 미칠 수 있다. 그래서 전 세계 법률가들은 학술모임과 경연대회를 통해 이 부분을 계속 검증 중이다. 전자정부 선진국인 에스토니아도 소액배상 사건 등 극히 일부 재판에만 AI 판사를 도입하여 테스트하고 있을 정도이다. 과연 법관의 판결문 쓰기는 당분간 AI의 불가침 성역으로 남을 것인가.

  이런 점에서 중국의 인터넷 법원은 한국에 많은 시사점을 던져준다. 중국은 AI 판사가 개입하는 인터넷 화상 재판을 수년 전부터 시범 도입, 매년 수백만 건의 사건을 처리하고 있다. 2017년 8월 항저우杭州에 처음 설립된 인터넷 법원은 온라인 쇼핑 계약 및 제품 하자, 온라인 서비스 계약, 저작권, 소액 인터넷 대출 및 결제, 디지털 저작권 등과 관련한 민사 분쟁 사건을 전담해 집중 심리한다. 원칙적으로 소장 접수, 변론, 선고 등 모든 절차가 인터넷상에서 진행된다. 판사와 원고, 피고가 서로 다른 장소에서 모니터를 보며 화상회의 형식으로 재판을 진행하는 것이다. 우리나라에서 10년 이상 도입이 지연되고 있는 원격의료의 사법판版이다.

재판 진행뿐 아니라 행정 업무도 인터넷으로 전부 해결한다. 모든 서류는 인터넷으로 접수하고 결제 또한 온라인으로 이루어진다. 법원 판결문 역시 문자 메시지나 메신저로 통지된다. 세계에서 가장 넓은 국토와 8억 5,000만 명의 인터넷 이용자를 보유하고 있는 중국의 현실을 고려하면 당연한 현실적 대안일지도 모른다. 개방·개혁 과정에서 산업화를 일부 건너뛰고 곧장 정보화로 이행된 중국의 빠른 디지털 트랜스포메이션의 현장이다.

인터넷 재판은 하는 것으로 따지면 중국이 최초는 아니다. 캐나다는 수 년 전부터 5,000달러(약 570만 원) 이하 소액 청구소송을 인터넷 재판으로 하고 있으며, 영국도 최근 인터넷 재판 시범 운영을 시작했다. 그러나 중국의 인터넷 법원에서는 AI 판사가 원·피고를 상대로 직접 재판을 진행한다는 점이 다르다. 항저우 인터넷 법원은 2019년 12월 외신기자들에게 재판정을 공개하는 행사를 열었다. 이 자리에서는 검은색 법복을 입은 인간 모습의 AI 판사가 합성 음성으로 인간 피고와 문답을 주고받는 모습이 기자들에게 공개됐다. 항저우 법원에는 37명의 인간 판사가 돌아가며 365일 24시간 근무하고 있다. 그러나 인간 판사는 AI 판사의 재판 진행을 지켜보며 주요한 결정만 내린다.

또한 블록체인 기술이 결합한 점도 특징이다. 소송서류의 보안성 강화는 물론이고, 현재 어디까지 절차가 이행돼 있는지 즉시 파악이 가능하다. 문서작업은 감소하고 투명성은 증가한다는 게 중국법원의 자랑이다. 이 같은 AI 지원 재판의 장점은 매우 신속하다는 것이다. 재판 1건 당 평균 소요시간은 30여 분에 불과하다. 항저우 인터넷 법원 단 한 곳에서 2019년 3월부터 10월까지 8개월 동안만 무려 310만 건의 사건을 처리했다. 2018년에 대한민국 국내에서 접수된 민사사건이 약 475만 건, 그 중에서 민사본안 사건●은 약 100만 건을 기록했다. 이와 비교하면 항저우 인터넷 법원의 처리능력이 얼마나 경이적인 것인지 쉽게 알 수 있다. 재판 서비스 수요자인 원고와 피고의 만족도 역시 높다. 이 때문에 인터넷 재판 건수는 도입 후 폭발적으로 증가하고 있다. 이에 맞추어 항저우에 이어 2018년 9월 베이징北京, 광저우廣州에 인터넷 법원을 설립하고, 향후 경과를 보아가며 적용 지역을 확대할 예정이다. 중국 사법당국은 '지연된 정의는 실

● 민사적 분쟁을 판결절차 등을 통하여 해결하기 위한 사건. 본안까지 가지 않는 사건은 조정·집행·도산·비송·독촉 등으로 완결된다.

현되지 않은 정의'라는 법언法諺에 충실한 행정을 실천하고 있는 셈이다.

AI 검사는 아직 시기상조

AI 도입에 적극적인 변호사 업계와 달리, 검찰은 신중에 신중을 거듭하는 모양새이다. 그도 그럴 것이 검사의 공소제기 권한은 엄연히 국가의 공권력, 그것도 시민의 자유와 재산에 매우 큰 제한을 가하는 공적 영역이기 때문이다. 그래서 AI 검사는 가장 예민한 분야이다. 전 세계에서 검찰권에 AI를 도입한 국가는 아직 없다. 어디까지 가능할지 연구만 열심히 하고 있을 뿐이다. 그만큼 검사와 수사관들은 조심, 또 조심하고 있다.

검찰과 경찰의 수사기법을 정형화하는 AI 기술은 구현하기도 어렵고, 인권침해 우려도 매우 강하다. 검·경의 과학 수사가 다음 단계인 지능화 수사로 진입하려 하지만 조심스러운 행보를 보이는 이유이다. 경찰의 과학 수사는 여전히 지문, 족윤적, 혈액과 DNA 검사, CCTV 영상 분석 수준에 머물러 있다. 최근 들어서야 범인 식별 이미지 분석, 순찰차의 효율적 배차 등에 AI 기술이 시범적으로 도입되었을 뿐이다. 그러나 검찰 디지털포렌식센터는 빅데이터 기반의 증거 분석 시스템에 AI 접목을 시도하는 중이다.

서초동 사무실에서 만난 박현준 대검찰청 디지털수사과장은

"대기업을 수사하면 테라바이트(TB)급 대용량 증거자료를 압수한다. 조희팔 사건 정도만 돼도 압수 파일 400만 개, 계좌도 2,000만 건에 달한다"라며 "PC, 스마트폰, AI 스피커 등에서 수집된 이메일, 통화기록, 회계 및 전자결재 같은 다양한 종류의 빅데이터를 인간 수사관이 모두 검토한다는 건 말 그대로 이제 불가능"이라고 잘라 말했다. 검찰은 현재 통합디지털증거분석시스템을 통해 시간·장소·인물별로 자료배치를 시각화하고, 수십 개 금융기관에서 받은 다른 서식의 계좌 내역을 통합하는 등 데이터의 효율적 처리에 최대한 힘쓰고 있다.

하지만 드디어 AI의 도움을 받아야 하는 한계에 직면했다. 이인수 대검찰청 디지털포렌식연구소장은 적극적인 도입론자이다. 그는 이미지와 음성을 인식·분석하는 시각·청각 지능은 물론, 범죄의 공통 패턴을 추출하는 AI의 판단능력까지 뒷받침돼야 암호화폐 사기 같은 신종 범죄에 대처할 수 있다고 평소 안팎에서 목청을 높이고 있다. 이에 따라 검찰은 경찰·해경과 금융감독원 등 18개 특별사법경찰, 공정거래위원회 등 7개 조사감독기관의 디지털 증거데이터를 한곳에 모아 AI로 통합 분석하는 국가 디지털포렌식 지원 클라우드 센터 건립을 추진 중이다.

리걸테크 한류를 이끄는 AI 변호사

변호사들에게 'AI와 함께 일하는 법'을 가르치는 법무법인

(로펌)이 늘고 있다. 특히 김앤장, 태평양, 광장 등 대형 법무법인 톱 3보다 도약을 꿈꾸는 10위권 내 로펌이 AI 협업에 더 적극적이다. 로펌의 AI 도입 형태에는 크게 내부 팀 자체 개발과 외주 전문벤처 의뢰의 두 갈래 방향이 있다. 어느 쪽이든 초기 베타 실험 버전을 현장 변호사들이 사용하며 지속적으로 개량해야 하기에 개발과 현업의 끊임없는 소통은 필수이다. 국내 로펌 상위 5위권에 드는 법무법인 율촌은 지난 2014년 'eYulchon'을 자체 개발해 운용 중이다. 소속 변호사 업무 보조보다 의뢰인 지향을 내건 점이 특징이다. '고객의 업무 흐름 속으로 스며들어간 플랫폼 비즈니스'가 목표이다. eYulchon의 주요 서비스 중에는 청탁금지법 가이드 앱과 약사법 공정경쟁규약 및 전자결재를 융합한 컴플라이언스compliance 앱이 대표적이다.

청탁금지법이 처음 발효되자 율촌의 고객사는 접대 한도나 위반 여부에 대해 쉴 새 없이 변호사들에게 법적으로 자문했다. 이에 eYulchon은 아예 370만 가지 경우를 상정한 자가진단 앱을 무료로 제작·배포함으로써 문제를 해결했다. 스마트폰 앱에 만날 공직자의 소속기관을 입력하면 추가 문답을 통해 현행법 저촉 여부, 식사·선물이나 강의료 지급 한도를 알려준다. 컴플라이언스 앱 역시 제약사 고객 맞춤형으로 약사법 의료기기법 위반 가능성을 기안 단계부터 자가진단하고, 의무화된 지출보고 및 작성도 자동 생성해준다. 예컨대, 개별 제품설명회는 월 4회를 초과해 동일 의료인에 경제적 이익을 제공할 수 없다는 법령

규약과 내규에 어긋나지 않도록 고객 스스로 앱에 물어가며 업무를 진행할 수 있다. 율촌과 eYulchon은 지난해 홍콩에서 영국 파이낸셜타임스(FT)가 선정한 혁신상을 받았다.

eYulchon 업무를 총괄하는 임형준 율촌 고문은 이런 방식이 법률 AI의 주류가 아닌 점은 잘 알고 있다고 털어놓았다. 율촌은 법인 고객에 주력하는 법무법인의 업무 성격에 맞게 소송이나 계약 대리를 위해 변호사와 상담하려는 개인 고객보다 법률자문 계약을 맺고 지속적인 컨설팅을 제공하는 법인 고객을 위주로 앱을 개발하고 있다. 여기에는 주디타카, 렉스 마키나 등 해외의 유명 법률 AI 기업도 아직 본격 영업이익은 내지 못하고 있다는 전략적 판단도 깔려 있다. 너무 장기적인 투자보다 당장 기업 고객에게 도움이 되고 실제 수익이 나는 현안부터 내부에서 자체 개발해 단기 대응하는 것이 '율촌 way'인 셈이다. 임 고문은 2019년 9월 22일부터 27일까지 서울에서 열린 '세계변호사협회International bar Association, IBA 연차 총회'에 연사로 초청돼 율촌의 AI 적응 사례를 발표했다. 1947년에 설립된 IBA는 170여 개국의 변호사협회 190개와 개인 변호사 8만여 명이 회원으로 가입돼 있는 세계 최대 변호사단체이다. 서울 총회에는 전 세계 6,000여 명의 법률가들이 참여해 220여 개 세션에서 법률 AI를 포함한 다수의 주제에 대해 토론과 의견·정보 교환을 벌였다.

국내의 유명 로펌인 법무법인 대륙아주는 2018년 초 국내 정상급 법률 AI 연구소 인텔리콘과 협약을 체결하고 법률시각화 내비게이션 및 법령 판례 동시검색 AI 엔진 '유렉스U-LEX'를 전격 도입했다. 1년이 지난 후의 반응은 '별 도움이 되지 않는다'와 '더 써봐야 안다'로 갈린다고 한다. 기존 수작업에 익숙한 관성 때문인지, 업무 지원 정밀도의 미달 때문인지, 최종 판단은 아직 유보 상태이다. 법무법인 지평의 김형우 파트너 변호사는 2019년까지 대륙아주에서 리걸 프런티어팀장을 맡아 변호사 업무와 AI 서비스의 접목을 책임지고 있었다. 그의 표현에 따르면 법률 AI를 활용하면 각 변호사가 처음 사건을 배당받고 서류를 준비할 때, 마치 능숙한 주방장이 손님에게 5~6인분의 상차림을 한꺼번에 내놓는 것 같은 효과가 나타난다. 사전 준비에 드는 시간과 노력이 크게 절약되는 것이다.

도제식 시스템에 익숙한 변호사업계의 경우 입사 5년 차 안쪽의 주니어 변호사들은 소위 '리걸 리서치'로 불리는 초기 자료 조사 작업에 주로 투입된다. 접수된 사건의 기초 사실관계를 확인하고, 해당 사건에 적용 가능한 법조문과 과거 판례를 찾은 후 이를 일목요연하게 정리하는 일이다. 선배 변호사들이 보다 예민한 법률적 쟁점과 공격·방어 논리 개발에 더 집중할 수 있도록 일종의 허드렛일을 대신 해주는 셈이다. 방에 가득 쌓인 수천 쪽짜리 서류 더미에 묻혀 며칠 밤을 지새우는 경우도 허다하다. 하지만 이 단순하고 지루한 업무가 신참 변호사에게는 통과의례이자 수습 교육으로 기능하는 측면도 있어 '선배는 시키고, 후배는 서류를 뒤지는' 관행이 되풀이되곤 했다.

그러나 AI 변호사 투입 후 대여섯 명 분량의 리걸 리서치 업무를 사람이 도저히 할 수 없는 단 몇 시간, 몇 분 만에 해치우는 일이 가능해졌다. 고참 변호사들이 신입 변호사가 업무의 기초를 익힐 기회를 박탈당했다고 걱정할 정도이다.

김형우 변호사는 소속 법무법인 변호사들이 편견 없이 AI 변호사와 더 친해질 수 있도록 다른 변호사들을 계속 교육하고 있다. 최근 컴퓨터공학 석사과정을 이수 중이기도 한 그가 집중하는 것은 AI가 어떤 기술로 구성돼 있느냐보다 구체적으로 변호사의 무슨 업무를 얼마나 도와줄 수 있느냐의 문제이다. 텍스트 마이닝, 자연어 처리 같은 AI 기술이 아니라도 광학적 문자판독(OCR)만 시계열로 잘 정리하면 형사사건에서 검찰 증거기록의 모순성을 파헤치는 유력한 무기가 될 수 있다는 게 그의 신념이다. 법률과 기술의 융합 자체를 꺼리는 풍토부터 바꾸어야 한다는 주장이다.

아예 변호사 일보다 AI 변호사 개발에 더 힘을 쏟는 개척 벤처인도 있다. 인텔리콘을 창업한 임영익 변호사는 실력 확인 차 법률 AI 올림픽에 갔다가 2년 연속 우승한 한국 최초이자 최고의 법률 AI 개발자이다. 임 변호사는 국내 몇 안 되는 법률 AI 전문가이다. 공학과 법률을 다 공부했다. 서울대에서 생명과학을 전공하고 미국에 간 그는 2000년대 초 과학계를 휩쓴 AI 연구에 빠졌다. 귀국 후 2009년 사법시험에 합격한 후 법률 AI 개발에 매달렸다. 처음에는 딥러닝보다 수학 물리학 등에 기초한 논리추론형 AI로 방향을 잡았다. 지금은 교수가 된 5명의 친구들과 빈번하게 밤을 새우며, 자신들만의 원천기술을 완성하는 데 5년 이상의 세월을 보냈다. 그런데 실력을 확인하고자 처음 참가한 대회에서 우승해버렸다. 이듬해 초청받아 또 1등을 했다. 그러고는 은퇴를 선언했다. 참가 준비에 대한 부담도 있거니와, 알고리즘 공개로 기업의 원천기술이 새어 나갈 것을 우려했기 때문이다. 하지만 이미 이들의 세계정상급 실력에는 누구도 이의를 제기하지 않는다.

인텔리콘의 AI 변호사가 2년 연속 1위를 차지한 '세계 법률 AI 경진대회COLIEE'는 최고의 권위를 자랑하는 국제 법률 AI 학술모임International Conference on Artificial Intelligence and Law, ICAIL의 부대 행사이다. 톰슨로이터 그룹이 후원하는 법률 AI 올림픽으로도 불린다. 흔히 판례 중심의 영미법과 논리적 법령체계에 따르는 대륙법을 구분하는데, 요즘은 둘 다 비슷해졌다는 게 임 변호사의 설명이다. 그래서 영미법계에 적합한 데이터 최적화 통계처리와 대륙법계의 해석추론 방식을 혼합해야 최고의 결과가 나온다. 법령과 판결문을 학습해 인간 법조인처럼 판단할 수 있는 AI 알고리즘을 생성하는 게 그의 목표이다.

인텔리콘의 기술은 2013년 미래창조과학부 창의융합과제, 2017년 산업통상자원부 차세대 세계 일류상품으로 선정됐다. 향후 7년 내 세계시장 점유율 5위에 들 수 있다고 인정받은 것이다. 2018년 국내 10대 법무법인인 대륙아주와 협약을 맺고 일선 변호사들과 손발을 맞추고 있다. 주된 서비스로 법률 시각화 내비게이션 '유렉스'와 챗봇 '로보Law-Bo', 그리고 최근 선보인 계약서 자동분석 및 수정 AI '알파로'가 있다. 임 변호사에 따르면 리걸테크는 현재 미국과 캐나다, 네덜란드, 일본, 이탈리아의 5파전이다. 국산 리걸테크의 우수성을 유지하고 다듬어나간다면 인근 아시아 국가로의 수출 등 '리걸테크 한류'도 불가능한 일만은 아니라는 점을 인텔리콘의 사례가 시사해준다.

법률 AI가 넘어야 할 과제

사이버범죄 전담검사로 일하다가 혁신 로펌 '테크앤로 TEK&LAW'를 창업해 기술법 분야에만 10년 이상 매진해온 구태언 변호사는 법률 AI 선진국이 되려면 소위 '개망신(개인정보보호법·정보통신망법·신용정보법)법'으로 폄하되는 정보공개 3법의 조속한 통과가 시급하다고 강조했다. 구 변호사는 특히 가장 시급한 과제로 리걸테크의 발전을 위해 최소한 AI가 학습할 판결문 공개범위를 대폭 늘려야 한다고 말한다.

"법에 AI 같은 정보기술을 접목한 컴퓨터 과학을 광의의 리걸테크라 합니다. 금융에 IT를 융합한 핀테크Fintech의 사촌 격이죠. 핀테크는 로봇어드바이저, 챗봇 등 이미 은행·증권·보험업계 현장에서 상용화됐습니다. 경제적 이익을 추구하는 자본의 기술적응 속도가 가장 빠르기 때문입니다. 하지만 리걸테크는 미국 등 선진국에서도 아직 지능형 판례검색 등 초기 단계에 머물고 있어요. AI 재판을 받아들이기엔 법률가도, 일반인도 준비가 덜 된 게 사실입니다."

그는 최근 법무법인 린 부문장으로 옮겨 핀테크·헬스케어·e커머스 등 첨단기술 분야의 융합 법률 자문에 응하고 있다. 블록체인 법학회 및 공유경제협회 부회장을 맡아 '규제혁신 전도사'로도 불린다. 구 변호사는 법률 AI의 학습에 필요한 데이터 자체가 절대 부족하다며, 대법원 확정판결 외에 1심 등 하급심 판결은 극소수만 공개돼 리걸테크가 원천 봉쇄돼 있다고 비판했다. 미국처럼 모든 판례를 제공하진 못하더라도 전체 판결문의 최소 1퍼센트 정도는 공개해야 지능형 사법 서비스의 발전이 가능하다고 변호사 업계는 요구하고 있다. 구 변호사는 또 변호사·변리사·세무사 등 직역별 칸막이를 낮추고, 리걸테크 도입이 쉽도록 변호사법 개정도 필요하다고 역설했다. AI 변호사, AI 세무사를 따로 개발하는 건 시대착오라는 주장이다. 승차공유 벤처 '타다'를 검찰이 기소한 것처럼, IT벤처와 로펌을 동업하면 변호사법 위반이 되는 현행 법조항도 현실과 뒤떨어지긴 마찬가지이다.

리걸테크는 갈 길이 멀다. 기술은 곧 완성되지만 인간의 생명, 재산 등 권리 의무를 규정하는 법률에 생각하는 기계를 투입하려면 제도 및 인식의 전환이 필요하다. 법률은 말과 문서로 이뤄져 있다. AI가 가장 잘하는 영역이 언어(자연어 처리)와 이미지 분석이다. 컴퓨터가 음성과 텍스트를 논리적으로 입·출력하는 능력은 비약적으로 발전했다. 재판 기록도 이미지와 동영상 등 멀티데이터화하는 추세이다. AI가 판사·검사·변호사를 돕기 딱 좋은 기술적 환경이 조성된 것이다. 그러나 장벽은 인간에게 있다. 첫째, 법조인이 AI의 판단을 신뢰해야 한다. 프로기사棋士처럼 AI가 특정 영역에선 인간보다 더 효율적일 수 있다는 믿음이 법률 전문가에 쌓여야 협업이 시작된다. 둘째, 일반인도 AI가 개입된 수사와 재판 결과에 승복해야 한다. AI와 협업한 법조인의 최종 판단에 동의하는 제도와 인식이 정비되기 전에는 어렵다. 자율주행차 보급에 교통법과 사회윤리의 정비가 선행돼야 하는 원리와 같다. 그래도 민사·특허 등 재산권 중심의 재판과 신탁·등기 등 비송非訟 사건 중 반복·정형화된 분야는 AI 기술이 비교적 조기에 적용될 가능성이 크다. 반면 형사刑事는 신중하게 진행될 전망이다. 수사-구속-재판-형벌 절차는 인권침해 우려가 크다. 우리나라에서 유일하게 형사재판에 아직 전자소송을 도입하지 못한 이유이다. 더욱이 AI 수사관의 알고리즘이 내린 판단이 맞나 틀리나 검증할 기술도 없다. 오랜 역사를 갖고 몇 겹의 안전장치로 제도적 보호막을 씌워놓은 의료 분야의 AI 도입과 함께, 법률 분야 AI의 도입 역시 어렵고 더딜 수밖에 없다.

세계 법률 인공지능 학술대회^{ICAIL}를 가다

AI 변호사를 가르치는 전 세계 AI 법률 전문가들이 한자리에 모였다. 2019년 6월 17일부터 21일까지 캐나다에서 '제17회 세계 법률 인공지능 학술대회'가 열린 것이다. ICAIL[*]은 오전오후 복수의 세션별로 컴퓨터 법률학computational law 등 각 분야의 최신 연구 결과들을 발표하는 학술행사를 위주로, 다수의 워크숍과 교수·학생 개별지도로 진행됐다. 특히, 마지막 날인 21일에는 학술대회의 부대행사인 법률 AI 경진대회Competition on Legal Information Extraction and Entailment, COLIEE^{**}가 열렸다. 일본 사법시험 문제를 출전팀의 AI 알고리즘이 얼마나 빠르고 정확하게 푸는지 경쟁하는 시합이다. 그동안 대륙법계 법률 중심으로 문제가 출제됐지만 올해는 영미법계 판례 추론 시험으로 그 범위가 확대됐다.

시합은 총 4개 부문으로 구성된다. 첫 번째와 두 번째 부문은

---

[*] 일명 '법률 AI 올림픽'으로, 2년마다 도시를 바꿔가며 열리는 가장 오래되고 권위 있는 AI 법률 연구학자들의 정례학회.

^{**} ICAIL 마지막 날 전 세계에서 출전한 대학, 연구소, 로펌 등 법률 AI 연구팀들이 자신이 개발한 AI 변호사의 실력을 겨루는 시합.

판례법 시험이며, 세 번째와 네 번째 부문은 성문법 시험이다. 첫 번째 부문은 판례 검색retrival 시합이다. 검색 또는 호출이란 장기 기억에서 현재 문제 해결에 필요한 기억만을 골라 소환하는 작업을 말한다. 우리가 기억력이라 부르는 능력이다. 수학 시험을 칠 때 어떤 문제를 풀기 위해 전체 수학 지식 중 필요한 공식만 머릿속에서 불러내는 과정과 비슷하다. 컴퓨터의 하드디스크·SSD류의 장기 기억장치에서 당장 작업에 필요한 프로그램만 CPU·GPU 프로세서나 DRAM 같은 단기 기억장치로 불러내 문제를 해결하는 작동원리도 마찬가지이다. 주최 측은 우선 캐나다 연방법원의 판례 모음case law corpus을 참가자 전원에게 제공한다. 다음은 새로운 판례를 시험문제로 제출하고 그 재판 결과를 추론하는 데 도움이 될 유관 판례, 즉 '주목 판례'를 모두 추출해 제출하도록 요구한다. 참가팀은 문제로 나온 판례의 결론, 즉 판결문의 내용을 모르는 상태에서 이 작업을 수행한다. 그리고 문제 판례의 판결문과 유사한 논리적 결론으로 이어지며 이를 뒷받침하는 판례들을 얼마나 잘 골라냈나가 채점 기준이다. 사전을 나눠주고 제시어와 가장 비슷한 말(동의어·유사어)을 모두 찾아내라고 하는 테스트라고 생각하면 쉽다.

두 번째 부문은 핵심구절을 알아맞히는 함의entailment 시합이다. 함의는 논리학에서 조건명제와 같은 개념이다. 전제 A가 참일 때 조건 B도 참임을 보장하는 것을 의미한다. 다시 말해, 문장 A가 참이면 문장 B도 반드시 참일 경우 'A는 B를 함의한다A entails B'라고 말한다. 반대로 문장 B의 부정은 문장 A의 부정을 보장한다. 조금 어렵게 느껴지면 'A→B', '만약(if then) A이면 B이다', 'A는 B의 충분조건이다', 'B는 A의 필요조건이다' 등이 전부 함의를 나타내는 표현임을 머리에 넣어두자. 시합은 앞에서 추출한 유관 판례 중에서 문제로 제출된 새로운 판례의 결론을 함의하는 구절(문단)을 색출하는 방식으로 진행된다. 함의의 표현방식 중 하나인 'A이면 B이다'에 대입해보자. 유관 판례 안에서 A 구절을 찾아내면 그것이 새 판례의 재판 결과 B에도 그대로 적용할 수 있다는 뜻이다. A가 참이면 B도 참이니까.

첫 번째 부문이 유관 판례들을 찾아내는 시합이라면, 두 번째 부문은 그 판례 안에서 핵심 문장 하나를 뽑아내는 시합이란 점이 다르다. 우리가 기말고사에서 리포트를 쓴다고 치자. 1단계는 같은 주제를 다룬 과거 리포트 중 내 리포트에 써먹을 만한 참고 리포트를 여러 개 골라내는 것이다. 2단계는 골라낸 유관 리포트 속에서 내 리포트의 결론과 비슷한 구절을 찾는 일이다. 중요 단락 또는 핵심 문장에 밑줄을 쫙 긋는 것이다. A가 참이면 B도 참임을 보증하는 함의 관계라야 하기 때문에 단순한 유사어 정보 검색으로는 불가능하다. 찾아낸 유관(주목) 판례 안에는 새 판례와 상관관계가 높은 구절이 아주 많이 있기 때문이다. 전체 판례 중 새 판례의 결론과 상관성이 높은 판례들만 추려낸 것만으로는 부족하다. 그래서 유관 판례와 새 판례에서 각 문장의 의미를 하나하나 비교하는 특별한 함의 파악 능력이 요구된다. 이

부분이 고득점의 비결이다.

　세 번째 부문은 일본 사법고시에 출제된 OX(예스/노) 문제를 풀기 위해 전체 일본 민법에서 필요한 유관 법조문들을 검색하는 시합이다. 문제의 정답을 맞추는 데 필요한 조항들만 얼마나 잘 골라냈나가 채점의 포인트이다. 마지막 네 번째 부문은 검색한 일본 민법 조문에서 OX(예스/노) 답변의 함의를 확인하는 시합이다. 즉, 유관(주목) 조항들이 참이면 답변도 참이다. 참가팀은 정답을 OX 중 하나로 골라 제출해야 한다.

　각 부문의 우승자는 과제 해결의 정확도와 재현율, 그리고 F-measure의 세 가지 수치를 종합해 결정한다. 정보 검색, 패턴 인식 등 기계학습의 효율을 나타내는 용어로 개념만 간단히 설명한다. 정확도precision는 검색한 정보 중 실제 유관 정보가 얼마나 되나 하는 비율이다. 재현율recall은 전체 유관 정보 중 검색된 유관 정보의 비율을 말한다. 100개의 문서를 모아놓은 정보 뭉치가 있다고 치자. 여기서 '인공지능'을 검색해봤더니 20개의 문서가 추출됐다. 20개 중 실제 인공지능 유관 문서는 16개, 전체 문서 중 인공지능 유관 문서는 32개였다고 하면 정확도와 재현율은? 정확도=16/20=0.8, 재현율=16/32=0.5로 나온다. F-measure는 이 둘의 장단점을 합쳐 한 방에 정확도를 표현하는 수치로, 수학의 여러 가지 평균 가운데 가중 조화평균weighted harmonic mean에 해당한다.

　2019년 COLIEE의 우승자는 첫 번째 부문에서 JNLP(일본고

등과학원 및 국립정보학연구소), 두 번째, 세 번째, 네 번째 부문에서는 캐나다 앨버타대 인공지능연구소(AMII)가 각각 차지했다.

닷새간 행사장인 몬트리올대 사이버법학연구소 건물은 롤런드 보글 스탠퍼드대 로스쿨 법학·컴퓨터공학 공동연구팀 코드엑스CodeX 학장, 알파고의 구글 딥마인드와 협업 중인 캐나다 앨버타대 소속 원조 AI 학자인 랜디 괴벨 박사 등 유명인사들과 톰슨로이터를 비롯한 리걸테크 회사 관계자는 물론 세계 각국에서 온 연구자와 학생, 취재진으로 성황을 이뤘다.

한국에서도 2018년 5월 창설된 한국인공지능법학회(회장 이상용 건국대 교수) 소속 법대 교수들과 국내 리걸테크 선두 연구소 인텔리콘 임영익 대표 등이 참석했다. 한국 취재진과 학자들이 이 대회 조직위원회의 정식 초청을 받아 연구 방문과 취재를 하기는 이번이 처음이다. 대회를 유치한 몬트리올대 니콜라 베르메 사이버법학연구소 부소장은 "하루가 다르게 똑똑해지는 AI 법률가들이 이미 법조계에서 변호사 판사 검사들과 함께 일하고 있지만, 앞으로 활동 범위는 더 확대될 것"이라고 말했다.

AI가 반복 정형적 업무 맡고,
인간은 전략적 판단 집중을

'법학 공학 융합연구' 스탠퍼드대 코드엑스 보글 학장

"코드엑스는 법학과 컴퓨터공학의 협업을 통해 사법체계를 더 효율적으로 혁신하려는 학제 간 연구센터입니다. 특히 창업자들이 법조계에 새 기술을 도입하는 사업 아이디어의 시험장으로, 매주 소규모 모임과 매년 4월 미래 법을 고민하는 학회도 열고 있죠. 우리는 그런 공동체를 잇는 다리라고 표현하고 싶습니다."

롤런드 보글 스탠퍼드대 로스쿨 코드엑스 학장의 말이다. 10여 년 전부터 AI와 법률의 융합에 천착해온 스탠퍼드대는 학술 연구와 비즈니스의 융합도 시도해 렉스 마키나, 주디카타 같은 걸출한 리걸테크legaltech 벤처를 배출했다. 하지만 그는 법률 AI가 금융 AI, 의료 AI만큼 빠른 속도로 성장하긴 어려울 것이라고 예상했다.

법률에 AI를 접목하는 게 왜 어려운가.

"데이터 수집부터 어렵다. 공공법률 문서가 전부 출판되는 건 아니다. 유료인 경우도 많다. 계약서는 대부분 사적 비밀유지 때문에 공개하지 않고 있다. 둘째, 법률 정보는 거의 비정형 데이터이다. 정형화structured하는 데 돈과 시간이 든다. 물론 과거보단 쉬워지고 있다. 인터넷 등장 후 법률 데이터가 폭증하고 금융 등 앞선 분야의 AI화 요구도 거세다. 기술 포용적 정책이·시행되는 등 모든 변화가 거대한 폭풍perfect storm처럼 몰아쳐 속도를 올리고 있다."

AI는 대중화 이전 전문가 벽부터 넘어야 한다. 법률가의 거부감은 어떻게 없앨 수 있나. 변호사, 검사, 판사 중 어떤 영역에 먼저 적용될까.

"로봇 변호사의 인간 변호사 대체는 있을 수 없는 일이다. AI가 낮은 수준의 반복 정형적 업무를 맡는 대신 인간은 고도의 전략적 판단에 집중하게 된다. 당장 문서 자동화, 즉 계약서 작성과 분석에 빠르게 보급되고 있다. 아무래도 돈이 몰리는 분야에 가장 먼저 적용되기 마련이다. 지식재산권 특허 소송과 관리 등이다. 큰돈이 걸린 대형계약에서 출발해 집주인과 세입자 분쟁 등 적은 돈까지 휩쓸 것이다."

리걸테크는 통계적 기계학습과 논리적 추론, 두 가지가 있다. 어느 쪽이 득세할까.

"장단점이 있다. 통계적 머신러닝은 빅데이터가 필요한데 현실에서 구하기 어렵다. 또 편향bias을 제거하는 등 초기 손질에 품이 든다. 규칙 기반의 논리적 전문가 시스템은 초기 AI의 형태인데, 만드는 데 많은 자원이 필요하다. 특정 도메인(영역) 전문가 지식을 컴퓨터가 이해하도록 정교하게 모델링해야 한다. 그것보다 설명 가능한Explainable AI 가 더 중요하다. 법률적 맥락에서 결과를 받아들이려면 판단 과정을 이해해야 하기 때문이다.

의료

닥터스 닥터,
의사들의 의사가 온다

세계 최초의 AI 의사 '왓슨'의 고향,
케임브리지 '왓슨 헬스'

"AI 시대에는 데이터에서 나온 지식을 의사의 통찰력과 접목해야 합니다. 읽어야 할 의학 저널이 너무 많아 정작 환자에게 쓸 시간은 부족한 '빅데이터 도전'에 의사들이 과감히 맞서야 한다는 이야기입니다. 왓슨은 의사에게 정확한 정보를 제공해 통찰력의 수준을 높임으로써 궁극적으로 환자들을 도와줄 수 있습니다. 환자의 헬스와 의사의 헬스케어를 더 좋게, 바로 왓슨이 할 수 있는 일이죠. 왓슨이 할 수 없는 일? 사람을 대체하지 못한다는 것입니다. 더 좋은 의사결정을 하도록 돕는 거지, 대신 결정하는 게 아니거든요. 왓슨이 이루고자 하는 목표는 의사·약사·간호사·보건공무원·과학자·건강보험 관계자 등 모든 의료 관계자들에게 도움이 되는 의료 생태계의 구축입니다."

2019년 6월 10일 미국 매사추세츠주 케임브리지 비니가街 75번지 왓슨 헬스 본사에서 만난 IBM 왓슨 헬스 부사장이자 최고 의료책임자 Chief Health Officer, CHO 큐 리Kyu Rhee 박사는 IBM이 지향하는 의료 AI의 궁극적 목표가 무엇이냐는 첫 질문에 이렇게 대답했다. 군인처럼 짧게 자른 머리에 비교적 단신인 리 박사는 부드러운 미소와 친절한 태도로 필자를 맞았지만, 자신의 전공인 왓슨 헬스에 대한 질문이 시작되자 반짝이는 눈빛과 단호한 목소리로 IBM이 개척 중인 신천지를 열정적으로 소개했다.

미국 동부 보스턴 외곽에는 하버드·MIT 등 명문 대학이 밀집한 교육도시 케임브리지가 있다. 이곳 대학촌에서 차로 약 30분 떨어진 한적한 시내에 원조 컴퓨터 회사 IBM의 자부심이자, 세계 최초의 AI 의사 왓슨Watson의 고향인 왓슨 헬스Watson Health 본사가 자리 잡고 있다. 한국 언론인에게 본사를 공개한 것은 필자의 방문이 처음이었다. IBM의 의료 AI 중 가장 널리 알려진 것은 암 진료용 '왓슨 종양학Watson for Oncology'이지만, 왓슨은 형제가 많다. '왓슨 유전체학Watson for Genomics', '왓슨 임상시험 환자 매칭Watson for Clinical Trial Matching' 등 여러 의학 분야를 동시에 개척 중이다.

왓슨은 클라우드 시스템으로 각 병원에서 의료 데이터를 수집하여 본사 서버에 축적하면서 매일 새 지식을 학습한다. 갈수록 더 똑똑해진다는 의미이다. 유럽연합(EU)은 왓슨을 의료기기로 분류하지만, 미국과 한국은 비非의료기기로 분류하고 있다. 어제의 왓슨과 오늘의 왓슨이 달라지기 때문에 보건당국으로부터 의료기기로 허가받기가 쉽지 않다. 안전성 검사 시점과 보급 시점의 소프트웨어 구성이 변하기 때문이다. 또한 왓슨의 우수성을 보여주는 근거는 오직 인간 의사와의 판정 일치율뿐이고, 실제 대규모 임상시험 등 과학적 검증 결과는 없다는 비판에서 자유롭지 못하다. 하지만 서로 다른 나라의 복잡한 의료 체계, 각종 규제와 편견, 고정관념 등의 장벽을 뚫고 왓슨의 도전은 계속되고 있다.

IBM은 이런 장벽을 뚫기 위해 왓슨을 AI 의사로 정의하지 않는다. 공식적으로는 AI라는 말 대신에 아예 '인지지능cognitive intelligence'이라는 말을 사용한다. IBM의 고민이 묻어나는 대목이다. 리 박사의 말대로 의사의 최종 결정을 돕는 지능형 보조도구라는 게 회사의 공식 설명이다. 의료·법률·금융 등 각 분야의 전문가 지원 AI를 개발할 때 가장 먼저 나오는 반응은 실직 공포이다. 밥그릇을 기계가 뺏어 가지 않겠냐는 우려이다. 왓슨은 환자에게 신뢰를 얻기 전에 먼저 의사로부터 동료로 인정받는 벽을 넘어야 하는 셈이다.

IBM은 이런 우려를 불식하기 위해 왓슨을 통한 '의료 민주화'의 선순환 효과를 강조하고 있다. 큐 리 박사는 아프리카 등 의사가 없어 제대로 된 치료를 받지 못하는 세계의 의료 사각지대를 기계 의사 왓슨이 해소할 수 있다는 점을 강조했다. 현지

의료진의 판단을 도와 저개발국가의 의료 서비스를 선진국 일류 병원과 의사 수준까지 끌어올리는 것이다. 또 글로벌 의료 데이터의 대통합도 자연스럽게 이뤄진다. 세계 각국의 병원 의료 시스템은 국가별 또는 인종별로 각각 상이한 질병에 특화돼 있는데, 왓슨이 공통으로 보급되면, 같은 질병이라도 국가와 인종별로 어떻게 다른 치료법과 약이 처방되는지 그 과정과 효과를 클라우드 빅데이터를 활용하여 거시적인 시각으로 파악할 수 있게 된다는 설명이다.

왓슨 온콜로지를 예로 들어보자. 암에 특화된 왓슨이 글로벌 의료 체계에 널리 보급되면 미국의 유방암, 한국의 위암, 인도의 간암 등 국가·인종별로 다른 전 세계의 의료 데이터를 축적해 공동 연구할 수 있는 거대한 암 데이터의 호수가 형성된다. 왓슨은 이처럼 병원·의학연구소 등 의료계와 정부 보건정책, 공공 및 민간 건강보험, 제약사 등 의료 기업을 통합해 하나의 선순환 생태계를 만들 수 있다는 점을 내세운다. 마지막으로 왓슨이 다른 인공지능과 구별되는 큰 장점은 '설명 가능 AI'라는 것이다.

환자 개인별로 딱 맞는 치료법을 찾아 의사에게 보여주는 맞춤형 정밀 의료를 도와주는 과정에서 의학 논문과 임상 사례 등 AI 추천의 실증적·문헌적 근거도 한눈에 제시하는 투명성이 차별화 포인트이다. '왓슨은 왜 이걸 권했나'를 의사도, 환자도 납득할 수 있다. 약이나 식품의 상품 포장에 상세한 구성 성분과 약효 등을 깨알같이 적어놓은 셈이다.

디지털 헬스케어의 두뇌로 부상한 의료 AI

현대 의학의 키워드는 '4P'로 요약된다. 예방Preventive·예측 Predictive·정밀Precise·참여Participatory 의학을 말한다. 사후 치료보다는 사전 예방을 지향하고, 이를 위해 정확한 사전 예측을 필요로 한다. 또 발병하면 과거처럼 폭넓은 환자를 겨냥한 범용 의료 기술이 아니라, 개인 맞춤형personalized 치료를 목표로 한다. 또 의사 독단에서 벗어나 진단과 치료의 전 과정에 환자를 참여시키는 민주화된democratized 의료 행위를 요구한다. 이 모든 조건을 충족하는 4P 의학 시대의 새 기술이 바로 의료 AI이다. 치료·병원 중심에서 예방·소비자 중심으로, 특정한 시기와 장소에서의 의료 행위가 아니라 일상생활 속 헬스케어로 메디컬 서비스의 기본 틀이 바뀌는 대전환기에 돌입한 것이다.

현재	+	미래
의료인 경험 제한적 임상·진료 정보 보편적 치료 병원주도권 – 의료 영역 (의료기관, 환자, 제약·의료기기 업체)	Cloud BlockChain IoT AI BIg DATA	인공지능 활용 빅데이터화 맞춤형 예방치료 의료영역 + 일상건강관리영역 (일반인, ICT 기업)

헬스케어 패러다임의 변화 ⓒ정보통신산업진흥원(NIPA)

의료 AI는 병원 진료와 일상생활의 예방 의료를 포함한 디지털 헬스케어의 핵심이라 할 수 있다. 의료기관에서 대량 생성되는 전자의무기록Electronic Medical Record, EMR, 개인의 웨어러블 바이오 디바이스에서 나오는 생활 생체신호의 양대 빅데이터를 체계적으로 분류·분석하고, 나아가 적절한 투약·치료와 일상 건강관리 등 인간 의사와 환자를 보조할 최적의 추천안을 제시해 준다. 의료 AI가 4P 의학에서 두뇌이자 관제탑 역할을 하는 것이다.

의학의 두뇌 역할을 AI에게 맡겨야 하는 이유는 무엇일까? 인간이 처리 불가능한 분량의 의료 빅데이터가 매일 홍수처럼 쏟아지기 때문이다. 의료에 관한 전문지식을 습득하기 위해서는 현대의 교육과정하에서 10년 이상의 시간이 필요하다. 의대의 예·본과 6년과 인턴·레지던트 5년의 집중학습은 기본이고, 의사 국가고시에 합격해 의사 면허증을 취득한 후에도 계속 재교육에 시간과 돈을 투자해야 한다.

특히 의료의 디지털화가 진행되면서 감당해야 할 의학 지식의 양은 살인적인 수준으로 늘고 있다. 가령 종양학 분야만 따져보더라도, 2015년 기준 1년간 발표된 종양학 논문만 약 4만 4,000편, 매일 122편 꼴에 달한다. 인간 의사가 10분에 1편씩 논문을 읽어도 매일 20시간 이상 읽어야 겨우 따라갈 수 있는 양이다. 그것도 주말도 없이 말이다.

한마디로 개개인이 모든 자료를 검토하기란 불가능하다. 인간을 대신해 기계가 학습하고, 이를 요약하여 핵심을 추려주지 않으면 쏟아지는 정보를 감당할 수가 없는 것이 현실이다. 논문만이 아니다. 인간 유전체 분석 정보, 의사 처방전 등 과거 수기手記로 기록하던 비정형 의료 데이터, 애플워치apple watch·핏빗fitbit 등 웨어러블 건강기기에서 나오는 라이프로그lifelog, 생체일지 등으로 인해 세계 의료 데이터는 2012년 500페타바이트(PB) 수준에서 2020년 2만 5,000PB로 약 50배 증가할 전망이라고 인터내셔널데이터코퍼레이션(IDC)은 예측했다.

어디 양적 측면뿐이랴. 영상의학이나 약물 적합성 예측 분야에서도 인간이 미처 볼 수 없거나 분석하기 힘든 미세 빅데이터를 AI는 순식간에 포착·처리해 일차적으로 소견을 내놓는다. 인간은 AI가 추린 요약본 또는 심층 보고서만 깊이 있게 들여다보고 최종 결정을 내리면 된다. 또 기계는 365일 쉬지 않고 생체 신호를 수집·분석한다. 제아무리 뛰어나고 성실한 명의와 명간호사도 밥을 먹고 잠도 자야 한다. 환자에게서 눈도 안 떼고 계속 지켜보고 돌볼 순 없다. 피로를 모르는 기계에 감시·감독 일을 맡겨야 하는 이유이다. 심장마비 징후가 포착된 위험 환자를 하루 전에 의료진에 알려줘 미리 중환자실로 이송하도록 알람을 울려주는 심정지 예측 AI가 국내 벤처기업 뷰노Vuno와 세종병원의 공동 개발로 완성돼 벌써 의료 현장에서 피곤한 의사와 간호사를 대신해 일하고 있다.

한국은 특히 EMR 보급률이 96퍼센트에 달한다. 건강보험공

단에서 100만 건 이상의 임상 정보표본을, 심사평가원에서 8만 7,000여 개의 진료기록을 보유하고 있다. 데이터의 양만으로 따졌을 때는 어디에도 꿀리지 않는 헬스케어 선진국이다. 그러나 이 데이터를 통합하여 관리하고 활용할 수 있는 기술 개발과 제도 개혁에 미진해서 아직도 헬스케어 후진국으로 남아 있다. 대표적인 예로, 이미 수십 년 전부터 의료의 미래상으로 제시되어 왔던 원격진료는 10년 넘게 갈피를 잡지 못한 채 표류하고 있다. 밥그릇을 뺏길까 염려하는 개업의開業醫 모임인 대한의사협회와 의료 서비스 양극화를 우려하는 시민단체들의 반대에 부딪히고 있기 때문이다.

초등학생들도 손쉽게 영상통화로 소통할 정도로 관련 기술이 진보해 있는 현실을 생각하면 어처구니없는 문화 지체 현상이다. 이미 의료 현장에서는 환자들의 원격진료 요구가 현실화되고 있다. 한 원로의사는 거동하기 힘든 부모를 대신해 병원에 온 아들딸들이 우리 어머니(아버지)와 한번 영상통화 해보라며 스마트폰을 자신에게 건넨다고 털어놓았다. 의료법 위반이라고 손사래를 치면, "의사 선생님 폰도 아니고, 제 폰으로 통화하는 것뿐인데 뭐 어떠냐"라며 우문현답을 한다는 것이다. 제도가 현실을 못 따라가는 슬픈 대한민국의 자화상이다.

의료 AI의 종류

의료 AI는 무슨 일을 할 수 있을까. 포스텍에서 생명공학과 컴퓨터공학을 복수 전공한 시스템 생물학 박사로, 서울대 의대 암연구소 연구교수로 재직하기도 했던 최윤섭 디지털헬스케어 연구소장의 말에 따르면 의료 AI는 크게 세 종류로 나뉜다. 복잡한 의료 데이터에서 의학적 통찰을 도출하는 AI, 이미지 형식의 의료 데이터를 분석·판독하는 AI, 연속적 의료 데이터를 모니터링해 질병을 예측하는 AI이다.

데이터를 분석하고 판단을 돕는 AI

첫 번째 유형은 IBM의 왓슨처럼 인간 의사의 초기 판단을 돕는 AI 의사 조수라 할 수 있다. 임상 의사결정 지원 시스템 Clinical Decision Support System, CDSS이라고도 부른다. 지금은 진단 단계에서만 쓰인다. 치료법을 추천해주기는 하지만 법적 책임을 질 수 없기 때문에 최종 판단은 어디까지나 인간 의사가 내려야 한다. 법률 AI 등 다른 분야에서도 이런 유형이 가장 기본이 된다. 초기 학자들이 꿈꾼 '생각하는 기계'에 가장 가까운 AI 유형이다. 아픈 환자에게 딱 맞는 치료법이나 약을 의사에게 추천해주는 의견제시형 외에, 누적된 의료 데이터를 분석해 질환의 악화나 사망을 사전에 간호사나 의사에게 미리 알려주는 예측 인공지능도 이 유형에 속한다. 앞서 예로 든 부정맥·심장마비 등 심혈관계 병증, 신생아 패혈증 등을 중환자실이나 신생아실에서 사전에 예측해 의료진에 알려줌으로써 생명을 구할 수 있는 기회를 늘려주는 AI 등이 대표적이다.

국내에서는 세브란스병원의 소아 중환자실 실시간 사망 예측 AI '프롬프트PROMPT'가 유명하다. 소아호흡기알레르기내과 김경원 교수 연구진은 환자의 혈압, 맥박, 산소포화도 같은 생체 신호 데이터를 바탕으로 환자의 사망 위험 예후를 사전에 예측하는 AI를 개발했다. 2011~2017년 진료한 19세 미만 소아 중환자 1,700여 명의 연령, 체중, 생체신호(혈압·심박수·호흡수·산소포화도·체온 등) 등을 컴퓨터에 학습시키고 알고리즘을 만들어 6~60시간 전에 사망을 예측하는 모델이다. 위험 발생 최대 3일 전에 미리 알 수 있다는 이야기이다. 예측 정확도는 89~97퍼센트에 달한다.

중환자실 환자의 사망 시점을 예측할 수 있다면 의료진은 보다 적극적인 치료를 통해 사망을 예방할 수도 있다. 프롬프트의 유효성과 안전성이 확인돼 식약처의 의료기기 승인을 받아 상용화되면 의료진은 더 효율적인 치료를 할 수 있고, 치료 여건이 안 될 경우 다른 병원으로 옮기는 등 빠른 대응이 가능해진다는 것이 김 교수의 주장이다. 개인적 경험에 의존하는 의사의 직관이 객관적 데이터라는 통계적 분석으로 넘어간 셈이다.

의사들의 눈을 대신하는 기계 눈

두 번째 유형인 영상의학 AI는 이미지 분석에 특화되어 있다. 최근 의료의 전 분야 가운데 영상의학에서 AI의 활약이 가장 두드러지기 때문에 따로 분류한 것이다. 엑스레이·컴퓨터단층촬영(CT)·자기공명영상(MRI) 등 해상도가 점점 높아지고 있는 방대한 분량의 영상자료를 읽고 병의 징후를 알아낸다. 안과의 백내장·녹내장, 망막 병변 등 이상 증세 포착, 폐암·유방암·위암 등 암 진단과 치료, 청소년 성장판 치료를 위한 골骨연령 판단 등 각종 의료 분과에서 AI가 자신의 전자 눈electronic eye으로 영상자료를 읽은 후 의사보다 더 빠르고 정확하게 이상 유무와 진행 경과 등을 판독해낸 '인간 추월beyond human' 기록이 전 세계 임상현장에서 점점 더 쌓여가고 있다.

왜 AI의 '기계 눈'이 사람 눈보다 더 정확하게 신뢰를 얻으며 의료 현장에서 맹활약하고 있을까. 이 또한 빅데이터의 도전 때문이다. 엑스레이 등 영상인식Visual Recognition 기기는 인체 내·외부의 이미지 데이터를 수집한다. 현미경, 안저眼底(안구 안쪽), 피부 사진, 초음파, 유방 촬영술mammography, 내시경 비디오 등에서도 영상 데이터가 나온다.

영상의학은 이런 시각적 자료로 뇌·폐·복부·심혈관·유방·뼈·안구 등의 병변病變, 결절 징후와 위치 등을 판독하는 의료 분과이다. 조직 세포 검사를 전문으로 하는 병리과도 현미경 관찰로 판단하는 일이 많다. 그동안은 인간 의사가 숙련된 지식과 경험을 바탕으로 정지 사진이나 동영상으로 출력되는 디지털 신호를 자신의 눈으로 일일이 확인하며 이상 유무를 가리는 수작업을 해 왔다.

그러나 갈수록 늘어나는 데이터 양, 업무 과중과 피로 등에 의한 오판 가능성 때문에 불과 몇 년 사이에 AI 영상진단이 병원에 빠르게 보급되고 있다. 과거 제조공장에서 인간이 맡아 검수하던 불량품 선별 역할을 AI 프로그램의 카메라 눈이 대신하게 된 것과 마찬가지이다.

병리과는 질병이냐 아니냐를 판정하는 진단의 최종 관문이다. 이 분야에서 AI의 민감도sensitivity와 인간 의사의 특이도 specificity 협진이 눈에 띈다. 있으면 있다고 판정하는 것을 민감도, 없으면 없다고 판정하는 것을 특이도라 한다. AI가 암 가능성을 추려주면 이 중 암이 아닌 것을 인간이 가려낸다. 다양한 의료 분야에서 AI가 추천한 결과를 인간 의사가 확인 후 최종 판단했을 때 가장 정확했다는 임상 결과들이 쌓이고 있다. 미국 암 연구협회(AACR)는 AI의 이런 실력을 인정해 2018년 4월 총회에서 구글에 기조연설을 맡기기도 했다.

AI 전문가들은 미래를 낙관한다. 인간이 놓친 구멍을 AI가 꼭 메워주는 보완기술은 오히려 신뢰를 더 높일 수 있다는 것이다. 법관에 따라 들쭉날쭉한 재판의 판결 내용, 의사마다 달리 나오는 진단결과 간 불일치도가 AI의 도움으로 확 줄어든다면?

피고·원고와 환자는 처음 만난 법관과 의사를 믿을 수 있게 된다. 혹시 하며 항소와 상소, 재진료와 재재진료로 이어지는 재판 순례, 병원 쇼핑 같은 부작용은 훨씬 줄어들 가능성이 크다.

병원 밖으로 뻗어나가는 의료 AI

마지막 세 번째 유형은 애플워치, 핏빗 같은 신체부착형 전자기기에서 수집된 생체정보로 착용자의 건강 상태와 질병 위험을 사전에 경고 예측해주는 디지털 헬스케어 서비스이다. 당뇨병 환자의 혈당을 관리해주는 미국 IBM사의 '슈거 아이큐sugar IQ' 같은 종류이다.

앞의 두 유형이 주로 의사를 돕는 '병원 내 의료개혁'에 해당한다면 디지털 헬스케어는 환자를 위한 '병원 밖으로의 개혁'이다. 기존에 병원이라고 하는 물리적 시공간에 한정되어 있었던 의료 서비스의 개념을 확장한 것이다. 의료 AI가 가장 대중적으로 광범위하게 보급될 수 있는 최고의 유망시장이 바로 이 '나만의 병원'이다.

이런 시장 동향을 놓치지 않고 발 빠르게 뛰어든 곳이 바로 네덜란드의 최대 가전사 중 하나인 필립스이다. 네덜란드 에인트호벤 하이테크 캠퍼스 필립스연구센터에서는 건강과 밀접하게 관련된 가전에 AI를 적용하는 연구가 한창이다. AI가 적용된 대표적인 제품은 소닉케어 음파칫솔과 면도기. 각각 '건강한 구강'과 '건강한 피부'가 핵심 가치이다. AI를 이용해 이를 효과적으로 돕는 데 연구의 초점을 맞추고 있다. 소닉케어 음파 칫솔은 너무 세게 양치질을 하는 등 칫솔을 잘못 사용하고 있는 경우, AI가 이를 인지해 불빛이 들어옴으로써 바로잡아준다. 칫솔과 연결된 애플리케이션을 통해 이용자의 구강 상태를 치과의사에게 전달할 수도 있다. 말로즈 판 데 발Marloes Van de Wal 필립스 연구센터 구강 헬스케어 부문장의 자랑은 칫솔질 하나만으로 치아 관련 질병을 파악할 수 있다는 것이다.

또 AI가 탑재된 면도기는 블루투스로 연동된 애플리케이션을 통해 자신의 피부 상태와 얼굴형, 면도 습관 등을 분석해 올바른 면도 방법을 알려준다. 예컨대 너무 한 방향으로만 면도할 경우 앱에서 이를 감지해 다른 방법을 추천해준다. 사용자의 이용 패턴 데이터가 축적되면 AI는 딥러닝을 통해 이 사람에게 맞는 최상의 면도 방법을 코칭해준다.

필립스가 최근 상용화를 목표로 집중 연구하고 있는 신제품은 스마트 미러이다. 아침에 일어나 화장실 거울 앞에 서기만 해도 그 사람의 건강 상태를 체크해주는 거울이다. 와이파이가 탑재된 체중계, 칫솔, 면도기 등과 연동해 사용자의 생체인식 정보를 거울에 비춰준다. 매일 일어나자마자 일일 건강 검진표를 화장실 거울에서 확인할 수 있는 셈이다. 필립스 본사 혁신전략 총괄책임자는 궁극적으로 미래엔 모든 이의 디지털 쌍둥이digital twin가 생길 것이라고 예언했다. 내 신체를 데이터로 재현한 '가상의 나'이다. 사람들이 겪는 질환 중 85퍼센트는 만성질환이다. 병원을 가지 않고도 일상생활 속에서 내 건강 상태를 체크하고 의사에게 원격진료를 받을 수 있다면? 일상생활에 헬스케어가 자리 잡을 수 있도록 하는 의료 서비스의 일상화를 필립스는 '커넥티드 케어'라고 부른다.

이외에도 독성이 없는 신약新藥 개발과 합성 신약의 조합·설계, 인체에 거부 반응을 일으키는 부작용이 있을지를 미리 테스트하는 약물 특성 예측, 인간 유전체 분석human genome analysis 등에도 AI를 활용하려는 다양한 연구가 활발하게 진행되고 있다.

대한민국 디지털 헬스케어 플랫폼 구축 현황

현재 대한민국 정부는 크게 '정밀의료 병원정보시스템(P-HIS)', 한국판 AI 의사 '닥터 앤서Dr. Answer', AI 기반 응급의료시스템, 이렇게 세 가지 방향으로 의료계의 디지털 트랜스포메이션에 대비하고 있다.

첫째, P-HIS는 4P 의학의 정밀Precise, 즉 맞춤형 진료를 국가 표준 시스템으로 구축하려는 계획을 말한다. 의료기관별로 병원 내 환자의 의료 데이터, 유전체, 병원 정보 등 실시간 진료 플랫폼을 구성할 경우 중복투자, 상호호환 불가 등 막대한 비효율이 초래되기 때문이다. 또 재정 여건이 열악한 지방·중소 병원의 경우 플랫폼을 별도 구축할 여력이 없어 의료 서비스 격차 확대, 정보 보안 취약 등의 문제점이 나타나게 된다. 이에 따라 각 병원의 의료 정보를 취합해 클라우드 기반으로 단일 시스템을 구축하려는 게 정부의 목표이다. 총 420억 원가량을 들여 1단계로 2019년까지 병원정보시스템을 모듈화해 각 병원의 사정에 맞춰 선택할 수 있도록 하고, 2단계로 2021년까지 정밀의료 플랫폼을 소프트웨어로 개발, 국내외 의료기관에 보급하면서 글로벌 시장 진출까지 노린다는 야심찬 청사진이다.

P-HIS는 P-Hospital Information System의 준말이다. 여기서 'P'는 'Post', 'Precision', 'Personalized'라는 복합적인 의미를 담고 있다. 고려대의료원을 주관기관으로 총 14개 기관이 참여하고 있는데, 상세하게 보면 진료, 진료지원, 원무·보험 등 병원의 주요 업무를 38개로 모듈화해 클라우드 서비스 형태로 개발한다. 이후 닥터 앤서나 AI 응급의료시스템까지 연동할 수 있도록 확장성을 염두에 두고 처음부터 만들기로 했다. 보건복지부 고시로 전자의무기록의 관리·보존에 필요한 시설과 장비의 기준을 세우고, 의료정보보호시스템인 ISO 27799 인증도 얻도록 할 방침이다.

또 병원 간 호환성을 높이기 위해 각 병원 데이터를 동일한 형식과 용어로 변환하는 CDM 데이터 모델부터 만든다. 프라이버시 보호 차원에서 개인 식별 정보 없이 분산 형태로 데이터를 관리하면서 필요할 때마다 분석 결과만 제공키로 했다. 이런 의료 데이터 표준화 및 보안 절차가 완비되면 클라우드 병원정보 시스템에 저장된 의료 데이터를 실시간 분석해 의료진의 스마트폰으로 전달하는 모바일 EMR 모듈, 병원 외부 데이터 연계 모듈, 응급실 환자 중증도 예측 서비스, 심혈관 질환 악화 예측 서비스 등으로 발전시킬 계획이다.

둘째, 한국을 대표하는 AI 의사도 만들고 있다. 한국판 왓슨 '닥터 앤서'는 과학기술정보통신부 주도로 병원과 기업이 함께 개발 중인 한국형 AI 의사이다. IBM 왓슨의 한국 버전인 셈이다. 의사의 진단·치료를 돕기 위해 의료 빅데이터를 활용해 무엇이든 다 대답해주는 AI 의사라는 의미를 담은 이름이다. 2020년 말까지 357억 원을 들여 AI 의료 데이터를 통합 연계하고 암(유방암·대장암·전립선암), 심뇌혈관질환, 심장질환, 뇌전증, 치매, 소아 희소난치성 유전 질환 등 8개 중증질환에서 21개의 AI 의사를 개발하는 게 목표이다. 서울아산병원, 서울대병원, 세브란스병원, 분당차병원 등 26개 의료기관과 뷰노, 카카오브레인 등 22개의 정보통신기술(ICT) 소프트웨어(SW) 기업, 1개 대학이 뭉쳤다.

이 거대 프로젝트를 의료계는 기대 반, 우려 반의 심정으로 지켜보고 있다. 낙관론은 한국인 특유의 '빨리빨리 정신'을 살려 정부 주도로 한국의 우수 의료데이터를 표준화할 수 있다는 점에 주목한다. 반면, 비관론은 공공부문 특유의 비효율성과 보여주기식 사업전개로 죽도 밥도 안 될 것이라는 냉소주의에 뿌리를 두고 있다. 하지만 2019년 7월 분당서울대병원에서 첫 임상

적용 선포식을 여는 등 실제 의료 현장에 하나둘씩 적용이 시작되고 있으니 그 성능 발휘와 순조로운 정착 여부는 앞으로 지켜볼 일이다.

닥터 앤서를 추진하는 민관 합동의 한국데이터중심의료사업단(K-DASH)은 우선 진료 1만 100건, 영상 1만 6,800건, 유전체 4,200건, 생활습관 3,000건 등 총 1만 1,300여 명의 의료 데이터 세트를 기반으로 의료 빅데이터 통합 플랫폼을 구축한다. 이를 재료로 '닥터 앤서'의 8개 질환, 21개 지능형 소프트웨어가 개발된다. 참여병원별로 서울아산병원 심뇌혈관질환(4개), 세브란스병원 심장질환(3개), 삼성서울병원 유방암(2개), 가천대길병원 대장암(3개), 서울성모병원 전립선암(3개), 분당서울대병원 치매(2개), 서울대병원 뇌전증(2개), 고려대구로병원 소아 희소난치성 유전 질환(2개)으로 임무를 분담했다.

예측·분석·진단·치료·예후관리 등 단계별 AI 소프트웨어 개발후 현재 클라우드 기반으로 구축 중인 정밀의료 병원정보시스템(P-HIS)과 연계해 개인환자에게 최적화된 한국형 정밀의료서비스가 완성된다. 2019년 3대 질환, 2020년 5대 질환의 AI 의사 '닥터 앤서'를 개발 완료해 식품의약품안전처의 의료기기 허가를 받은 후 2021년까지 국내 주요 병원으로 확산시킨다는 계획이다.

이 대형 프로젝트를 이끄는 인물 중 하나인 서울아산병원 헬스이노베이션 빅데이터센터장 김영학 교수는 "AI를 이용하면 인간 의사가 진단하지 못한 증상의 새로운 발견과 이에 대한 새로운 해석이 가능하다"라며 "26개 병원이 닥터 앤서를 의무적으로 사용하게 되면 집단지성 방식의 의료 생태계 통합, AI를 통한 의료 표준화가 저절로 이뤄진다는 점에 큰 의의가 있다"라고 진단했다. 국내 AI 헬스케어 시장 연평균 성장률은 세계시장보다 높은 70.4퍼센트(2015년 17억 9,000억 원→ 2020년 256억 4,000억 원)를 기록 중이다. 앞으로 이 사업을 통해 새로운 시장 창출 및 미래 먹거리 확보에 추진력을 얻을 수 있을 것이라는 게 정부의 기대이다.

셋째, 과학기술정보통신부는 이와 동시에 2019년 국민체감형 서비스의 일환으로 180억 원을 들여 AI 기반의 지능형 응급의료 시스템도 개발 중이다. 심 뇌혈관질환·중증외상·심정지 등 4대 응급질환을 대상으로 신고접수→구급차 내 응급처치→환자이송→응급실의 단계별 대응에서 AI를 적극 활용하는 내용으로, 보건복지부·행정안전부·소방청 등 4개 부처가 협력하는 대형 프로젝트이다.

언론매체를 통해 응급환자에 대해 신속한 초기대응이 미흡하고 적정 병원 이송 또한 지연되는 등 골든타임을 놓치고 있다는 지적이 여러 차례 제기됐다. 응급환자를 병원까지 이송하면서 의료진과 지속적인 소통을 유지하고, 이송시간이 길어지면 응급구조사가 직접 중간 단계의 처치까지 가능할 정도로 선진화된 응급의료 체계를 원하는 국민 여론이 높아졌기 때문이다. 이에 정부는 최적의 환자 이송과 처치 골든타임을 확보하기 위해 정보통신기술(ICT) 도입이 필요하다고 판단했다.

해외 선진국은 이미 AI 등 고도의 ICT 기술을 활용해 긴급 환자를 구하고 있다. 덴마크의 AI 상담원 '코르티Corti'는 응급 전화의 대화 내용을 분석해 심정지 환자 발생 시 적절한 조치를 지시하고, 구급차 출동부터 가장 적절한 응급실 안내까지 전 과정을 컨트롤타워로서 돕는다. 이웃 일본도 구급차와 병원 응급실 간 데이터 연계를 지원하는 응급의료시스템 '99사가넷'을 도입, 이동시간 단축과 비용 절감을 꾀하고 있다.

우리 정부도 세계 최초로 상용화에 성공한 5G 이동통신망을 활용해 심혈관질환, 뇌혈관질환, 중증외상, 심정지 등 4대 응급질환을 대상으로 상황실 신고 접수-구급차 내 응급처치-환자이송-응급실별로 적용할 수 있는 'AI 구급활동 지원 서비스'를 개발 중이다. 대용량의 고화질 영상 데이터를 초고속 실시간으로 모니터링할 수 있도록 5G 기반 인프라를 구축한다는 계획이다.

의료 AI의 현장을 찾아서

"의대생들이 내게 AI 이후 의료의 미래를 가끔 물어 옵니다. 그러면 말해주죠. '5년 안에는 큰 변화를 느끼지 못할 것이다. 하지만 10년 뒤에는 상당한 변화가 느껴질 것이다. 그리고 20년 후에는 모든 게 바뀔 것이다'라고. 이건 제 개인 의견이 아닙니다. 해외의 유수 의료저널의 전망을 소개해주는 데 불과합니다. 20대의 예과 학생들이 20년 후 한창 의사로 물이 오를 때 배운 게 아무 소용이 없다면 암담하지 않겠어요? 코딩까진 아니지만 파이썬Python● 정도는 다룰 줄 알아야 하는 거죠. 미국의 유명 의과대학 커리큘럼도 이런 흐름에 맞춰 이미 빠르게 변화하고 있습니다."

왓슨을 3년 전 한국에 처음 들여온 이언 가천대길병원 인공지능병원 추진단장의 말이다. 길병원이 첫 테이프를 끊은 후 부산대병원, 건양대병원, 대구가톨릭병원, 계명대동산병원, 중앙보훈병원 등 전국 10개 이상 병원에서 왓슨은 한국의 의사들과 협진協診을 하고 있다. 길병원은 2017년 왓슨을 7개월간 369명의 환자, 792건의 진료에서 운용한 실적을 발표했다. 인간 의사와 왓슨의 치료법 추천이 일치하는 비율이 대장암은 73퍼센트, 위암은 49퍼센트로 저마다 차이가 꽤 있다. 위암의 낮은 일치율에 대해 IBM과 길병원은 미국 최고 암 병원 메모리얼슬론케터링암센터(MSKCC)와의 진료패턴 차이 때문이라고 분석하면서, 한국 토착 환경에 맞춘 현지화 작업을 진행 중이라고 밝혔다.

왓슨의 장점은 AI의 블랙박스black box (설명 불가능 속성)라는 단점을 일부 해소했다는 것이다. 추천, 고려, 비추천의 3단계 신

● 1991년에 발표된 인터프리터 방식의 프로그래밍 언어. 문법이 매우 쉬운 축에 속해 처음 프로그래밍을 배울 때 권장된다.

호등 형식으로 세 가지 의견을 제시하면서 각각 배경 논문과 임상실험 결과 등 근거자료를 첨부해 왜 그렇게 판단했는지 사람에게 설명해준다. 의사들은 왓슨의 진단을 보고 제각기 판단한다. 결론을 내리기 위해서는 합리적인 근거를 마련해 동료 의사들과 환자를 설득해야 한다. 데이터가 쌓여가면서 왓슨과 의사가 함께 성장하게 된다.

그러나 왓슨은 아직 미국과 한국에서 의료기기로 정식 허가를 얻진 못했다. 이런 이유로 의사 판단의 보조기구 역할에 그칠 뿐, 최종 책임은 지지 않는다. 하지만 EU에서 AI형 의료 소프트웨어는 의료기기 중 하나로 엄격한 요건 아래 당국으로부터 승인을 받아야만 한다. 언제까지고 AI 기술을 거부할 수만은 없는 노릇이다. 국내외에서 이런 흐름에 올라타려는 움직임이 활발하다.

국내 AI 영상인식 기기의 개척자들

골髓연령 측정기 '뷰노 메드 본에이지VUNO Med Bone Age'는 2018년 식품의약품안전처로부터 인증을 받았다. AI 의료기기로서는 대한민국 최초이다. 지금까지는 뼈 성숙도(성장판) 검사 때 영상의학과 의사가 손뼈 엑스레이 사진을 앨범처럼 모아놓은 표준 의학서적을 펼쳐놓고, 환자와 가장 비슷한 사진을 골라 시각적으로 대조하는 방법으로 판정해왔다. 그러나 AI 판독기는 전문의보다 더 빠르고 정확하게 뼈의 나이를 알아맞힌다. 인간 눈보다 기계 눈이 더 우수하다는 이야기이다. 이는 세계적으로 영상의학 분야의 여러 임상현장에서 이미 검증된 것이다. 안과든, 유방암 진단 엑스레이 판독이든, 내시경 동영상 분석이든, AI는 인간 의사를 앞서는 성적을 보여주었다.

뷰노의 사례를 자세히 살펴보면 앞으로 영상의학 의사가 필요 없어지는 게 아니냐는 일각의 우려는 기우에 불과하다. AI가 가장 유사한 사진 세 장을 골라내면 의사가 그중 하나로 최종 판정하는 인간-AI 협업의 성적이 제일 좋았기 때문이다. 의사 단독 판정보다 정확도가 10퍼센트가량 올라간 것이다. 특히 반복적이고 지루한 사진 판정 작업에 의사가 매달리는 시간을 확 줄였다.

뷰노 메드 시리즈는 골연령 판정 외에도 영상진단이 필요한 다른 진료 분야에도 적용되고 있다. 뷰노 메드 흉부 엑스레이는 정상·비정상 판정과 함께 다섯 가지 폐 질환 소견에 대한 확률 및 병변病變의 위치까지 알려주는 AI이다. 뷰노 메드 폐 CT AI는 폐결절을 탐지해 위치와 부피를 선명하게 시각화함으로써 폐암 조기 검진의 길잡이 노릇을 한다. 뷰노 메드 안저眼底 AI는 안저 검사를 통해 녹내장·백내장 등 안과의 열둘에서 열네 가지의 소견을 판독할 수 있다. 뷰노 메드 딥브레인Deep-barin은 MRI 영상을 분석해 퇴행성 뇌질환에서 나타나는 뇌실질 위축 정도를 정량화·패턴화해서 보여준다. 알츠하이머성 치매의 위험 징후인 뇌 위축을 2분 내 정상인과 비교해 분석할 수 있다.

뷰노와 함께 나란히 영상의학 분야에서 선의의 경쟁을 벌이는 기업이 바로 루닛Lunit이다. 2013년 8월 설립되면서부터 단기간 내 유방 엑스선 검사, 유방암 병리 데이터 분석, 흉부 엑스레이 폐 결절 판독 등에서 세계 정상급 실력을 인정받고 있다. 시장조사기관 CB인사이트는 2019년 10월 미국 뉴욕에서 개최한 '헬스케어의 미래' 콘퍼런스를 통해 디지털 헬스 150대 기업을 발표했다. 루닛은 의료 영상imaging 부문에서 한국 유일, 아시아 17개 업체 중 하나로 손꼽혔다.

첫 테이프를 끊은 뷰노에 이어 2018년 8월 또 다른 벤처 JLK인스펙션과 함께 식품의약품안전처로부터 AI 의료기기 2호로 허가를 받은 흉부 엑스레이 영상 진단 솔루션 '루닛 인사이트 CXR'는 서울대학교병원, 2차 종합병원, 건강검진센터 등에 다수 보급돼 사용되고 있다. 2019년 7월 식품의약품안전처로부터 허가를 받은 유방암 진단 보조 시스템 '루닛 인사이트 MMG'는 연대 세브란스병원, 서울아산병원, 삼성서울병원 등지에서 암과 싸우는 의사들을 돕고 있다. 루닛을 활용할 경우 영상의학과 전문의의 판정 정확도가 약 10퍼센트 증가한 것으로 나타났다. 루닛 측에 따르면 치밀 유방Dense Breast*이 많은 한국 및 아시아 여성의 경우 유방암 진단이 더욱 까다로워, 인공지능 분석이 판독률을 높일 수 있다.

루닛은 엑스레이 영상진단에 그치지 않고 항암제의 인체 치료 반응을 예측하는 바이오마커bio marker**로도 활용범위를 넓히고 있다. 2019년 초 미국 애틀란타에서 열린 미국 암학회 (AACR)에서 루닛 대표는 연구 초록 두 편을 발표했다. 루닛의 AI로 분류한 고위험 환자들의 경우 저위험 환자들보다 사망 확률이 5배 높은 것으로 나왔으며, 고위험군 환자들은 보조 항암화학요법 반응률이 3~5배 높은 것으로 확인됐다.

이번 연구에 루닛은 자체 개발한 AI 알고리즘, 루닛 스코프 Lunit SCOPE를 활용했다. 루닛 스코프는 딥러닝 기술을 활용한 분석 툴로, 디지털화된 암 조직 영상을 분석해 보여준다. 환자 한 명의 슬라이드를 분석하는 데 걸리는 시간은 5분 이내로, 짧은 기간 내에 객관적인 분석이 가능하다. 기존 유전체 분석 기법이 3주 이상 소요되는 점을 고려할 때 획기적으로 기간을 단축한 셈이다.

글로벌 의료 AI의 선구자들

구글은 딥마인드의 '알파○' 시리즈로 단백질 접힘 등 분자

• 덴스 브레스트라고도 한다. 유방을 구성하고 있는 조직 중 유선조직의 양이 많고 상대적으로 지방조직의 양은 적어, 검사 시 사진이 전반적으로 하얗게 나온다. 따라서 질병의 사진 판독에 어려움이 있다.

•• 단백질이나 DNA, RNA, 대사물질 등을 이용해 몸 안의 변화를 알아낼 수 있는 지표를 의미한다.

생물학을 포함한 과학 분야에 도전할 뿐 아니라, 직접 의료 분야에 투자하는 베릴리Verily Life Science를 2015년 자회사로 별도 설립했다. 베릴리는 4년간 1만 명을 대상으로 심전도, 심박수, 수면 패턴, 유전 정보, 감정 상태, 진료기록, 가족력, 소변·타액·혈액 검사자료 등 의료 데이터를 스마트워치, 수면 모니터링 등으로 수집하는 베이스라인 프로젝트를 추진했다.

이후 첫 작품으로 2018년 2월 안구 내부를 스캔한 딥러닝 영상 데이터를 기반으로 나이·성별·혈압·흡연 여부 등을 분석하고, 이를 바탕으로 심장질환 발병 가능성을 예측하는 기술을 네이처에 발표했다. 30만 명의 망막 안쪽 안저眼底 영상정보로 심장질환 발병을 예측해본 결과 약 70퍼센트대의 정확도를 기록했다. 고통스럽게 안구에서 혈액을 채취해 검사하는 기존의 침습적 예측 방법과 거의 비슷한 정확도였다.

특히 당뇨병 환자의 안저 사진을 AI로 분석하는 당뇨병성 망막병증 진단 시험 결과에서 50명의 전문의 정확도(ACU 0.91)보다 더 높은 0.95의 성과를 내기도 했다. 베릴리는 또 스위스 제약회사 노바티스와 공동으로 망막 안쪽에 삽입해 노안 환자들의 시야를 자동초점 방식으로 시력 보정해주는 인공지능 접목 오토포커스 스마트 렌즈와, 눈물로 당뇨환자의 혈당수치를 측정하는 스마트 콘택트 렌즈도 개발 중이다. 이 밖에 손 떨림이 심하거나 신체의 움직임에 제한을 받는 환자가 혼자서 식사할 수 있도록 AI로 진동을 자동 저감하는 스마트 스푼, 존슨앤존슨과 합작한 소형 스마트 수술로봇 등 다방면에 도전하고 있다.

네덜란드 에인트호벤의 하이테크 캠퍼스는 유럽에서 가장 스마트한 장소이자 '유럽의 실리콘밸리'로 불린다. 유럽의 AI, 빅데이터, 5세대(G) 이동통신 등 4차산업 기술연구의 심장부로도 통한다. 하이테크 캠퍼스는 필립스가 전 세계적으로 연구·개발(R&D) 분야를 확대하기 위해 1998년 처음 사업을 시작했던 본산지로, 네덜란드에 세운 산학연 기술집적단지이다. 이후 '열린 혁신open innovation'을 기치로 외부 기업과 연구소에도 개방해 여러 기업과 연구기관이 입주해 협동연구가 진행 중이다.

이곳에는 필립스를 비롯한 미국 IBM, 인텔 등 첨단 기술기업 180곳과 스타트업 40곳이 입주해 있고 연구원, 개발자, 사업가 등 1만 2,000여 명이 모여 있다. 필립스가 만드는 제품에 들어가는 모든 기술에 대한 연구는 하이테크 캠퍼스의 필립스 연구센터에서 이뤄지고 있다. 특히, AI를 적용한 헬스케어 의료기기개발에 가장 중점을 두고 있다. 이곳에는 전 분야의 기술자들이 집적해 있다. 제품 출시나 연구 과정에서 필요한 전문가로 상황에 맞춰 팀을 꾸려 유연하고 효율적인 연구를 진행한다.

세계 의료기기 삼대천왕으로 불리는 'GPS(제너럴일렉트릭·필립스·지멘스)' 중 하나인 필립스는 최근 암의 경중을 정확하게 진단하기 위해 질환의 진행 단계를 AI가 알려주는 연구를 마치고 실제 생산에 들어갔다. 암 진단 시 효율성과 정확성을 높이는 '인텔리사이트 병리 솔루션IntelliSite Pathology Solution'을 이미 한

정식 한국어판
大人の科学
韓国語版

손으로 즐기는 과학 매거진 《메이커스: 어른의 과학》
직접 키트를 조립하며 과학의 즐거움을 느껴보세요

회원전용 쇼핑몰에서
할인 쿠폰 증정

www.makersmagazine.net 🔍

 이메일 주소 하나만 입력하시면
《메이커스: 어른의 과학》의 회원이 될 수 있습니다
네이버 카페: cafe.naver.com/makersmagazine

메이커스
어른의 과학
회원가입

동아시아

국 등 전 세계 병원에 수출하고 있는 것이다. 이 솔루션은 디지털 병리 시스템으로, 암 조직 세포를 사람이 일일이 현미경으로 관찰했던 전통적인 방식에서 벗어나 컴퓨터와 AI를 적용한 디지털화를 통해 양성·음성 여부는 물론 초기·말기의 암 진행상태까지 알 수 있게 해준다. 여기서 AI는 수많은 조직 검체 슬라이드를 분석해 암인지 여부를 판단하고 딥러닝을 통해 몇 개의 암세포가 있는지를 알려주는 등 정확한 진단을 돕는다.

암을 유발한 원인을 분석해 그에 맞는 표적 항암제를 처방할 수 있도록 하는 '온코시그널Oncosignal 솔루션'도 의사의 암 진단을 돕는다. 암의 성장을 유발하는 신호전달 경로를 파악해 최적의 개별 치료법을 알아내는 게 목적이다. AI는 암세포의 원인, 종류, 진행 상황 등 데이터 축적을 통해 권고안을 도출하고, 이를 기반으로 의사가 최적의 치료법을 찾을 수 있게 도와준다.

중국의 'BAT 삼총사'의 약진도 만만치 않다. 바이두는 2017년 의료사업팀을 AI팀과 검색엔진팀에 통합하여, 사용자의 증상에 따라 대규모 의료 데이터와 전문 문헌을 수집해 맞춤형 AI 의료 솔루션을 개발하고 있다. 환자를 상대로 한 사전 질문에서 얻어진 데이터를 바탕으로 적절한 치료법을 검색하여 의사에게 제공하는 챗봇, 예약 서비스를 선보이고 있다. 알리바바도 2017년 계열사 알리클라우드의 프로젝트인 'ET 메디컬 브레인', 중국 만리원 의학영상센터와 공동으로 구축한 인공지능 의사 '닥터유'를 발표했다. 메디컬 브레인은 의료 서류를 구조화하고 영상 인식, 생리신호 및 의료 음성 인식, 지식도감을 구축하는 업무를 중점적으로 추진 중이다. 베이징의 20개 의료기관과 AI 기업에 블록체인과 클라우드 컴퓨터 기반의 개방형 연구엔진 플랫폼을 제공하는 일도 하고 있다. 의사와 연구원이 플랫폼을 통해 각종 AI 응용 서비스를 개발할 수 있는 디지털 환경을 만드는 것이다.

텐센트의 의료 진출은 더욱 구체적이다. 의료영상 분석 AI인 '미잉'은 여섯 개의 AI 시스템으로 식도암, 폐암, 당뇨병, 자궁경부암, 유선암의 검사와 진단 기능을 갖고 있다. 식도암 판독 기술의 정확도는 90퍼센트에 달하며, 100여 개 병원에서 상용화된 상태이다. 한국의 카카오톡에 해당하는 중국 최대의 메신저 '위챗'에 인텔리전트 헬스케어 서비스를 이미 2014년부터 도입해 사용자의 병원 예약시간과 진료비 지불 금액을 줄여주고 있다.

시장분석 전문업체 얼라이드 마켓 리서치Allied market research는 세계 AI 헬스케어 시장이 2016년 14.4억 달러에서 연평균성장률(CAGR) 48.7퍼센트를 기록하며 2023년 227.9억 달러까지 성장할 것으로 예측했다. 삼정KPMG는 AI를 포함한 전체 디지털 헬스케어 시장은 2015년 790억 달러 규모에서 2020년 2,060억 달러로 커질 것이라고 내다봤다. 또 다른 시장분석 전문업체인 마켓 앤 마켓Markets and markets에 의하면 전체 AI 기술 적용 분야 중 헬스케어 분야는 가장 높은 연평균성장률인 60.3퍼센트의 빠른 성장세를 보일 것으로 전망됐다. 국내에서도 AI 헬스케어 시장은 빠른 속도로 확대될 것으로 예상된다. 한국정보기술연구원은 2015년 18억 원에서 2020년 256억 원으로, 전 세계 연간 평균보다 높은 70퍼센트의 성장률을 기록할 것으로 추정했다.

의료 AI의 과제와 장애물들

"의학은 증거evidence에 바탕을 둔 엄밀한 검증이 필요합니다. 사람의 생명을 다루기 때문입니다. 의사도, AI도 마찬가지죠. 새로운 의료 제품·기술·서비스는 개발-인허가-임상 도입-광역 보급의 네 단계를 거칩니다. 벤처가 개발하면 식품의약품안전처는 규제기관으로서 주로 정확성과 안전성을 보고 인허가해주는 것입니다. 병원은 여러 가지를 보지만 비용 대비 효과cost effectiveness도 당연히 봅니다. 이때 건강보험 수가 적용이 되는가 하는 복지체계 편입 여부 역시 영향을 미칠 수밖에요."

최윤섭 디지털헬스케어연구소장은 베스트셀러 『의료 인공지능』의 저자이다. 그는 의료 AI를 포함한 디지털헬스케어 전도사로, 이 분야의 한국적 토양 가꾸기에 힘쓰고 있다. 2001년 포항공대에서 컴퓨터공학 생명과학을 복수 전공하고 시스템 생물학으로 박사를 취득한 후, 병원 연구교수로도 잠깐 몸담았던 그는 의료혁신 전반의 정책자문 교육뿐 아니라 직접 스타트업을 키우는 액셀러레이터로도 활동 중인 마당발이다.

그럼에도 불구하고 그는 AI 도입을 포함한 의료환경 혁신에 회의적이다. AI 기술을 신뢰할 수 없어서일까? 그게 아니라 의료계 내부에서 의사협회 등 단체, 기타 의료종사자, 임상 및 연구기관 등 공급자들과 의료계 외부에서 환자, 정부, 기업, 시민단체 등과 대화를 해왔지만 돌파구가 잘 보이지 않아서이다. 여기에 의료법 개정 등 제도혁신을 둘러싸고 대기업·벤처 등 산업계와 정치권이 얽혀 있어, 한국에서 답을 찾기를 포기하는 이노베이터들도 속출하고 있다. 결국 제도권 바깥에서 소비자를 직접 상대하는 의료 소매시장이나 의료보험 비급여 적용 기술 기기 개발에 뛰어들거나 아예 해외진출로 승부를 보려는 벤처도 많다.

최 소장은 가장 기본인 의료 데이터의 활용과 보호에 대한 합의조차 없다고 비판했다. 그는 개인정보 보호에 부합하는 의료 데이터의 비식별화 정의나 기준이 없다면서, 나아가 의료에 특화된 비식별화 기준도 필요하다고 강조했다. 우리와 대조적으로 미국 히파Health Insurance Portability and Accountability Act, HIPAA 법은 비식별화된 의료 데이터의 수집과 활용을 명확하게 보장하고 있다.

의료 AI는 완성된 기술이라기보다 한창 개발을 하고 있는 중간제품의 성격이 강하기 때문에 아직 임상적 효용의 안전성 검증이 충분히 이뤄지지 않았다. 미국 FDA와 한국 식품의약품안전처의 인허가를 받고 실제 병원 현장에 보급된 선도 케이스도 있지만 아직 대중적인 보급률은 낮다고 볼 수 있다. 하지만 규제

당국으로부터 인허가를 받는다 하더라도 현장에서 의사가 의료 AI를 구체적으로 어떤 분야에서 어떤 방법으로 써먹을지, 적용 후 환자에게 어떤 긍정적 효용이 나올지 등 사후에 축적된 실증 데이터는 매우 빈약하다. 현장에서 기대하는 효용은 좁게는 환자 생존율 증가와 사망률·재발률 감소 등 치료효과의 개선, 오진 감소 등 진료 정확도의 향상 같은 임상적 개선이다. 넓게는 의료 비용의 절약, 환자의 만족도 제고, 의료진 피로도 감소 등 전체 의료 시스템의 개량이다.

의료 AI 자체의 기술적 완성도가 높아져 예측 진단의 정확성과 안전성이 높아졌다 해도 현장 의료기관 적용과정에서 나오는 수많은 질문에 새로 답을 줄 수 있어야 한다. 의료 AI를 진료에 도입할 때 그 적용 결정은 환자 아니면 의료진, 혹은 양자의 합의에 맡길 것인가. AI의 판단과 의료진의 결정이 상이할 경우 이를 환자에게 알리고 최종적으로 결정을 내려야 할 것인가. AI 도입의 효능이 건강 의료보험 체계에 편입시킬 만큼 충분한가 등의 질문이 그 예이다. 의사의 진료 행위에 의료 AI를 자연스럽게 스며들게 하고, 환자도 이를 자연스럽게 받아들이려면 제도와 인식의 양대 장벽이 해결돼야 한다.

차세대 의료의 핵심인 의료 AI의 보급을 막는 몇 가지 제도적 걸림돌이 있다. 그 첫 번째가 건강보험 수가체계 편입이다. 임상시험과 식품의약품안전처 허가를 거쳐 성능이 검증된 신뢰도 높은 AI 의료기기라도 보험지급 대상이 되는 급여항목에 들어가야 병원에서 널리 사용할 수 있다. 김현준 뷰노 이사의 회상에 따르면 지난 2018년 문재인 대통령 앞에서 AI 의료기기 검증과 확산을 위한 보험수가 체계 마련을 직접 건의했으나 도리어 문턱이 더 높아진 측면이 있다는 것이다. 김 이사는 일본의 경우 도시바, 후지필름, 캐논, 올림푸스 등 많은 우수 의료기기회사들이 소형 벤처와 협업 관계를 유지하면서, 정부는 강한 대기업과 벤처로 AI 프로젝트 공동 전선을 형성해 시장을 개척하도록 돕는다고 강조했다. 올림푸스의 대장내시경진단 AI 소프트웨어가 2019년 일본 식약처(PMDA)로부터 의료기기 승인을 받은 일도 이런 노력의 일환이라는 설명이다.

업계 관계자들의 증언을 종합하면 기술과 산업을 잘 이해하는 과학기술정보통신부, 산업통상자원부는 어떤 식으로든 도움을 주려고 노력 중이지만, 최종적으로 보건복지부의 방향설정이 가장 중요하다는 것이다. 최윤섭 디지털헬스케어연구소장 역시 대한민국 의료 당국이 미국 식품의약국(FDA)의 빠른 속도를 따라가야 한다면서 복지부가 AI 의료기기의 건강보험심사평가원 수가체계 편입을 일종의 투자라고 생각해야 의료 환경이 좋아질 것이라고 충고했다.

둘째, 식약처 예산과 조직의 확대 필요성이다. 식약처는 2017년 11월 빅데이터 및 AI 기술이 적용된 의료기기의 허가 심사 가이드라인과 12월 AI 기반 의료기기의 임상 유효성 평가 가이드라인을 세계 최초로 내놓았다. 이 분야를 개척해나가는 기업들이 준수해야 할 최소 기준을 제시하고 더욱 적극적으로 신기술 등장과 확산에 대처하겠다는 의지의 표현이었다. 그러나 식품, 의약품, 바이오 생약, 의료기기로 나뉜 기존의 조직체계에서 폭발적으로 증가하는 AI 소프트웨어 및 기기의 심사 인력은 단 2명에 불과할 정도로 자원이 매우 제한된 형편이다.

반면, 중국의 첸잔前瞻 산업연구원에 따르면 2018년 말 기준 중국 의료기관의 AI 도입과 활용률은 33.6퍼센트를 기록했다. 관련 시장만 136억 5,000만 위안(약 2조 3,524억 원)에 이른다. 정부 조직의 정비부터 서두르지 않으면 의료 AI의 한류 바람을 일으키기는 커녕, 오히려 중국에 시장이 잠식당할 위험마저 있다는 지적이다.

셋째, 이와 같은 제도적 정비 외에 의사집단과 환자들의 이해도를 높일 필요가 있다. 현재 AI 의사를 보는 입장은 서로 상반된 두 견해로 갈라져 있다. 하나는 낙관론이다. 사람보다 기계가 실수를 덜하지 않겠냐는 것이다. 또 감정적 편견 없이 객관적이고 공평한 치료를 해줄 수 있지 않을까 하는 기대감도 있다. 또 다른 반대 의견은 비관론이다. 사람의 생명을 다루는 엄숙한 성역에 기계는 그저 보조도구에 불과할 뿐, 지나친 의존은 곤란하다는 입장이다. 따라서 의료 AI를 경원시하거나 아예 배제하는 극단적인 태도를 보이는 이들도 있다.

그러나 '사실'은 이 둘의 중간 어딘가에 있다. 지나친 과신도, 불신도 근거가 없다. 무턱대고 맹신하는 것도 좋지 않지만, 무조건 반대하고 두려워하는 것도 옳지 않다. 공포는 무지에서 비롯된다. 의료 AI가 인간 의사나 간호사보다 더 정확하게 판정하는 분야를 엄선하고 이를 임상적으로 철저하게 검증해야 한다. 그래서 기계가 잘할 수 있는 업무는 기계에게 맡기고, 인간은 좀 더 창의적이고 상호 소통하는 분야에 힘을 집중해야 한다. 차가운 기계와 따뜻한 의사의 협업이 한 사람의 환자 생명을 더 구할 수 있다. 의료 산업의 정확한 실상을 알리는 교육과 홍보 역시 필요함은 물론이다.

국내 의료 AI 조기 도입을 위한 제도와 인식 개선에 대한 충고를 해외 취재 과정에서도 들을 수 있었다. 필립스 본사에서 혁신전략을 담당하고 있는 예룬 타스Jeroen Tas 총괄 책임자는, AI는 의사를 대체할 수 없지만, AI를 사용하지 않는 의사는 대체될 것이라는 충고를 남겼다. 그만큼 AI가 앞으로 병 진단에 있어 핵심적인 역할을 하게 될 것이라는 의미다. 그러나 결국 최종 판단을 내리는 것은 사람 의사이다. AI는 그저 거들 뿐이다.

그는 재차 AI가 의료 분야에서 핵심 기술이 될 것이라고 강조했다. 전 세계적으로 사망률이 높은 암은 발병 원인이 제각각이라 치료가 가장 복잡한 병인데, 미래의 암은 AI로만 치료할 수 있는 질병이 될 것이라고 예상했다. 필립스의 경우 심장정지, 패혈증 등에 대해서는 AI가 심장박동수 등을 분석해 질환의 징후를 파악해 미리 알려줘 사망률을 낮추고, 노인들의 건강 상태를 실시간으로 체크하면서 쓰러졌을 경우 이를 알려주는 메디케이션 디바이스를 연구 중이다.

AI 기술이 의료기술에 효과적으로 적용되기 위해서는 정확한 의료 데이터의 축적이 중요하다. 타스의 말에 따르면 중국이 AI 강국으로 거듭나고 있는 것은 의료 현장에서 수집해 축적한 데이터가 굉장히 많기 때문이다. 익명화된 개인 의료 데이터를 보다 많이 축적해야 더욱 정확한 진단을 내릴 수 있다. 한국에서는 개인정보보호법 등 각종 규제로 인해 의료 데이터 활용이 쉽지 않다. 특히 원격의료도 허용하지 않는 한국의 의료 환경에 대해 그는 "한국이 큰 기회를 놓치고 있는 것"이라고 지적했다.

의사의 수는 한정돼 있는데, 시공을 초월한 디지털 시대에 조그마한 병원에서 얼굴을 맞대고 진료를 보는 건 기술 흐름에 뒤처진 것이라는 설명이다. AI는 앞으로 의료 산업에서 없어서는 안 될 핵심 기술이 될 텐데 이를 위한 의료 데이터 수집을 규제한다면 아예 출발부터 질병을 치료할 기회를 놓치게 된다는 준엄한 경고이다. 한국처럼 고령화 속도가 세계에서 가장 빠른 국가에서는 의료보험료 및 의료비 증가가 국내총생산(GDP) 증가율보다 더욱 빠르게 상승하고 있는 점에 주목해야 한다.

IBM의 생명과학 분야 개척과 도전

아제이 로이유루 T. J. 왓슨 리서치센터 연구 담당 부사장

IBM은 왓슨 외에 광범위한 생명과학 분야에도 막대한 투자를 하고 있다. 미국 뉴욕 맨해튼에서 차로 1시간 거리인 요크타운에 위치한 중앙연구소 T. J. 왓슨 리서치센터에서는 간단한 혈액 검사만으로 알츠하이머병을 조기 진단하는 신기술을 개발 중이다. 현재는 비싼 입원검사 등이 필수라서 서민은 엄두를 내지 못하고 있다. 아제이 로이유루Ajay Royyuru 연구 담당 부사장을 만나 직접 물어보았다.

알츠하이머병 진단에 기계학습을 활용한다고 들었다. 뇌척수액을 추출해 베타 아밀로이드와 타우 단백질 축적 여부를 판단하던 비싸고 시간이 걸리는 작업을 간편한 혈액검사로 대체한다니 대단하다. 언제쯤 환자들이 실제 혜택을 볼 수 있을까.

"우린 긴 과학적 여정의 출발점에 있다. IBM은 새로운 바이오마커 테스트를 만드는 데 AI를 이용하고 있다."

가장 이른 시간 내 상용화가 가능한 기술을 소개해달라.

"정밀 동류집단Precision Cohort은 기계학습으로 다양한 환자

속성을 파악한 후 유사성 분석을 통해 형성된 집단이다. 만성질환 환자의 진료에 큰 도움이 된다. 환자의 질병 진행은 다 다르다. 질병 경과를 상시 점검할 수 없기에 어떤 질병 단계를 지나쳐 버리기 일쑤이다. 제약회사의 임상 연구가 실패하는 이유는, 연구하는 치료 단계에 맞지 않는 환자를 모집하기 때문이다. 더 적합한 환자를 모으는 데 큰 도움을 줄 것이다."

초기 연구단계인 프로젝트도 있나.

"암 면역요법은 30퍼센트의 환자에게만 효과를 보인다. 어떤 환자가 암 면역요법의 효력을 볼 수 있을까. 우리는 면역체계를 살피다가 킬러 T세포가 암세포를 발견하는 데 주요 역할을 하는 유전자를 발견했다. 인체백혈구항원(HLA)을 가진 환자가 그렇지 않은 환자에 비해 암 면역요법에 더 잘 반응한다. 이 연구는 임상의가 어떤 환자가 암 면역요법에 잘 맞을지 예측하는 데 도움이 될 것이다."

금융

AI, 핀테크에 날개를 달다

뱅크bank는 사라지고 뱅킹banking만 남는다

중국 항저우杭州시에 사는 30대 초반의 여교사 양후이옌은 출근 준비를 서두르고 있었다. 평소보다 조금 늦게 일어나 시간이 빡빡했기 때문이다. 토스트를 입에 문 채 문을 나선 그녀는 택시를 잡기 위해 스마트폰을 거머쥔 오른손을 힘차게 위아래로 휘둘렀다. 잠시 후 차 안에서 양 씨는 다른 나라의 젊은이들처럼 친구들과 메신저 채팅으로 수다를 떨고 있다. 텐센트의 위챗WeChat은 5억 명 이상의 중국인이 사용하는 대표적인 모바일 메신저 애플리케이션이다. "하일란이 이번 주말에 결혼식을 올린다고? 어떡해, 난 그날 소개팅이 있는데." 잠시 한숨을 쉬던 그녀는 폰에서 알리페이Allipay 앱을 켜서 즉시 하일란의 전화번호로 축의금을 송금한다. 위챗페이도 있지만 앤트 파이낸셜Ant Financial의 여러 가지 서비스를 주거래은행처럼 사용 중인 양 씨에게는 알리페이가 훨씬 편하고 익숙했기 때문이다. 곧 학교에 도착한 그녀는 미터기에 뜬 QR코드를 스마트폰으로 찍어 기사에게 택시비를 지불했다. 그와 동시에 마이뱅크로부터 계좌에서 55위안이 인출됐다는 안내 메시지가 도착했다. 단기펀드 위어바오에서 3년째 결혼자금을 굴리고 있는 양 씨는 내년쯤 앤트포천에 가입해 적극적으로 금융 자산 투자라도 해볼까 생각하며 교무실을 향해 뛰기 시작했다.

이것은 중국인들의 실생활에 핀테크FinTech가 얼마나 깊숙하게 파고들었는가를 보여주기 위해 그려본 가상 시나리오이다. 사회주의 대국 중국은 서구 자본주의 국가들이 거치는 일반적인 산업 발전의 절차와 경험을 생략하며 빠른 속도의 성장을 경험했다. 통신 산업에서는 웹 기반의 PC 대신 모바일 스마트폰이, 금융 산업에서는 플라스틱 신용카드 대신 핀테크 간편결제가 곧장 도입된 것이다. 오히려 기존에 인프라가 갖춰져 있지 않았기 때문에 가능할 수 있었던 비약적인 성장이다. 그래서 '내 손 안의 은행bank in your pocket'이라는 개념은 역설적으로 세계에서 가장 먼저 상용화돼 일상생활에 널리 쓰이고 있다. 상하이上海에 가면 거지도 QR코드 판을 목에 걸고 구걸한다든가, 도리어 현찰로는 물건을 살 수도 없다든가 하는 뉴스가 나올 정도다.

앤트파이낸셜은 중국의 대형 IT·유통업체 알리바바 그룹의 금융 계열사이다. 당초 인터넷 상거래로 출발해 광군제光棍节● 시즌마다 매출 신기록을 경신 중인 알리바바는 고객의 온라인 결제를 간편하게 한다는 목적으로 2004년 알리페이 서비스를 시작했다. 2011년 알리바바 그룹에서 분리된 알리페이는 2014년 앤트파이낸셜로 사명을 바꾼 후 본격적으로 금융업에 뛰어들었다. 이후 알리페이 잔액에 대한 이자를 받을 수 있는 머니마켓펀드(MMF) 서비스인 위어바오余额宝, 인터넷 전문은행 마이뱅크, 30여 개의 자산운용사를 연계한 자산관리 서비스 앤트포천 등으로 사업을 확장해 종합금융회사로 성장했다. 위어바오는 이용자 수 3억 명, 운용자산 300조 원에 달하는 세계 최대의 자산운용사가 됐다. 알리페이 역시 전 세계 54개 국, 수십만 개 점포에서 사용 가능한 국제적인 결제수단으로 자리 잡았다. 앞의 가상 시나리오에서 제1의 메신저 서비스사로 소개한 텐센트의 위챗 또한 가만있지 않는다. 위챗페이는 개인대출 온라인 은행 위뱅크, 자산관리 서비스 홍바오紅包 등 알리바바와 유사한 서비스를 출시하면서 중국 내 모바일 거래 점유율 39퍼센트로 1위 알리페이(54퍼센트)를 바짝 추격하고 있다. 아시아 전체로 이런 모바일 간편결제 앱을 사용하는 인구는 10억 명을 넘어서는 것으로 집계된다. 이런 현상을 보고 있자면 "은행bank은 사라지고 뱅킹banking만 남는다"라는 빌 게이츠Bill Gates 마이크로소프트 설립자의 말이 인상 깊게 남는다.

• 중국의 비공식 기념일로, 양력 11월 11일이다. 중국의 기업인 알리바바에서 운영하는 오픈마켓 타오바오에서 이날에 맞춰 할인행사를 개최하기 시작하면서 블랙 프라이데이와 같은 성격으로 자리 잡았다.

핀테크, 은행을 습격하다

핀테크는 금융Finance과 기술Technology의 합성어이다. 은행·증권·보험 등 전통 금융업에 IT가 결합한 것이다. 처음에는 단순히 장부를 전산화하는 수준이었으나 예금과 대출, 송금과 결제 등 은행뿐 아니라 증권과 보험 등 금융의 모든 분야에서 디지털 전환이 이뤄지고 있다. 사실 핀테크는 오래전부터 존재했다. 현금 없는 사회를 만든 1950년대 신용카드 혁명, 창구 직원을 대체한 1960년대 현금자동입출금기(ATM), 1980~1990년대의 전자결제와 인터넷은행 등장 등도 따지고 보면 모두 새 기술에 해당한다.

그러나 AI가 개입하기 시작한 4차 산업혁명의 스마트 핀테크는 앞선 모든 변혁을 저만치 따돌릴 만큼 그 변화의 폭과 깊이가 넓고도 깊다. 가장 큰 차이는 '융합'이다. 금융권 내부의 업무절차 개선, 컴퓨터를 활용한 업무 자동화 정도가 이전의 변화라면 지금은 금전적 가치의 이전이란 금융의 본질이 전 산업 분야에서 서로 교류하면서 섞이고 있다.

카카오페이, 삼성페이는 IT 기업과 전자기기 기업에서 내놓은 금융 솔루션이지만 기존 은행의 송금·결제 시장을 상당 부분 잠식하고 있다. SSG페이, 쿠페이 같은 유통계 금융 애플리케이션은 또 어떤가. SKT, KT 같은 통신사들도 통신요금 결제로 부업을 한다. 비바리퍼블리카의 토스 같은 금융 벤처의 독자적인 도전도 만만치 않다. 심지어 동남아의 택시 호출 앱 그랩은 자체 금융 서비스를 통해 현지 은행들과 당당하게 경쟁하고 있다.

실물과 금융을 엄격하게 나누어 산업 자본, 금융 자본으로 구분하던 것은 이미 지난 19세기, 20세기의 사고방식이다. 양자가 하나로 합쳐지면서 금융의 전 분야에서, 모든 거래 주체가 제각기 살길을 도모하는 양상이 21세기의 모습이다. 마치 토머스 홉스Thomas Hobbes가 저서 『리바이어던』에서 주장했던 '만인의 만인에 대한 투쟁'을 떠올리게 하는 무한 경쟁의 아수라장이다.

영국의 주간지 《이코노미스트Economist》는 2019년 5월 4일 핀테크를 다룬 특집기사 '기술이 은행을 습격하다Tech's raid on the banks'에서 한국을 포함한 아시아와 영국의 금융혁명을 생생하게 묘사했다. 논점은 크게 세 가지이다. 첫째, 소비자에 초점을 맞춘 새 금융 서비스가 쑥쑥 성장하고 있으며 이는 거스를 수 없는 대세라는 것이다. 둘째, 새로운 변화는 시간·비용의 절감이란 혜택과 고용 절벽, 정보 집중, 신용 경색 같은 위험을 동시에 불러온다는 것이다. 셋째, 각국 정부는 변화에 저항하기보다 금융 시스템 안정을 위해 적절한 수준의 규제로 신산업을 성장시키는 한편, 구산업의 자가自家 혁신을 도와야 한다는 것이다.

여기에서 알 수 있는 사실은 금융 산업의 디지털 트랜스포메이션은 여타 산업의 그것과는 상당히 다르다는 점이다. 가장 큰 이유는 금융의 보편성과 공공성 때문이다. 금융은 한 나라 경제의 핏줄이다. 화폐로 물화物化된 유동성, 즉 통화currency는 말 그대로 가치의 흐름이다. 핀테크는 이를 정보의 흐름으로 보는 시각이지만, 금융 정보는 다른 단순 정보와는 다르다. 부의 이전을 독점하는 재화성 정보인 것이다. '돈은 숫자에 불과money is just numbers'하지만 이 숫자는 매우 상징적인 숫자이다. 재산적 가치가 어디에서 어느 곳으로 옮겨 갔는지를 좌표당 증감으로 표현하는 부의 산식算式이다. 그런데 가치의 이전은 국경 안에서만 이뤄지지 않는다. 수출입을 통해 국가 간 송금·결제 행위가 발생하는 것이다. 바로 국제 금융이다.

국경 내 거래가 일정한 규칙에 의해 성사되듯, 국가 간 거래도 국제 무역관행에 따른다. 지금까지는 국적 거래은행 간 국제 청산 절차에 따라 정산을 해왔다. 그러나 무역 주체 사이에 국경 없는 인터넷망으로 직거래를 하고, 그 지불과 수납도 은행의 개입 없이 싸고 빠르게 도와주는 핀테크 업체들이 등장함으로써 기존 질서가 흔들리고 있다. 국제 금융 질서의 붕괴는 국내 경제의 안정성을 해칠 수 있다. 국적 은행의 뒤에는 중앙은행이 있고, 이는 곧 정부이다. 금융의 배후에는 국가, 즉 주권이 도사리고 있는 것이다.

화폐 발행은 중앙은행의 고유 권한이다. 돈은 유일하게 국가만 찍어낼 수 있다. 법정 화폐가 아닌 사적 화폐 발행은 엄격하게 금지된다. 위조지폐를 단속하는 처벌 규정을 생각하면 쉽게 알 수 있다. 뒤에 설명하겠지만 페이스북이 들고 나온 SNS 가상화폐cryptocurrency(암호통화) '리브라libra'가 미국·일본·독일·영국·

프랑스·캐나다·이탈리아 등 G7 국가들의 강력한 반발로 추진이 중단되고 있는 배경이다. 다시 한 번 정리해보자. 금융은 곧 국가이다. 이를 금융 주권이라고 한다. 금융은 곧 금융 주권국끼리의 거래, 국제 경제체제이다. 이를 국제 금융이라 한다. 금융 AI가 다른 분야 AI와 달리 강한 보편성과 공공성을 갖는 이유이다.

독일의 인더스트리Industrie 4.0은 스마트 제조 플랫폼으로, AI 공장을 만든다. 미국의 재범 예측 AI 컴퍼스COMPAS는 사법 행정의 지능화 도구로, 범죄 피의자가 가석방해도 될 인물인가를 판사에게 충고한다. 나름의 혜택과 위험이 있지만 국가 운영 체제의 근간을 흔들 정도는 아니다. 제조 인공지능은 사적인 비즈니스의 영역에서, 법률 AI는 국내 사법체계의 영역에서 제한적으로 영향을 주기 때문이다. 그러나 금융은 단순히 비즈니스나 역내 법률의 영역에 머물지 않는다. 국내적으로는 중앙은행의 발권력과 이자율 정책, 국채 발행 등 국민경제 시스템을 통해 안정된 통화의 공급과 유동성 관리를 도모한다.

국외적으로는 국가 간 제품과 용역의 교환으로 생긴 가치의 이전 등 국제 외환거래와 투자를 통해 무역수지의 균형, 외환보유고를 비롯한 국부의 증대를 도모한다. 한마디로 금융은 그 나라의 경제 주권으로 정부와 운명을 함께한다. 달러, 마르크, 엔, 위안, 원 등 화폐 단위에 국가의 자존심이 걸려 있는 것이다. 공공성이 그만큼 강하기 때문에 보수적이고, 따라서 디지털 혁명에 뒤처질 수밖에 없었다.

그러나 이코노미스트의 지적은 더 이상 변화를 늦출 수 없다는 경고이다. 2000년 이래 인터넷 혁명은 통신부터 시작해 다른 모든 사회의 영역을 디지털화했지만 20년 이상 금융권은 현상 유지에 안주했다. 하지만 실리콘밸리와 항저우에서 불어 닥친 핀테크 태풍은 이 고립된 갈라파고스 제도諸島를 휩쓸고 있다. 살아남으려면 외부 환경의 변화에 맞춰 진화해야 하는 것이다. 여기서 선진국과 후진국 사이에 시차가 발생한다. 중국처럼 국내 금융의 혁신을 용인하는 국가는 핀테크 보급이 빠르다. 하지만 달러라는 기축통화를 가진 미국, 강한 유로화와 엔화를 유지하고자 하는 EU와 일본 등 기존 국제금융 강국들은 보다 신중한 태도를 취할 수밖에 없다.

중국이 2020년 세계 최초로 법정 암호통화를 발행하는 것도 기성 국제 금융체계에 도전하려는 중국의 야심 가득한 '중국몽中國夢•'을 보여주는 한 사례이다. 아날로그 화폐는 디지털 화폐로 진화하고 있다. 변화는 불가역적이다. 이는 모든 참여자에게 새로운 혜택과 위험을 동시에 안겨주고 있다. 위험을 최소화하고 혜택을 극대화하는 방향으로 제도를 재설계해야 한다. 이에 앞장서는 자는 살고 뒤처지는 자는 죽을 것이다. 기업과 기업, 정부와 정부 간 무한 경쟁이 시작됐다. 핀테크 혁명이다.

• 시진핑 체제의 주요 어젠다 중 하나. 중화민족의 위대한 부흥을 목표로 한다.

핀테크뿐 아니라, 모든 플랫폼Platform 비즈니스를 공부할 때 'C-P-N'이란 키워드를 알아두면 편리하다. 은행이 금융상품을 그저 전달만 하는 저低부가가치의 단순 연결통로로 전락할 것이라는 경고는 모든 플랫폼 산업군에서 동시에 나타나는 위험신호 중 하나이다. 초고속 광통신망을 까는 대형 통신사들도 페이펠, 넷플릭스 등 플랫폼 사업자들로부터 '멍청한 파이프Dumb Pipe'라는 놀림을 받았다. 통신망이든, 금융거래망이든 망網, Network 사업자는 도로나 철도 부설 건설회사에 해당한다. 그 위를 달리는 자동차나 기차를 적절한 노선과 시간 간격으로 편성해 여러 가지 편리한 교통 서비스를 제공하는 게 플랫폼 사업자이다. 운송회사 중에는 금융 자동차 회사도 있고, 엔터테인먼트 기차 회사도 있다.

마지막으로 플랫폼에 실을 화물을 제작하는 주체가 콘텐츠 사업자이다. 영화·음악·게임 같은 오락 콘텐츠부터 뉴스·금융·쇼핑 등 서비스 콘텐츠까지, 세상의 모든 아날로그 제품과 서비스들은 무형의 디지털 콘텐츠로 전환돼 인터넷 고속도로와 철로를 달린다. 소비자에게 편익을 제공하는 효용 가치의 이동 경로는 콘텐츠 업자의 생산, 플랫폼 업자의 유통, 망 사업자의 운송, 즉 C-P-N으로 요약된다. 여기에 수용자(소비자)의 최종 도착지를 뜻하는 단말Terminal이나 단말장치Device를 덧붙여 C-P-N-T(D)로 표현하기도 한다. 디지털 가치사슬value chain이나 사물인터넷(IoT)의 흐름을 설명할 때도 자주 나오는 핵심용어이다.

핀테크, AI와 만나다

세계적인 컨설팅업체 언스트앤영과 대한민국 보험연구원이 분류한 핀테크의 사업영역은 크게 금융 플랫폼/금융데이터 분석/결제·송금/금융 소프트웨어의 네 가지로 나뉜다. 그러나 하루가 다르게 새 영역이 등장하고 있어 아직 구분은 명확하지 않다. 특히 빅데이터, AI, 블록체인 같은 핵심 지능정보기술의 빠른 변화로 핀테크의 확산은 더 넓어질 전망이다. 그러면 실제로 우리 생활 속에 보급된 금융 AI의 구체적 모습부터 살펴보자.

우선 스마트폰 보급으로 '내 손 안의 금융거래', 즉 모바일 금융이 대세가 됐다. 한국에서 주식거래는 2018년만 해도 PC 기반이 48퍼센트로 가장 많았으나 2019년 1월 드디어 모바일 기

구분	내용	주요 사업
금융 플랫폼	기존 금융기관의 개입 없는 거래 기반을 제공	P2P대출, 크라우드펀딩 거래 플랫폼, 가격비교
금융데이터 분석	고객의 데이터를 수집, 분석 새 부가가치 창출	로보어드바이저 등 자산관리 신용평가 및 FDS Insurtech, 자본시장
결제·송금	싸고 편리한 서비스	간편 결제·송금 환전·해외송금 등 외환거래
금융 소프트웨어	금융 업무 서비스의 IT 혁신	인증 및 보안, 리스크 관리 RPA 및 Regtech, 블록체인

핀테크의 사업영역 (자료 제공: 보험연구원)

반(47퍼센트)에 1위 자리를 넘겨줬다. 은행 거래 역시 이제는 모바일 뱅킹이 41.1퍼센트로 가장 높은 비율을 차지한다. 비현금, 비대면 거래가 주류로 자리 잡으며 비용 절감, 보안 강화 등의 이유로 AI 기술과의 결합이 늘어나고 있다.

금융 AI를 맨 먼저 실감할 수 있는 분야는 '로보어드바이저'이다. 로봇Robot과 자산관리 투자 전문가Advisor의 합성어로 AI가 고객의 재무상황, 투자성향 등을 분석해 온라인 자산관리를 제공하는 서비스를 말한다. 기존 자산관리 서비스에 비해 간편하고 낮은 수수료 등이 강점이다. 국내외에서 기장 빠르게 성장하고 있는 금융 AI의 창구 서비스라 할 수 있다.

24시간 상담, 금융상품 추천 등 고객 응대에 투입된 AI는 '챗봇chatbot'이라 불린다. 챗봇은 자연어 처리Natural Language Processing의 발전에 따라 카드 사용 잔액 확인에서 송금 결제로, 나아가 가계장부나 자산의 재무관리 보조까지 업무 폭이 넓어지고 있다. 뱅크오브아메리카(BoA)의 '에리카'는 고객 스마트폰 앱에서 문자 또는 음성으로 주택담보대출 조기상환 등 과거 상담원이 해주던 서비스를 유연하게 해낸다. 한국에서도 각 은행마다 모바일 또는 웹 기반의 챗봇을 개발해 기존 고객센터나 콜센터의 상담 업무를 대신하고 있다.

금융 기관에서 거래고객의 신용을 평가하고 위험한 사기거래를 사전에 탐지하는 데도 AI가 쓰인다. 과거 분석하기 불가능했던 방대한 양의 금융 빅데이터는 물론이고, 개인의 SNS 활동 내역 등 비금융 데이터까지 동원해 정교한 신용평가 기능을 제공하고 있다. 심지어 중국에서는 개인의 신용을 평가할 때 중병을 앓은 적이 있는지와 같은 건강·의료정보, 교통범칙금은 제때 납부했는지와 같은 준법 수준, 직장에서 결근 없이 성실하게 근무하는지 등의 근무평정과 연계해 대출한도를 결정하려는 시도도 하고 있다.

조지 오웰George Orwell식 빅브라더를 연상시키는 독재국가의 폭주가 느껴져 다소 섬뜩하지만, 한 인간을 정보 덩어리로 보고 인간 집단 간의 관계조차 수치로 최적화하려는 중국 정부의 시도를 유토피아의 입구로 봐야 할지 지옥문으로 간주해야 할지 아직은 전문가들 사이에서도 견해가 갈린다.

부정거래 감시 AI는 고객의 신용·체크 카드 거래에서 이상 신호out-liers를 발견해 금융 사고를 미리 예방한다. 해커에 의한 외부공격을 차단할 때도 활용된다. 이상 거래 탐지 시스템Fraud Detection System, FDS이라고 한다. 미국의 대형 신용카드 회사인 아메리칸익스프레스와 비자가 핀테크 업체와 제휴함으로써 적극적으로 활용하고 있다. 비자 통계에 의하면 FDS 모델 활용으로 연 20억 달러에 달하는 부정거래를 방지할 수 있었다고 한다.

사실 방대한 데이터 속에서 일정한 패턴을 찾아내는 편 가르기grouping와 분류classification는 AI가 가장 잘하는 장기이기도 하다. 늘 100만 원 이하의 일정한 소액만 송금하던 잔액 1억 원의 평균적인 고객이 갑자기 수천만 원을 한꺼번에 이체했다면 부동산 거래 혹은 금융사기를 당했을 가능성이 있다는 식의 판단이다. 은행은 의심거래만 콕 찍어 재확인을 해보면 된다. 특정한 패턴으로 법인 통장에서 해외 조세천국 국가의 유령회사 계좌로 정기 송금되는 금융거래를 찾아내 횡령이나 배임 등 내부 범죄자를 적발하는 국제 공조수사가 부쩍 늘어난 것도 AI의 지원을 받은 결과이다.

또 금융기관 내부에서 고객을 직접 상대하지 않는 백오피스 back office(법인 내부 또는 법인 간)업무를 처리할 때도 '로보틱스 프로세스 오토메이션(RPA)'이라는 신기술을 사용한다. 입금·송금·결제 확인 같은 반복·정형 업무를 AI가 대신 해주는 것이다. JP모건체이스는 이 기술로 연간 36만 시간 걸리던 법인 대출계약서 확인 업무를 단 몇 분으로 단축하는 엄청난 성과를 올리고 있다. 회계업체 KPMG도 표준화되지 않은 기업금융 문서 자동화에 RPA를 도입, 대출문서 처리속도를 건당 20시간에서 30초로 줄였다. 정확도는 무려 93퍼센트를 기록했다.

금융 AI가 변화시키는 것은 은행만이 아니다. 금융의 다른 영역에 들어가 새로운 서비스를 만들어내고 있다. 보수적인 보험업계도 예외가 아니다. 보험에 기술을 결합한 비즈니스를 인슈테크InsurTech라 한다. 그중 하나가 '이용량 기반 보험Usage-based Insurance, UBI'이다. 이미 미국·영국 등에서는 차량에 달린 통신단말기(텔레매틱스)로 급제동, 과속, 진로변경 등 운전자 습관을 분석해 보험료를 다음 계약기간에 보다 세분해 책정한다.

한화손해보험은 현대자동차·SK텔레콤 등과 손잡고 2019년 10월 인슈테크 업체 캐럿 손해보험을 설립해 주행거리와 운전습관 등을 AI로 분석하는 신종 자동차보험을 선보였다. 앞으로 시동을 끌 때 내비게이션에 이런 안내문이 뜨거나 음성방송이 나오게 될 것이다. "오늘 속도 및 신호 위반 건수는 총 3건입니다. 안전운전 위험등급이 1단계 상향조정돼 내달부터 보험료가 킬로미터당 3원 증액된 33원으로 오를 예정입니다."

또 애플워치 같은 웨어러블 기기로 건강정보를 수집하고 스마트홈과 스마트오피스에서 일상생활의 패턴까지 파악해 보다 섬세한 고객 수요에 맞춘 염가의 마이크로 건강 보험을 개발하는 회사도 나타나고 있다. 한화손해보험은 핀테크 벤처인 스몰티켓과 손잡고 '고령 펫 보험'을 곧 선보일 예정이다. 애완동물의 장례와 추모 등을 책임져주는 상품이다. 핀테크 벤처 보맵은 DB보험과 제휴해 모바일 인슈테크 플랫폼을 만들고 있다. 복수의 가입 보험을 통합 관리하고, 개인의 사정에 꼭맞는 맞춤형 보험가입 상담 서비스까지 제공하는 보험의 AI 가이드이다. 보험 가입 여부도 AI가 자동으로 심사하고, 사고시 보험금 청구와 지급도 AI 플랫폼으로 간편하게 이뤄진다.

금융 AI는 자금조달 및 대출 시장에도 진출하고 있다. 기업공개를 하기에는 아직 충분한 업력業歷이 쌓이지 않은 스타트업들은 기술의 우수성을 내세워 대중에게 직접 투자를 호소하는 크라우드(소셜) 펀딩으로 초기 자금을 마련하고 있다. 한국에서

착실하게 성장 중인 와디즈Wadiz 같은 곳이 대표적 크라우드 펀딩 대행업체이다. 사인私人 간 대출을 뜻하는 P2P 대출 시장도 마찬가지이다. 제도권 금융으로부터 돈을 빌리기 어려운 신용등급이나 특수한 사정을 지닌 개인 또는 법인은 이 네트워크형 대출에 몰리고 있다.

크라우드 펀딩과 P2P 대출은 자금의 회수를 담보할 수 있는 고객의 신용평가 기술이 기업 노하우의 핵심이다. 대출 가능 여부와 대출한도를 판단하는 기존의 금융권 공식에서 벗어나, 다채로운 경로로 수집된 고객의 정형·비정형 데이터를 AI가 순식간에 분류해 적정 대출등급을 매김으로써 평균적으로 낮은 연체율을 유지하는 정교함이 생명이다. 자금 회수 및 대출용 AI 알고리즘을 얼마나 정밀하게 설계할 수 있느냐가 크라우드 펀딩 및 P2P 대출 기업의 사활에 직결되기 때문에 고급 AI 엔지니어 확보는 필수이다.

마지막으로 금융 당국의 시장규제가 다양해지고 복잡해짐으로써 기업 입장에서는 준법경영을 위한 비용이 증가하게 된다. 이를 AI 솔루션으로 저렴하게 해결해주는 기술이 레그테크RegTech, Regulation+Technology이다. 1장에서 얘기한, 법무법인 율촌이 제약회사 법인고객에 제공하는 모바일 앱이 그 한 예이다. 병원 의사 상대로 참가비 무료의 해외 세미나를 몇 차례까지 개최할 수 있는지, 식사와 선물 접대 한도는 초과하지 않았는지를 자문 변호사에게 매번 물어볼 필요 없이 스마트폰 단말기만 몇 번 툭툭 치거나 음성 호출하면 규제의 합법 테두리를 아슬아슬하게 지킬 수 있는 것이다. 금융기관들도 업무보고서 제출이나 약관심사 등 까다로운 법률 준수사항을 마감 시간 내에 잘 마칠 수 있도록 돕는 AI 파트너의 출현을 반기고 있다.

블록체인, 핀테크의 미래

핀테크의 마지막 축은 블록체인blockchain이다. 5장에서도 언급하겠지만 블록체인은 지능화 사회에서 AI와 함께 양대 축이다. AI가 두뇌라면 블록체인은 열쇠에 해당한다. AI의 대표적인 위험성은 데이터의 신뢰성과 플랫폼의 권력 독점이다. 입출력 데이터가 신뢰할 만한가, AI의 중앙집권 효과로 모든 것을 좌지우지하는 독재자가 되는 것은 아닌가 하는 우려를 씻어줄 수 있는 구세주가 바로 블록체인 기술이다.

미국 경제전문잡지 《포브스》는 2020년을 주도할 7대 기술 트렌드 중 하나로 블록체인을 꼽았다. 블록체인은 신뢰의 독점을 깨는 민주화 기술이다. 1~2차 산업혁명은 실물자산의 독점, 3차 산업혁명은 정보의 독점을 낳았다. 각각 사회주의 혁명과 카피레프트copyleft 운동을 초래했다. 4차 산업혁명은 신뢰를 독점했던 정부, 금융기관, 언론 등의 권위 해체를 요구하고 있다. 분산형 원장元帳 기술이 신뢰의 공유를 가능하게 만들었기 때문이다.

그 출발은 금융, 즉 화폐 시스템이었다. 나카모토 사토시라는 닉네임을 사용하는 본명 미상의 개발자가 2009년 선보인 1세대 원조 암호통화 비트코인은 블록체인 화폐(가상화폐) 시대의 개막을 알렸다. 암호통화는 이후 스마트 계약도 가능한 2세대 이더리움, Dapp 기술을 채택한 3세대 EOS와 ADA로 진화해왔다. 지난 10년 동안 암호통화는 각국 금융 당국을 상대로 합법과 규제 사이에서 숨바꼭질을 해왔다.

블록체인을 흔히 비트코인 같은 암호화폐의 배경기술로만 알고 있는데, 훨씬 적용 범위가 넓은 범용기술이다. 계약 당사자 간에 정보가 오가고, 이 정보를 외부인에게 드러나지 않도록 보호할 필요성이 생긴다면 블록체인 알고리즘을 사용하면 된다. 계약에 참여한 전원에게 거래 내역의 장부를 나눠서 보관시키고, 신규 거래가 발생하는 즉시 그 변동을 동시에 알려 변조를 막는 분산장부Distributed ledger 네트워크를 블록체인이라 한다.

거래 내역을 기록한 한 페이지의 장부가 블록, 이 블록들이 첫 거래부터 지금 거래까지 쭉 연결된 것이 체인이다. 거래에 참여하는 전원이 장부를 보관하고 변동 내역이 즉시 기록되기 때문에 만약 위변조를 시도라도 하려면 분 단위의 거래 승인이 떨어지기 전에 매우 빠른 시간 내로 위조기록을 과반수 네트워크 참여자의 장부에 심어야 하기 때문에 현재 컴퓨터 기술로는 불가능하다. 원천 불능이다. 블록체인 기술이 무서운 점은 신뢰의 독점을 깨기 때문이다.

화폐를 발행하는 금융 당국은 중앙에서 독점적 발권력을 갖고 시장을 통제해왔다. 대신, 지급 요청이 있으면 언제든지 응할 수 있다는 결제 능력의 신뢰성을 내세웠다. 사람들은 나라가 망하지 않는 한 화폐는 종이 뭉치로 전락하지 않는다는 믿음을 지닐 수 있었다. 하지만 블록체인은 중앙집권화된 단일 보장이 아니라 참가자 전원에게 분산된 복수 검증을 통해 신뢰를 보장한다. 신뢰의 민주주의화, 탈중앙화라 할 수 있다.

이에 따라 AI와 블록체인이 결합한 사업 모델들이 새롭게 선보이고 있다. AI 개발자를 위한 블록체인 기반의 소프트웨어 생태계 '싱귤래러티넷Singularaty Net'은 AI 서비스AI as a Service, AIaaS를 기치로, 크립토 AI와 AGI 코인의 양대 블록체인 축으로 돌아간다. AI 알고리즘을 소프트웨어와 결합한 랩핑AI Wrapping을 개발자 간 P2P 네트워크 스마트 계약으로 주고받는다. AI 서비스의 공급자와 구매자는 거래 단위로 싱귤래러티넷에서 발행하는 코인을 사용해 내부 금융 생태계까지 완성해 놓았다.

블록체인은 금융혁신의 최종 기술이다. 암호통화cryto-currency와 스마트 계약으로 이어지면서 금융 AI의 신뢰성을 보증해주기 때문이다. 미국의 페이스북은 비자·마스터카드와 손잡고 암호통화 기반의 신종 거래 시스템 '리브라'를 조기 출시하려다 트럼프 행정부와 제도 금융권의 강력한 견제에 시기를 연기했다. 페이스북이 2019년 6월 리브라 발행 계획을 밝힌 직후 트럼프 대통령을 비롯한 미국 정부 고위관료들, 유럽연합 당국은 글로벌 금융 시스템의 안정을 해치는 위험한 프로젝트라고 비난하면서 철회를 요구했다. 그러나 최고경영자인 마크 저커버그는 같은 해 10월 리브라 협회를 창설해 차량공유업체 우버·리프트, 유럽의 결제서비스업체 페이유 등 21개 기업과 공조해나갈 것을 선언했다.

각 참여기업은 1,000만 달러씩을 투자하기로 했다. 2020년 상반기부터 리브라를 발행해 모바일 기기와 SNS를 통한 결제서비스를 시작한다는 게 목표였다. 하지만 초기 협회 가입자였던 비자·마스터카드·스트라이프·메르카도파고와 전자상거래업체 이베이·부킹홀딩스 등 7개 기업은 탈퇴를 공식화했다. 마음이 바뀐 업체들은 정부의 압력에 태도를 유보한 것으로 풀이된다. 그러나 페이스북은 저커버그의 미 하원 청문회 출석 등 계속된 공세에도 굴복하지 않고 리브라 프로젝트를 지속할 것임을 강조했다. 블록체인 기술에 기반한 미국의 암호통화가 2020년 시즌 2의 새로운 국면으로 접어들 것으로 보인다.

이를 틈타 중국 인민은행은 2020년 상반기 중 세계 최초로 법정 디지털 화폐를 시범 운영한다. 발행은 중앙은행인 인민은행이, 유통은 중국의 4대 국영 상업은행인 공상은행, 농업은행, 중국은행, 건설은행과 3대 이동통신사인 차이나모바일, 차이나텔레콤, 차이나유티콤이 공동으로 책임진다. 블록체인 기반의 중국 디지털 인민폐는 일대일로一带一路와 결합해 아프리카, 동남아 등 제3세계 협력국에 대한 원조와 교역의 표준 결제수단으로 확산시키는 그림을 그리고 있다. 현재 국제 금융의 기축통화인 달러 패권을 디지털 관문으로 뚫고 나가려는 야심이 읽힌다. 미국의 대응도 시간문제일 뿐이다.

블록체인으로 보호되는 스마트 계약도 종래 다수의 중앙집권적 금융기관이 개입했던 무역 업무 등 복잡한 거래를 쉽게 만들고 있다. 일본의 대형 금융사 SBI 그룹은 2세대 암호통화 '리플(XRP)'을 기반으로 한 기업용 블록체인 네트워크를 개발하고 있다. 61개 일본 은행이 이 R3 프로젝트에 참여해 해외 거래에 이용할 예정이다. 비자·마스터 신용카드 회사도 블록체인 기반 기업 결제 서비스를 이미 출시한 바 있다.

세계 최초의 금융 AI, 켄쇼 본사를 가다

"켄쇼의 입장에서 보면 S&P 글로벌은 세계에서 금융 데이터를 가장 풍부하게 담고 있는 바다와 같습니다. 할 수 있는 일은 무궁무궁하지만 지금은 당장 가시적인 가치를 창출할 수 있는 몇 가지 과제에만 집중하는 게 우리의 목표입니다."

• 동남아시아·중앙아시아·서아시아·아프리카·유럽을 육해공으로 잇는 인프라·무역·금융·문화 교류의 경제벨트를 조성하고자 하는 중국의 대외국책사업

애덤 브라운 켄쇼 테크놀로지Kensho Technology 대표는 독립 벤처에서 대기업 계열사가 되고 난 뒤 무엇이 달라졌느냐는 첫 질문에 이렇게 답했다. 켄쇼는 2013년 창업자 대니얼 내들러와 몇 명의 하버드대 학생들이 설립한 세계 최초이자 최고의 금융 AI 벤처이다. 이 이름은 불교 용어 '견성성불見性成佛●'의 머리글 자 견성見性의 일본어 발음에서 따왔다. 2016년 2월 25일《뉴욕 타임스》일요판에서 '로봇들이 월스트리트로 진격하고 있다'는 기사가 나간 뒤 단숨에 세계적인 슈퍼스타로 떠올랐다.

《뉴욕타임스》기자가 이 기사를 쓰기 위해 2015년 11월 서른 두 살의 내들러를 처음 만났을 때는 이미 골드만삭스 등이 막대한 자금을 투자하면서 초기 공동주주로 들어와 있어 뉴욕 맨해튼 세계무역센터1 World Trade Center 건물 45층에 입주해 있던 켄쇼 뉴욕사무실에서 인터뷰가 진행됐다. 당시 구글, 골드만삭스, 제너럴캐털리스트에 이어 두 번째 투자자(라운드 B) 중 하나로 참가한 JP 모건, 뱅크오브아메리카, 스탠더드앤푸어스(S&P) 가운데 마지막 투자자에게 2018년 3월 5억 5,000만 달러(약 5,880억 원)라는 기록적인 가격에 매각됐다.

이는 당시까지 금융계 인수합병(M&A) 기록 가운데 가장 큰 금액이었다. 직원 50명의 스타트업 켄쇼가 글로벌 대기업의 계열사로 바뀐 것이다. S&P 글로벌은 스탠더드앤푸어스, S&P 다

● 자신의 실체를 깨달으면 누구나 부처가 된다.

우 존스 레이팅스 등 4개 법인의 모회사로 세계적 금융정보 기업이다. 대기업 계열사로 편입되면서 켄쇼는 뉴욕 외에도 워싱턴 등 몇 곳에 지사를 신설했지만 본사는 여전히 사업을 처음 시작했던 보스턴 케임브리지시에 유지하고 있다. 하버드대학교 정문에서 조금 떨어진 2층짜리 작은 건물이다. 새로운 인재 조달도 쉽고 캠퍼스 타운의 면학 분위기를 물려받는다는 표면적 이유도 있지만 창업 당시의 학생다운 도전 정신을 잃지 않겠다는 상징적 의미가 더 커 보였다.

2019년 6월 14일 MIT 컴퓨터공학 석사과정을 밟고 있는 통역과 함께 이곳을 방문했을 때 입구를 못 찾아 한참 헤맸을 정도로 무심한 건물이었다. 번쩍이는 복도의 로비 접수대도, 경비원도 없었다. 잠시 후 안내자가 나와 ID카드를 긁자 도서관과 카페를 합쳐놓은 듯한 사무실이 눈앞에 펼쳐졌다. 인터뷰 룸에 들어서 노트북을 열자마자 반팔 티셔츠 차림에 청바지를 입은 희끗한 머리카락의 신사가 나타났다. 애덤 브라운 사장은 S&P 글로벌에서 임명한 켄쇼의 새 CEO이다. 창업자 대니얼 내들러와 초기 운영자들은 인수 직후 회사를 떠났다.

브라운 사장은 회사의 성격에 대해 자유롭고 도전적인 벤처정신은 그대로이지만 최종 제품의 구성이 달라졌다고 설명했다. 인수 전에는 은행과 투자회사들이 주 고객이었으나 이제 로펌, 컨설팅 회사, 정부 등으로 거래처가 확대됐다. 이에 따라 주가변동 분석과 전망 같은 금융시장의 협소한 특정 업무보다 훨씬 더 광범위한 정보를 수집해 재가공한다는 것이다. 4년 전《뉴욕타임스》기사는 켄쇼의 위력을 이렇게 묘사했다.

"트레이더는 특정 사건, 이를테면 '시리아 내전 격화(관련 사건 27건)' 묶음을 선택한 뒤 옵션 메뉴에서 시기별, 혹은 특정 투자군이나 특정 자산군 관련 정보만 솎아낼 수 있다. 가장 넓은 범위의 자산 묶음에는 독일 주식, 호주 달러, 다양한 원유 등 세계 40여 가지 주요 자산이 포함돼 있다. 어느 것이든 보고 싶은 내용을 선택한 뒤 '보고서 작성Generate Study' 버튼을 누르면 몇 분 안에 도표로 가득한 보고서가 생성된다. 이 모든 일이 불과 몇 분 안에 이뤄졌다."

연봉 35만~50만 달러를 받는 전문가들이 40시간 이상의 노동을 투입해야 할 일을 켄쇼는 단 몇 분에 해치운다. 놀라는 한편으로, 앞으로 다가올 직업 시장의 암울한 미래가 선명하게 그려지기도 한다.

S&P 글로벌 인수 직전인 2018년 1월 골드만삭스는 금융 AI 켄쇼를 활용해 '미국 한파의 최대 수혜주는 넷플릭스와 도미노피자'라는 보고서를 내놓기도 했다. 브라운 사장은 켄쇼의 초기 버전이 주로 주식·채권 등 투자시장 분석과 미래전망 보고서 작성에 치중했다면, 현재는 S&P 글로벌의 내부적 업무 개선 또는 S&P그룹의 여러 다른 고객을 위한 신제품 개발에 집중한다고 말했다. 켄쇼의 AI 기술을 활용한 업무 개선의 예로는 데이터 정제data cleaning가 있다. 새로운 데이터를 추가할 때는 기존

데이터와의 연결 고리를 만들어야 한다. 새 데이터의 신뢰도를 검증하고 내부로 편입시킬 수 있도록 재가공하는 작업이 필요한 것이다.

예를 들어, 특정 기업에 투자하고자 할 때 사기업에 대한 데이터는 굉장히 찾기 힘들뿐더러 다양한 소스(정보원)에서 나온다. 또 소스별로 데이터 품질도 다르다. 이때 다양한 소스에서 나온 데이터를 하나로 합치는 기술 개발이 켄쇼의 새 임무라는 설명이다. 다양한 소스로부터 품질이 다른 대량의 데이터가 유입될 때, 이를 정확하고 신속하게 하나로 합치는 것이 데이터 정제의 핵심 기술이다. 기존 데이터와 잘 연결되는 동시에, 합쳤을 때 전체 신뢰도가 떨어지지 않도록 쓰레기를 선별해서 버리고 사후에도 잘 돌아가나 검증해야 한다.

외부고객을 위한 켄쇼의 또다른 신제품 중 하나는 차세대 검색엔진이다. S&P 글로벌의 고객은 투자회사뿐 아니라 로펌·컨설팅사·정부 등으로 폭이 훨씬 넓어졌다. 투자 정보에서 법령 검토, 심지어 외교·안보 관계 전망 등 광대역의 정보를 찾기 위해 S&P 검색엔진을 사용한다. 그런데 수집 정보의 양과 종류가 늘어남에 따라 훨씬 더 정교하고 효율적인 작동이 필요하게 되었다. 예컨대, 영국의 브렉시트 이후 파운드화 변동과 국제 금융시장에 대한 영향, EU의 새 개인정보보호법(GDPR) 시행 후 대EU 수출입 관세법규의 달라진 해석, 북한 미사일 실험에 따른 글로벌 외교·안보 위험지수 증가와 군비증강 추이 등 정치·경제·사회·

외교안보 지형 변화까지 폭넓은 스펙트럼의 빅데이터를 입력해도 즉시 고객이 원하는 정보를 추출해주는 '금융판 구글' 검색창인 셈이다.

은행과 핀테크를 넘어, 새로운 금융이 온다

2020년 한반도에 메가톤급 금융혁명 태풍이 몰려오고 있다. 그것도 두 번 연속으로. 첫 번째는 2차 핀테크 혁명인 '오픈 뱅킹'이다. 은행이 독점해왔던 금융 결제망이 모든 사업자에게 전면 개방된다. 핀테크 벤처는 은행과 제휴를 맺을 필요도 없고, 결제·송금 수수료는 10분의 1 수준으로 떨어진다. 소비자는 은행 앱이든, 핀테크 벤처기업의 앱이든 하나만 스마트폰에 깔면 은행과 은행, 벤처와 벤처, 은행과 벤처를 오가며 맘껏 거래할 수 있다. 규제 혁명을 주도 중인 금융위원회 금융혁신기획단은 영국 등 금융 선진국보다 더 빠르게 시행하자는 내부 목표를 세우고 2020년부터 오픈 뱅킹 시대를 본격적으로 열고 있다. 두 번째는 '오픈 데이터'이다. 우선, 신용정보원이 관리하는 5,000개 금융회사의 4,000만 명 고객 신용정보가 민간에 공개된다. 물론 익명·가명 처리된 비식별정보에 해당한다. 기업들이 이 신용정보를 서로 사고팔 수 있는 금융데이터 거래소도 생긴다. 금융산업의 모든 패러다임이 송두리째 바뀌는 것이다.

'오픈 API' 혁명, 금융 개혁의 메가톤급 태풍

오픈 뱅킹이란 모든 은행과 핀테크 업체들이 표준화된 공동 결제·송금망을 사용하는 제도이다. 현재는 은행마다 제각기 구축한 결제·송금망을 닫아놓고 제휴업체에만 제공한다. 이 문을 열어 정보가 자유롭게 이동할 수 있게 하는 것이다. 첫 번째 단계는 마이 페이먼트My Payment이다. 내가 지급을 지시하면 거래은행이 제3의 서비스 사업자에게 명령을 이행해야 한다. 이런 서비스를 지급·결제 정보관리Payment Initiation Service, PIS라고 한다. EU는 얼마 전에 계좌 정보관리Account Information Service 규정을 신설했다. 계좌에 관한 정보를 맘대로 소유자가 이전 및 처분할 수 있는 권리이다. 이 개념을 더 확장하면 종착역인 '마이 데이터(My Data)'가 완성된다. 개인정보 주체인 개인이 자신의 결제·계좌 정보뿐 아니라 다른 금융 정보도 제3자에 보내달라고 거래은행에 자유롭게 요구할 수 있는 정보이동권right to data portability이다.

이렇게 되면 금융상품 조회와 가입, 재무관리 등 모든 업무를 금융기관 간 경계를 넘나들며 자유롭게 할 수 있다. 소비자 입장에서 보면 모바일 프라이빗 뱅킹(PB) 시대가 열리는 것이다. 개인별로 자기 투자성향과 재정 상태에 적합한 자산관리를 일대일로 받을 수도 있다. 핀테크 업체에도, 은행 고객에게도 큰 변화이다. 한국의 핀테크 1호 벤처 '비바리퍼블리카'의 토스 앱은 그동안 은행에 연간 수백억 원의 수수료를 내왔다. 송금 서비스를 운용하려면 은행이 보유한 고객정보에 접근하기 위해 해당 전산망을 이용해야 했기 때문이다. 그러나 은행의 계좌·결제 및 송금·신용평가 등 각종 금융정보에 접근하는 첫 관문인 API Application Programming Interface, 업무용 통신에 쓰이는 언어나 메시지 형식를 개방하는 오픈 뱅킹이 실현되면 건당 500원의 펌뱅킹 수수료가 50원으로, 심지어 더 떨어질 수도 있다. 기존의 10퍼센트 이하로 떨어진다는 뜻이다. 고객 역시 단 1개의 앱만 깔면 은행과 핀테크 업체를 오가며 맘대로 금융거래를 할 수 있다. 결제·송금은 물론, 예·적금과 대출상품, 자산관리 서비스를 신한은행과 KEB하나은행, 토스를 왔다 갔다 하며 받을 수 있다는 이야기이다.

대한민국이 금융정보 개방을 서두르는 것은 핀테크 혁명에 맞춰 앞다퉈 우호적 정책 환경을 조성하려는 국제 흐름에 뒤처지지 않기 위함이다. 한국발 제도혁명의 첫걸음이다. 현재 글로벌 핀테크 업체를 가장 많이 보유한 상위권 국가는 미국·영국·중국의 순이다. EY Ernst & Young 핀테크 도입지수에 따르면 선진국에서는 전통 은행권 시장의 약 30퍼센트 이상이 핀테크 업체에 잠식된 것으로 집계된다. 하지만 역설적으로 중국·인도 등은 열악한 금융 인프라 덕분에 오히려 핀테크 도입률이 70퍼센트를 훌쩍 넘는다.

특히 EU는 2018년 1월 지급결제산업지침 개정으로 계좌정보 관리업Account Information Services Provider, AISP을 도입했다. 고객 동의 아래 금융정보의 이전을 허용함으로써 소비자 편익을 높이는 다양한 서비스 경쟁을 유도하기 위함이다. 은행은 고객이 지정한 제3의 서비스 제공자에게 계좌정보 접근을 허용해야 한다. EU의 발 빠른 금융 개혁은 기술력과 자금력을 겸비한 아마존·페이스북·알리바바 등 빅테크Big-Tech 기업의 신규 테크핀 서비스로 은행 등 전통 금융권의 입지가 약해질 것을 우려했기 때문이다.

EU는 한국의 개인정보보호법보다 산업적 활용 쪽에 더 무게를 둔 개인정보일반지침(GDPR)의 선구적인 제정 및 집행 이래, 금융뿐 아니라 다른 분야에서도 과감한 정보개방 정책을 추진 중이다. 특히 영국은 세계 최초로 규제 샌드박스를 도입했다. 한국도 2019년 4월, 혁신금융서비스로 지정되면 2년간 각종 규제가 면제되고 자유롭게 출시 전 테스트도 가능한 금융 규제 샌드박스가 신설된 후 19건의 우선 심사대상을 모두 혁신서비스로 공표하면서 핀테크 선진국들을 부지런히 추격 중이다.

소비자를 위한 금융혁명

모든 비즈니스의 종착역은 소비자이다. 현장에 답이 있다는 이야기이다. 소비자에게 더 많은 혜택을 보다 편리하게 제공하는 공급자가 승리하게 된다. 은행의 경우 그동안 일반 고객보다 대형 기업 고객에게 더 신경을 써왔다. 단위 수익이 더 높으니 어찌 보면 당연한 일이다. 하지만 이 때문에 서민고객들은 찬밥 취급을 당한다는 느낌을 지울 수 없었다. 거래은행을 바꾸는 비율은 전체 고객의 10퍼센트도 안 되지만 이는 서비스에 만족해서라기보다 귀찮아서, 대안이 없어서가 더 큰 이유였다. 시중은행은 큰 손 대부업자에 불과하다는 인상을 씻기 어려웠다. 하지만 한 핀테크 전문가가 묘사했듯, "우버가 나오기 전 택시에 만족하던 승객도 우버를 한번 타보면, 더 이상 비 오는 날 택시를 기다리며 손을 흔들고 싶어 하진 않는다"라고 말한 상황이 금융업계에서도 벌어질 것이다.

기존 은행은 여전히 막강한 권력을 갖고 있다. 무엇보다 든든한 후원자인 정부가 뒤에 있다. 하지만 소비자의 요구가 정부에 도달해 법과 제도를 바꾸기 시작하면 운동장의 지형은 달라진다. 거래은행을 잘 바꾸지 않는 계좌 관성과 큰 거래처의 신뢰도 든든한 방패이지만 이에 안주한다면 필패할 것이다. 핀테크와 네오뱅크는 더 낮은 비용에 더 편리한 서비스, 전에 없던 가치를 제공하기 때문이다. 대출 불가능 저신용자에 대한 마이크로 대출, 계좌이체 및 외화 송금 등 각종 수수료 인하, 보험이나 쇼핑 등 다른 상품과의 연계 등이 그것이다.

도전자들은 담보가치 산정 불가로 그동안 막혀 있던 동산動産 대출 등 새로운 금융상품, 그리고 쇼핑·게임오락·교육 등 다양한 비금융업자와의 제휴를 통한 복합 서비스를 개발하고 있다. 마지막으로 이 모든 실용적·도구적 변화를 뛰어넘는 극적인 자세 전환이 요구된다. 은행이 고객의 최대 이익(행복)을 위해 일하고 있다는 확신을 주어야 한다. 특히 젊은 세대는 기성세대에 비해 금융회사의 가치 기반 투자와 기업의 사회적 책임(CSR)에 큰 관심을 갖고 있다. 이들은 은행가에게 '왜 은행업에 종사하느냐'라고 물으면 수익을 위해서가 아니라 "사람들이 부자가 될 수 있도록 돕기 위해"라는 대답이 돌아오기를 원한다. 미래에는 '착한 금융'만 살아남을 것이다.

데이터가 '21세기의 원유'라면
지급 결제서비스 인프라는 유전

핀테크 선발기업 페이민트 김영환 대표

"전자 지급·결제는 핀테크의 혈관입니다. 저는 지급·결제 서비스의 인프라를 만들고 있습니다. 데이터가 21세기의 원유라면 기름이 듬뿍 고이는 유전을 파는 셈입니다. 데이터를 충분히 모아야 AI의 정확한 예측도 가능합니다."

카카오페이, 삼성페이, 신세계 SSG페이, 롯데 L페이, SK텔레콤 시럽페이 등 국내의 주요 간편결제 거래인증 솔루션개발로 금융감독원으로부터 국내 1호 보안 인증을 받은 페이민트 paymint 김영환 대표의 말이다. 그의 인증기술은 국내표준이 됐다. 하지만 페이민트의 목표는 저렴·간편이란 실용적 목적을 넘어선다.

'결제 선생'과 '링크(LINQ)'가 대표 서비스이다. 개념을 설명해달라.

"둘 다 국내 최초로 매장 중심의 금융거래 인프라를 깔고 있는 것이다. 일반 소비자가 아니라 자영업자를 상대로 핀테크를 시작했다고 보면 된다. 신용카드사는 판매점을 그냥 가맹점이라한다. 카드결제 체계에 편입된 관리대상으로 취급할 뿐, 동반자

의식이 약하다. 우리는 가게의 금융거래 방식을 확 뜯어고치려 한다. 이런 분야를 공급사슬 금융supply chain finance이라고 한다. 결제 선생은 매장 중심의 간편결제 시스템이다.

예를 들어, 태권도 학원이 학부모에게 학원비 청구 문자 메시지만 보내면 그걸로 학원비 수납이 끝난다. 학부모들은 그동안 모바일 결제로는 신용카드 교육비 공제를 받을 수 없어 일일이 학원을 방문하거나 아이에게 카드를 손에 들려 등교시켰다. 이젠 학원에서 보낸 문자 위에서 결제를 하면서 공제도 동시에 받을 수 있다. 링크는 스마트 오더 앱이다. 손님이 식당 테이블에 붙어 있는 QR코드를 촬영하면 주인은 스마트폰으로 주문 메뉴를 확인하고 서빙한다. 계산도 필요 없다. 촬영 한 번으로 주문, 결제까지 다 끝나는 것이다. 고객 입장에서는 종업원을 테이블로 불러 주문하고, 식사가 끝난 후 계산대로 가서 값을 치르는 수고를 덜 수 있다. 주인도 인건비, 시간 절약의 두 마리 토끼를 잡을 수 있다."

정부의 포용성장 철학과 일치하는 것 같다. 매장 데이터의 수집과 체계적 분석 목적도 있다던데.

"링크의 경우 데이터 선진화 관점에서 시작했다. 매장 데이터를 카드사는 모른다. 금전등록기(POS) 회사는 분석기술이 없다. 그런데 등록기에는 재고·결제 등 가게의 모든 상거래 정보가 담겨 있다. 이걸 스쿠Store Keeping Unit, SKU 데이터라 한다. 금광이다. 파는 이와 사는 이의 모든 취향과 행동이 기록된다. 중국에 가면 가게 주인이 시간별, 품목별 판매량 분석을 스스로 한다. 그런데 우리는 전혀 없다. 매장 데이터를 정밀하게 분석해 이 정보를 필요로 하는 카드사, 은행, 리서치 회사에 팔겠다. 물론 매장에는 일정 비용을 돌려줄 생각이다."

（게임）

AI의 역사는
게임 정복의 역사다

알파고 쇼크

2019년 2월 중순 어느 날 오후 서울 성동구 마장동의 한국기원 4층. 이곳은 대한민국 바둑계 인재들의 산실이요, 국제 바둑대회를 준비하는 국가대표들의 훈련장이기도 하다. 10, 20대 앳된 바둑계 천재들이 옹기종기 모여 가운데에 바둑판을 두고 골똘히 생각에 잠기거나 방금 끝낸 대국의 복기 토론을 하느라 여념이 없었다. 그런데 훈련실 한구석에는 컴퓨터 3대가 나란히 놓여 있었다. 그 앞에 앉은 바둑 국가대표선수들은 스크린에 펼쳐진 반상盤上의 흑 돌과 백 돌, 그리고 그 옆에 보이는 컬러 그래픽과 작은 숫자를 뚫어지게 쳐다보고 있다. 흡사 e스포츠 중계방송에서 프로게이머들이 컴퓨터 화면 귀퉁이의 전황戰況 레이다를 한 눈으로 흘깃 보면서 게임의 아바타 플레이어를 마우스로 재빠르게 조작하면서 이따금 나오는 보너스 기물器物, 무기 아이템을 습득하느라 분주히 마우스를 클릭하는 모습과 비슷했다. 실례를 무릅쓰고 한 선수에게 스크린 왼쪽에 표시된 숫자와 그래픽이 무엇을 의미하는지 물었다. 그는 "좌우의 막대 그래프는 흑과 백의 유불리 형세를 보여주는 거고요. 숫자는 예컨대 51 대 49로 흑이 승세를 잡았다, 뭐 이렇게 현재의 승률을 분석해주는 겁니다. 그리고 이곳에 돌을 놓으면 다음엔 이런 수순으로 진행될 것이라는 예상 전개도도 볼 수 있죠"라고 설명했다.

입신入神(바둑 9단)의 경지에 이른 정상급 선수들의 답변을 종합해보면, 바둑 AI가 사람보다 더 강하다는 건 이제 프로 기사棋士들 사이에서 공인된 사실이다. AI의 막강한 기력을 전제로 깔고 그 바탕에서 AI의 새로운 수법을 배우려고 노력한다는 것이다. 기사마다 조금씩 다르지만, 특히 복기할 때 선배 사범들과 토론해도 가시지 않았던 궁금증이 AI의 분명한 수치 분석으로 명확하게 이해된다는 장점을 많이 내세운다. 어린 고수들을 지도하는 국가대표 코치는 자신의 경험을 바탕으로 협업協業의 중요성을 강조했다. 대표 선수들이 AI의 도움을 받으며 개별 연구하는 인간-기계 협업 방식, 그리고 과거처럼 프로 기사들이 훈련실에 한데 모여 복기하며 서로의 묘수와 악수에 대해 평가해주는 집단지능 방식이 합쳐져야 가장 좋은 성과를 낼 수 있다고 그는 증언했다.

실제로 AI와 인간이 서로 교류하면서 협력하는 현실 세계의 첫 번째 직종은 전문 바둑 선수, 프로 기사일 것이다. 바둑 선수들은 불과 몇 년 사이에 AI와 가장 친한 친구가 됐다. 2016년 바둑 AI 알파고^AlphaGo●와 이세돌 9단의 대결이 4 대 1이라는 기계의 압승으로 끝난 후, 바둑계 풍토는 3년 만에 완전히 뒤바뀌었다. 프로 기사라면 저마다 집에 바둑 AI 프로그램 한둘쯤은 다 깔고 있다. 노트북과 스마트폰에 연결해 수시로 바둑 AI와 연습 대국을 하는 선수들도 있다. 과거처럼 기원에 나와 고수高手 선배로부터 개별 지도도 받지만, 혼자서 AI를 상대로 개인 연구하는 시간이 많아졌다.

한국 바둑의 본산, 한국기원 역시 AI 프로그램 구동용 서버를 고가에 구매한 뒤 국가대표 훈련실 컴퓨터와 연동시켰다. 인간 기사끼리 머리를 맞대고 복기하는 공동 연구 전통은 남아 있지만, 바둑 AI의 형세 판단과 수읽기 등을 즉시 확인하려는 새로운 수요가 생겼기 때문이다. 달라진 곳은 한국만이 아니다. 중국, 일본, 대만 등 다른 아시아 바둑 강국은 물론이고 유럽, 중동, 아프리카 등 바둑 미개척지도 AI 사범의 유비쿼터스 Ubiquitous●● 지도하에 기력棋力을 연마하는 풍토가 정착되고 있

● 인간 프로 기사와의 대결에서 승리한 최초의 게임 AI 프로그램. 그해 3월 세계 1억 명이 넘는 사람이 지켜보는 가운데 이세돌 9단과 바둑 대결을 펼쳤고 총 5회의 대국에서 4승 압승을 거뒀다. 이 9단은 바둑 AI에게 패배한 최초의 세계 챔피언으로 기억됐다. 이후 2019년 말 은퇴를 선언하고 마지막 대국을 역시 국산 바둑 AI 한돌과의 3번기로 마감했다.

●● '(신은)어디에나 널리 존재한다'라는 뜻의 라틴어 'ubiquitarius'에서 유래한 단어로, ' 언제 어디서든 어떤 기기를 통해서도 접할 수 있다는 것을 의미한다.

다. 바둑대회 풍경도 변했다. 인간 기사 대 AI 기사 대결에서 AI 대 AI, 나아가 인간과 AI가 한 조를 이뤄 팀별로 겨루는 페어(복식) 대국이 유행하고 있다.

바둑계는 AI 보급의 최전선으로 부상했다. 변호사, 의사 등 다른 직역에서도 조금씩 AI를 테스트하고 있지만 아직은 시범 도입 수준이다. 그러나 바둑계에서 이제 프로 기사는 AI와 친구처럼 늘 붙어 다닌다. 함께 공부하고, 함께 시합하면서 서로의 지혜를 배우고 있다. 과학자들은 머지않은 미래에 거의 모든 직업군에서 AI 활용이 일반화될 것으로 예측한다. 바둑계의 첫 경험은 AI와 인간이 무슨 일을, 어떤 방식으로 해야 최고 성과가 나오는지, 인간-기계 협업의 원리를 깨치는 첫 번째 교과서가 될 것으로 보인다. AI와 3년 이상 손발을 맞춰본 프로 기사들은 이 영리한 친구를 어떻게 평가할까.

한국 프로 기사 랭킹 1, 2위를 다투는 박정환 9단은 2018년 중국에서 열린 몽백합배夢百合杯에서 우승한 직후 인터뷰에서 "AI의 바둑을 보면서 생각지 못한 수법을 많이 배운다"라며 "AI는 특히 대세관이 좋아서 초·중반에 어디가 중요한 곳인지 판단하는 능력을 많이 배울 수 있다"라고 밝혔다. 박 9단의 강력한 라이벌인 신진서 9단 역시 "AI가 바둑 연구에 도움이 많이 된다. 특히 포석에서 엄청난 도움을 받는다. 내가 포석이 약한데 AI로 공부를 하면서 많은 도움을 받아 스스로 요즘 포석이 좋아졌다고 느낀다. 복기할 때도 유용해서 훌륭한 복기 선생님이 생긴 것 같다"라고 말했다.

한국의 기사만이 아니다. 중국의 1인자 커제 9단은《중앙일보》와의 인터뷰에서 "대부분 중국 프로 기사들이 AI로 연습을 하고 있다"라며, 심지어 "AI 연구가 있어야만 자신의 장점과 바둑에 대한 이해를 더 깊게 할 수 있다"라고 단언하기까지 했다. 이제 어느 한 분야의 최고 전문가가 되려면 AI의 도움을 당연히 받아야 하며, 그 힘을 어느 부분에 어떤 식으로 활용할지 스스로 진정성 있게 탐구하고 찾아내야 한다. 자기만의 AI 활용법에 통달한 '기계 도사'만이 챔피언의 자리에 오를 것이란 전망은 바둑계의 최고봉에서 뚜렷하게 보였다.

바둑 AI, 어떻게 작동하나

바둑 AI는 제품별로 조금씩 다르지만 대부분 형세 분석, 집계산, 예상 전개도, 수手읽기를 중심으로 프로그램을 구성하고 있다. 구글 딥마인드의 최고경영자(CEO)이자 천재 프로그래머인 데미스 허사비스Demis Hassabis는 2016년 자신이 만든 바둑 AI 알파고가 이세돌 9단을 4 대 1로 이긴 후, KAIST 초청 강연에서 작동원리를 간략하게 밝힌 바 있다. 알파고는 정책망政策網, policy net과 가치망價値網, value net, 2개의 인공 신경망artificial neural network, ANN으로 구성된다. 인공 신경망은 인간의 뇌신경이 강한 자극 방향끼리 시냅스에 의해 가중 연결되는 원리를 소프트웨어 코딩에 응용한 것이다. 정책망은 상대의 수에 응수할 후보 수를 고른다. 가치망은 각 후보 수의 승리 확률을 계산한다. 바둑은 가로세로 19줄이 361개 교차점을 만든다. 어느 한 지점에 돌이 놓였을 때 나머지 지점에 놓을 수 있는 경우의 수는 우주에 존재하는 원자 수보다 많다. 무한대에 가깝다는 이야기이다.

트리tree 탐색은 나무가 큰 줄기에서 가는 줄기로 가지를 뻗듯, 상위에서 하위 결정으로 내려가며 경우의 수를 따져보는 방법이다. 정책망과 가치망을 가동해도 끝까지 모든 탐색을 할 순 없다. 여기에서 몬테카를로 방법Monte Carlo Method•이라는 통계적 샘플링 알고리즘이 동원된다. 경로와 승률을 계산할 때 전체 훈련 데이터 중 승리로 이끌었던 선택(액션)의 초기 확률과 바둑판 현 상태의 승리 확률을 절반까지만 계산한다. 보다 신속한 확률 탐색으로 검색 과정을 확 줄이는 방법이다.

프로 기사들은 오픈 바둑 AI '릴라제로'를 켜놓고 연구할 때, 반상 위의 각 착점에 대한 개별 승률을 즉시 계산해주기 때문에 좋은 수와 나쁜 수를 판단하는 데 많은 도움을 받는다고 말한다. 실제 화면에서 보면 한 수 한 수를 둬나갈 때마다 왼쪽 분할 화면에서 흑 돌과 백 돌의 승률은 계속 변한다. 그리고 정책망에서

• 난수를 이용하여 함수의 값을 확률적으로 계산하는 알고리즘

보여주는 후보 수의 행마를 차례차례 음미하면서 다음 전개의 유불리를 판단한다.

화면상 후보 수는 승률의 고저에 따라 첫 번째, 두 번째, 세 번째로 좋은 수가 다른 색으로 표시된다. 후보 수의 돌 위에 반투명한 글씨로 적혀 있는 숫자 42.8은 그 자리에 둘 경우의 승률을 보여준다. 아래 작은 글씨로 34k라고 적혀 있는 숫자는 바둑 AI의 시뮬레이션 횟수이다. 그 자리를 3만 4,000번이나 들여다봤다는 뜻이다. AI가 더 많이 찾아본 수는 그만큼 과거 대국의 데이터상 승리로 이어지는 경로였다는 의미이다. 이렇게 바둑 AI는 꼼꼼한 개인 가정교사처럼 후보 수의 승리 경로와 승률을 숫자로 명백하게 가려주기 때문에 프로 기사들은 언제 어디서나 이를 참고하며 실시간으로 공부할 수 있다.

바둑 AI의 활용에 관해 바둑기사들의 의견은 갈린다. 전통을 중시하는 쪽은 너무 어려서부터 승패 자체에 집착해 이기는 바둑 공부만 하면 대세 전략, 즉 큰 그림을 보는 능력이 저하된다며 일정 정도 실력에 도달한 뒤 AI와 공동 연구할 것을 권한다. 그러나 컴퓨터 등 IT에 익숙한 젊은 기사들은 아예 바둑을 처음 배우는 단계부터 AI를 친구처럼 옆에 두고 공부해야 한다고 주장한다. 무엇이 가장 좋은 공부법인지 결론은 아직 나지 않았다.

대한민국 바둑 AI의 현주소

알파고, 릴라제로, 줴이絶藝…. 세계 각국의 대표적인 바둑 인공지능 이름이다. 한국의 토종 바둑 AI에는 어떤 강자들이 있을까. 한국기원은 2019년 현재 '돌바람'을 공식 훈련용 AI로 활용하고 있다. 그러나 집념의 개인 개발자가 초기에 선보인 돌바람은 신종 강자 바둑이와 한돌에 서서히 자리를 내어주고 있다. 국내 및 국제 대회에서 양자가 탁월한 성적을 거두었기 때문이다. 바둑이는 KAIST 고등과학원(KIAS) 이주영 박사가 개발한 바둑 AI이다. 물리학을 전공하고 단백질 접힘protein folding 연구의 세계적 석학으로 손꼽히는 이 박사는 바둑 동호인으로서, 2016년 알파고 쇼크에 자극을 받아 바둑 AI 연구를 시작했다.

몇몇 연구자들과 꾸준히 성능 개발을 진행해온 그는 2019년 5월 중국 푸저우福州에서 열린 보소프트컵Bossoft, 博思杯 세계 AI 바둑대회서 준우승을 차지해 한국 바둑 AI의 우수성을 해외에 알렸다. 한돌은 게임회사 NHN엔터테인먼트의 바둑 AI이다. 대한민국 게임업계의 선도기업으로 2018년 현재 1조 3,000억 원에 가까운 매출을 올린 이 회사는 바둑 AI 개발에 착수한 지 3년 만인 2019년 1월 국내 프로 기사 5걸傑을 꺾는 기량을 과시했다.

머신러닝과 조합 최적화가 만난 '바둑이' 알고리즘

2019년 2월 말 서울 홍릉 인근의 고등과학원(KIAS)을 찾았다. KAIST 소속이지만 산하기관은 아닌, 이 독특한 순수이론 기초과학연구기관은 그야말로 '고등高等'한 연구에만 집중하는 매우 높은 수준의 학자 집단의 보금자리이다. 청바지를 걸친 이주영 박사는 예순이 다 돼가는 나이에도 아직 대학원생처럼 맑은 미소로 기자를 맞았다. 연구실로 따라 들어가 인터뷰를 시작했다. 그의 공부방은 잡동사니가 수북이 쌓인 창고를 방불케 했다. 이 박사는 아무렇지도 않게 구석 자리에 앉더니 자신이 만든 바둑 AI '바둑이'의 개발 과정을 털어놓기 시작했다.

단백질 접힘이라는 분자생물학의 최전선을 연구하던 이 박사가 바둑 AI 개발로 선회하게 된 계기는 2016년 3월 알파고 쇼크였다. 아마추어 바둑 고수이던 그도 큰 충격을 받았다. 이 박사가 원래 해오던 단백질 구조 연구에 머신러닝, 뉴럴네트워크 같은 AI 알고리즘을 오래전부터 써왔기 때문에 기술 자체는 익숙했다. 그런데 나중에 딥마인드의 논문이 2016년 1월에 이미 발표됐다는 사실을 알게 됐다. 그걸 50회 이상 읽고 이해하려고 애쓰던 중, AI 대중강연을 해달라는 고등과학원 측 요청을 받았다. 최대한 이해하기 쉽게 설명했다. 논문에는 알파고가 어떻게 만들어졌는지, 얼마나 센지 알 수 있는 자료들이 상세하게 나온다. 내용이 99퍼센트 이상 다 공개됐기 때문에 컴퓨터 프로그램에 능하고 관심 있는 누구나 재현해볼 수 있다.

여기까지는 바둑을 아는 이 박사에게 자연스러운 일의 흐름이다. 그런데 그가 본업인 단백질 접힘 연구를 중단하고 바둑 AI로 전환하게 된 건 알파고 제로 때문이었다. 2017년 10월 알파고 제로 논문도 네이처에 실렸다. 우연히 인터넷에서 이를 발견한 그는 두 번째 충격을 받았다. 논문 맨 마지막에 왜 알파고 제로를 만들었는지 이유가 적혀 있었는데, 알파고를 만든 방법이 다른 분야에도 쓰일 수 있다면서 단백질 접힘protein folding과 물질 설계material design를 예로 들었다. 그가 30년 동안 해온 핵심연구가 그 두 가지였다. 전공 분야에서 세계 정상급의 실력을 인정받던 이 박사는 드디어 딥마인드가 했던 작업을 제대로 알아봐야겠다고 마음먹었다. 과학기술정보통신부 연구비를 받아 바둑 AI 개발에 나섰다.

이 박사는 알파고 첫 논문과 두 번째 논문의 하이브리드 방식으로 바둑 AI를 처음 만들어 한게임에 들어가 훈련을 했다. 모니터를 2개 펼쳐놓고 한쪽은 바둑이가 두고 한쪽은 한게임 속 상대방이 두게 했다. 5단으로 시작해 금방 9단으로 올라가는 걸 보고 정말 세다고 느꼈다. 2017년 1월 한국기원의 프로 기사를 처음 모셔다가 대국을 해보았다. 3 대 1로 졌지만 한 판 이겼다는 게 대단하다고 스스로 생각했다. 2월부터는 GPU(그래픽처리유닛)를 몇 개 사서 알파고 제로 형식으로 훈련했다. 하루 1,000대국씩 자가自家 대국을 시켰다. 알파고 제로는 사흘 만에 500만 대국을 훈련해서 엘로 레이팅Elo Rating• 4,800 수준까지 간 다음, 더 큰 스케일로 3,000만 대국을 추가해서 완성했다. 이만한 규모의 훈련을 시키려면 돈이 엄청나게 든다. 구글은 알파고 훈련용 GPU 머신만 수천 개 운영할 정도로 예산이 풍부하다.

이 박사는 '바둑이' 알고리즘만의 차별성을 세 가지로 요약했다. 첫째, 알파고 논문에 공개한 95퍼센트를 제외한 5퍼센트는 스스로 상상해서 채웠기 때문에 한국 과학자의 감각이 들어갔다. 둘째, 바둑이의 계가計家(집 세기) 우수성이다. 자가 대국이 끝난 바둑을 AI가 누가 이겼다, 졌다 승패를 판정해야 하는데 불계승 외에 계가는 수학적으로 풀리지 않는다. 사석死石 지정도 쉽지 않다. 바둑이 계가 시스템은 완벽하진 않지만 정확도가 상당히 향상된 것이다. 셋째, 조합 최적화combinatorial optimization 방식이다. 가장 쉬운 예는 '순회 외판원 문제traveling salesman problem'이다. 신문 배달 소년이 여러 집을 최단 시간, 최단 경로로 돌기 위해 하는 고민으로 비유된다. 이주영 연구팀은 전 세계에서 조합 최적화 연구에서 최강이라고 자부했다. 단백질 구조 예측도 조합 최적화 문제로 바꿔 풀었을 정도이다. 최적화에 강한 연구실이니까 기보를 사용해 목적함수objective fuction를 최적화하는 바둑 엔진을 만드는 일도 잘할 수 있다고 판단했다. 그래

• 미국의 물리학자 아르파드 엘로Arpad Elo 박사가 체스에서 플레이어들의 실력을 나타내기 위해 만든 지표. 현재는 체스 이외에서도 응용되고 있다.

서 머신러닝과 조합 최적화를 함께 쓰는 점이 바둑이의 가장 큰 특징이다. 허사비스 논문에는 조합 최적화가 없다.

토종 바둑 AI의 강자 '한돌', 자체 기술로 국내 5걸 꺾어

토종 바둑 AI의 새로운 강자 '한돌'을 만든 NHN엔터테인먼트. 2019년 3월 경기도 판교의 본사에서 만난 게임 AI 팀장 역시 2016년 구글 딥마인드의 비디오 게임 영상과 논문, 이세돌 대국을 접하고 개발에 착수했다. 2017년 한돌 1.0은 20년가량 쌓인 한게임 바둑 데이터 같은 사람 기보棋譜를 학습에 사용했지만, 2019년 한돌 2.0은 인간 고수의 자료 없이 자가 학습방식을 채택한 업그레이드 버전이다. 이 과정을 총지휘한 기술연구센터장은 앞으로 접바둑, 9줄 바둑이나 승률 높은 다음 수의 추천, 기보 분석과 이세돌풍風 한돌 등 후속 서비스도 지식재산권 등 제반 여건이 해결되는 대로 시도해볼 예정이라고 밝혔다. 하지만 게임 외 다른 분야로의 응용과 세계 바둑 AI 대회 출전은 좀 더 시간을 두고 생각해보겠다고 말끝을 흐렸다.

한돌은 현재 카카오브레인의 '오지고'와 함께 대기업이 출시한 대표적인 바둑 AI 브랜드이다. 가장 먼저 도전한 '돌바람'은 개인, 국책 과제로 선정된 '바둑이'는 연구소 연구팀이 주도적으로 만든 바둑 AI이다. 해외에서도 벨기에의 릴라제로처럼 개인 개발품이 있지만, 주로 AI 분야로 확장성을 지닌 정보기술(IT)

계통 대기업에서 만든 프로그램이 많다. 텐센트나 페이스북이 그 예이다. 중국 쒜이는 정부의 지원까지 받고 있다.

알파고 등장 후 한·중·일 바둑 강국뿐 아니라 전 세계에서 경쟁적으로 바둑 AI를 내놓으며 선두 다툼을 벌인다. 일본은 28년 된 바둑대회 용성전에 AI 대국 부문을 수년째 운영 중이고, 중국도 텐센트와 중신中信은행 등 기업이 앞장서 바둑 AI 국제대회를 창설하고 상금 액수도 키우고 있다. 대국 방식 역시 AI끼리 맞붙거나, 사람-AI 복식(페어) 등 다양화되고 있다. 이는 바둑 AI가 단순한 오락게임에 그치지 않고 여기서 얻은 노하우를 바탕으로 다른 전략적 판단 영역으로 확장할 수 있는 잠재력이 풍부하기 때문이다. 실제 선두주자 알파고는 일찌감치 바둑계를 은퇴하고 〈스타크래프트〉 같은 전략게임이나 단백질 구조 예측 등 의료과학 분야로 발을 넓히고 있다.

틱택토에서 〈스타크래프트〉까지

AI의 역사는 게임의 역사와 함께했다고 말해도 과언이 아니다. 초기 AI 개발자들이 체스 같은 고전적 보드게임board game을 지능 테스트의 도구로 활용했기 때문이다. '생각하는 기계' 개념을 제시하면서 튜링 테스트를 고안한 과학자 앨런 튜링은 체스의 애호가였고, 러시아의 수학자 알렉산더 크론로드도 "체스는

AI의 초파리"란 표현을 남겼다. 유전학자가 가장 손쉬운 실험대상인 초파리를 연구의 기초재료로 삼듯, 게임은 AI의 성능을 테스트할 수 있는 가장 간단한 실험대상이란 뜻이다. 따라서 게임 AI는 과거부터 미래까지 AI가 얼마나 발달했나를 가늠하는 대표적 척도로 계속 이용될 것으로 전망된다. 게임을 이기려면 데이터 속에서 반복되는 패턴pattern과 조합combination을 탐색search하고, 앞선 실행action의 경험experience으로부터 학습learning하고, 전체 승률을 높이는 전략strategy을 수립하고, 예상치 못한 변수 variables에 즉각 수정된 대응fixed response으로 맞서는 일련의 조직화된 운영 능력이 요구된다. 인간이 게임에서 발휘하는 이 같은 능력은 컴퓨터가 모방해서 재현할 수 있는 1차적 모사 대상이며, 지도학습의 원재료 데이터가 된다.

알파 시리즈로 전 세계에 AI의 놀라운 능력을 대중적으로 깊이 각인시킨 구글 딥마인드의 창업자 데미스 허사비스도 어렸을 때 체스 신동으로 불린 게임의 귀재이다. 그는 일본 아타리사社의 아케이드 게임을 대상으로 AI의 학습능력을 테스트하기 시작했고, 이후 체스-장기-바둑-〈스타크래프트〉 등 점점 더 복잡한 게임으로 그 영역을 넓혀나갔다. 이 기록은 인공지능의 역사가 곧 게임 정복의 역사임을 보여준다.

인간은 왜 게임을 할까. 게임에서 재미를 느끼는 이유는 무엇일까. 게임을 인생의 축소판으로 볼 수 있기 때문인 것은 아닐까. 게임에는 실제 삶의 여러 가지 요소가 포함돼 있다. 몇 수 앞을 내다보는 논리적 예측력, 적을 속이는 기만술, 작은 국면에 집착하지 않고 판 전체를 보는 전략적 사고. 모든 게임은 인생의 시뮬레이션이다. 게임은 '작은 인생'이다. 원래대로라면 단 한 번밖에 살지 못할 인생을 게임은 수십, 수백 번 되풀이하며 살게 해준다. 우리는 여기서 이겼다가 지고, 웃다가 울며 실제 인생을 대리 체험한다.

우리는 게임을 잘하는 사람을 보고 "머리가 좋다"라고 말한다. 이 표현은 단순한 암기력이나 분석 능력 같은 논리적 지능 뿐 아니라, 감정과 대인 관계 등 모든 것을 종합한 총체적 능력을 지칭하는 것이다. 뛰어난 사업가 중 도박을 즐기는 사람의 비율이 제법 높다. 스파이 영화에서 주인공이 악당과 포커 게임 대결을 벌이는 장면은 단골 에피소드이다. 게임을 잘하는 사람이 다른 일도 잘할 것, 인생에서도 승자가 될 확률이 높을 것이라는 게 일반적인 생각이다. 정말 그런지 증거는 없지만 우리가 그렇게 믿고 있다는 사실이 중요하다. 부자 아빠가 자식에게 〈모노폴리〉 같은 재산증식 게임을 시키고, 선생님은 〈심시티〉 등 시뮬레이션 게임으로 학생에게 재미와 의미(지식)를 동시에 전달할 수 없을까 고민한다. 모든 것의 게임화, 게이미피케이션 Gamifacation 개념이다. 인생은 게임이다. 적어도 게임론자에게는.

AI가 인생의 축소판인 게임을 사람만큼, 아니 사람보다 더 잘해낼 수 있다면 실제 인생의 다른 영역에서도 인간을 넘어설 수 있지 않을까 하는 게 AI 개발자들의 바람이다. 게임으로 돈을 벌려는 상업용 게임 AI 연구자를 제외하고, 과학자와 엔지니어들이 게임 AI에 집중하는 이유는 이것이 범용 AI 개발로 가는 첫 길목이라고 여기기 때문이다. 게임에서 쌓은 AI 기술의 노하우와 경험을 실제 인간사회의 정치·경제·사회·문화의 문제 해결에 투입해 성과를 내는 게 최종 목표이다.

딥마인드의 알파 시리즈가 여러 게임을 차례로 정복한 후, 지난해 말 생명공학 분야의 난제로 꼽히는 '단백질 접힘'의 3차원 구조 분석 학술대회에 참석해 2위 인간 과학자팀을 큰 점수차로 이긴 사건은 매우 상징적인 이정표이다. 게임 AI를 보고 일반인들이 열광했다면, 과학 AI인 '알파폴드'의 등장에는 과학자들마저 깜짝 놀랐다. IBM의 왓슨도 체스 챔피언을 이기는 이벤트에서 출발해 이제 경제경영, 의료, 법률 등 실생활 분야로 성큼성큼 진출하는 중이다. 다른 모든 AI 회사도 마찬가지이다. 게임으로 AI를 훈련시키고 특정 분야의 문제 해결에 강한 약인공지능弱-, Artificial narrow intelligence을 완성한 다음, 최종 목표인 범용 강인공지능强-을 향해 달려가는 여정을 밟고 있다.

게임 AI의 효시를 놓고 다투는 몇 가지 설이 있지만 가장 신빙성 있는 것은 영국의 컴퓨터 과학자 크리스토퍼 스트래치Christopher Strachey가 1951년 맨체스터대에서 교수로 일할 때 영국식 초기 컴퓨터 페란티 마크 1을 이용해 체커checkers• 프로

• 12개 말을 쓰는 서양의 소형 장기

그램을 만들었다는 기록이다. 이 대학에서 함께 일한 독일계 교수 디트리히 프린츠Dietrich Prinz는 같은 해에 제한된 체스 프로그램을 처음 만들었다.

비록 체스의 종반 끝내기의 정석 하나를 해결한 데 불과하지만, 그는 개발 과정을 1953년 『수읽기보다 빠른Faster than Thought』이라는 인상적 제목의 책으로 펴냈다. 특히 스트래치의 체커와 영국 케임브리지대 알렉산더 더글라스Alexander Douglas 교수의 'OXO'라는 틱택토Tic-Tac-Toe● 프로그램은 모니터가 달린 최초의 비디오 게임이라 할 수 있다. 이후 체커와 체스 프로그램은 성능 향상을 거듭해 1960년대 벌써 상당한 고수의 아마추어에게 도전할 만한 기술적 발전을 이룩했다. 스스로 행마를 하면서 인간 플레이어와 맞대결한다는 점에서 초기의 게임 AI라고 할 만하다.

게임 AI, 인간을 이기다

게임 AI는 1950년대 체커와 틱택토를 원시적인 조상으로 한다. 지금도 구글의 AI 라이브러리 텐서플로에서 파이썬이나 C

● 오목과 유사한 형태의 보드게임. 가로세로 3칸씩으로 정사각형 판에서 3칸이 이어지면 승리한다.

언어 등 프로그래밍 언어로 틱택토 게임 AI 짜기를 훈련하는 예제들이 동영상으로 다수 나돌 정도이다. 기초 중의 기초라고나 할까. 게임 AI는 모태인 AI 연구와 관련 기술의 부침에 따라 주목과 무관심 사이를 파도타기 했다. 데미스 허사비스의 딥마인드가 2013년 아타리 2600의 49가지 고전 게임을 홀로 깨쳐가는 심층 강화학습 알고리즘(DQN)을 논문으로 발표할 때까지 진정한 게임 AI는 전무하다시피 했다고 해도 과언이 아니다. 단, 하나 예외가 있다. 딥러닝과 완전히 다른 방식이지만 체스 인간 챔피언을 이긴 IBM의 딥블루가 그것이다.

이세돌은 2016년 3월 구글 딥마인드의 바둑 AI 알파고에 패했다. 그런데 19년 전인 1997년 IBM의 AI에 패배한 한 러시아 사내가 있다. 그의 이름은 가리 카스파로프Garry Kasparov. 무려 10년 동안 세계 1위 자리를 놓치지 않았던 막강 체스 세계 챔피언이었다. 한국 사회에서 알파고 쇼크가 일반인에게 AI에 대한 큰 관심을 불러일으켰다면, IBM AI가 체스의 전설적 챔피언을 이긴 당시 사건은 서구 사회에서 그 못지않은 충격과 놀라움을 안겼다. 체스는 우리 바둑만큼 서양인들에게 익숙한 게임이었고, 지성인의 오락으로 여겨졌다. 그랜드마스터Grandmaster로 지칭되는 체스 챔피언은 존경과 숭배의 대상으로 열성팬 층을 몰고 다녔다. 체스 시합의 상금과 관련 시장 규모는 바둑계의 그것을 훨씬 능가한다.

기록을 보면 알 수 있지만 카스파로프는 공격적 스타일의 게임 운용과 비즈니스 감각, 약간의 야비함까지 갖춘 능수능란한 체스계의 거물이었다. 보비 피셔 등 다른 전설적인 챔피언보다 대중과 왕성하게 교류하며 정력적으로 일한 가장 대중적인 챔피언이기도 했다. 그를 꺾은 AI는 IBM의 체스 프로그램 '딥블루Deep Blue'이다. 딥블루는 1985년 미국 카네기멜론대가 개발한 '딥소트Deep Thought'를 바탕으로 개발됐다. 딥소트는 1989년 체스 세계 챔피언인 가리 카스파로프에게 단판 승부로 도전장을 던졌지만 패했다.

이후 IBM은 딥소트 개발팀을 영입해 컴퓨터 알고리즘을 향상한 딥블루를 개발해 재도전했다. 딥블루는 1996년 첫 도전에서 카스파로프에게 2승 4패로 무릎을 꿇었지만, 이듬해 1997년 대결에서는 3승 3무로 승리했다. 카스파로프는 20년 이상 침묵하다가 2018년 비로소 그 당시 세기의 대결을 회고하는 책을 펴냈다. 패배 후 처음으로 입을 연 것이다. 약간의 과장과 자기 합리화, 잡담이 섞여 있지만 그의 증언은 흥미진진하다. 카스파로프는 단순한 체스 기사가 아니고, 과학기술과 경영 전략에 관해서도 일가견이 있던 인물이다. 세기의 대결 이전에 IBM과 진행해왔던 컴퓨터-인간 경쟁의 역사, AI의 장점과 단점, 향후 전망 등에 관한 의견은 경청할 가치가 충분하다.

몇 가지 인상적인 대목만 추려보자면 우선 카스파로프의 첫 번째 교훈이다. 체스는 오프닝, 미들 게임, 엔드 게임으로 3등분할 수 있는데 체스 AI의 등장 후 오프닝이 매우 달라졌다고 한다. 수백 년간 축적된 체스 명인들의 전형적인 오프닝(시실리언 드래곤, 퀸스 인디언 디펜스 등)에서 찾아볼 수 없었던 AI만의 독창적인 오프닝이 나왔다고 그는 증언했다. 이는 AI가 인간의 경험에 기반한 선입관이나 편견에 얽매이지 않고 백지^{zero} 상태에서 가능한 모든 경우의 수를 무작위 탐색하는 알고리즘에 기대고 있기 때문인 것으로 보인다.

흥미롭게도 바둑 AI 취재 과정에서 9단, 즉 입신의 경지에 이른 프로 기사들은 대국의 초반, 중반, 종반 중에서 초반전 운용이 많이 달라졌다고 증언했다. 예를 들자면 날일 자 걸침보다 3.3 행마가 AI 등장 후 새로 유행하게 됐다는 것이다. 수천 년 쌓인 인간의 바둑 기보를 바탕으로 확립된 정석定石에서 벗어난다는 이유로 금기시했던 행마를 후배 기사들이 자유롭게 두게 됐다는 이야기이다. 오청원, 조치훈 등 전설적인 바둑 명인들의 기보뿐 아니라, 이제 젊은 프로 기사들은 AI의 명대국 기보를 구해다가 연구하고 있다. 인간의 경험과 AI의 계산이 합쳐지면 앞으로 어떤 미답의 새 경지가 펼쳐질지 기대된다.

카스파로프의 두 번째 교훈이다. AI와 인간이 한 조가 돼 힘을 합칠 때 가장 좋은 성과가 나왔다고 한다. 그는 1997년 딥블루에 패배한 뒤, 적극적으로 체스계에 컴퓨터를 도입해 인간과 AI가 한 조를 이뤄 대결하는 국제 체스 대회를 창립했다. 여기서 강强인간+약弱AI 조보다 약弱인간+강强AI 조가 승률이 높았다고 비운의 챔피언은 회고했다. 즉, 인간 경험과 AI 예측을 적절히 조합하는 효율에 따라 성과가 달라진다는 말이다.

한국의 바둑 국가대표들을 지도하는 사범인 한국기원 박정상 9단도 "바둑 AI로 개별 연구를 한 뒤, 옛 방식처럼 기원에 모여 머리를 맞대고 프로 기사끼리 묘수와 패착에 대해 의논하는 집단지능 방식을 혼합해야 최고의 결과가 나온다"라고 말했다. 앞으로 인간과 AI가 함께 일하는 '인간-기계 협업human-machine collaboration' 방식을 의사, 변호사 등 다른 직역에 도입할 때 귀 기울여 들어볼 만한 내용이다. 또, 앞으로 특정 분야에서는 약자라도 고품질 AI의 도움을 받으면 자신보다 훨씬 강한 상급자를 이길 수 있다는 시사점도 준다.

앞서 2019년 한국에서 열린 AI 변호사와 인간 변호사의 노동계약서 분석 시합에서 물리학 전공의 비非법학도 대학생이 3위에 올라 관중을 놀라게 한 일화를 소개했다. 아마추어가 프로를 이길 수 있다면 관건은 '누가 우수한 AI를 보유하느냐'의 경쟁으로 좁혀진다는 이야기이다. AI를 가진 자와 못 가진 자, 나아가 더 좋은 AI를 가진 자로 나뉘는 계급사회가 연상된다. 카를 마르크스가 약 170년 전 자본을 가진 자와 못 가진 자, 유산자有産者, bourgeois와 무산자無産者, proletariat로 계급을 나눠 자신의 공산주의 이론을 전개했듯, 21세기에는 AI야말로 새로운 자본의 위치를 차지하게 될지도 모르겠다.

〈스타크래프트〉에 도전 중인 게임 AI, 포커도 정복?

구글 딥마인드는 2016년 알파고 판후이부터 알파고 리, 알파고 마스터, 알파고 제로에 이르기까지 바둑 AI의 모든 단계를 섭렵한 후 전 세계에서 사랑받은 유명 게임인 〈스타크래프트〉 정복에 나설 것이란 소문이 2017년부터 돌았다. 사실 게임회사 블리자드의 〈스타크래프트: 브루드워〉를 대상으로 한 게임 AI 대회는 이미 2000년대부터 여러 곳에서 개최돼 우리나라 삼성 SDS팀이 참가해 우승한 적도 있다. 그러나 이는 어디까지나 스타크래프트의 게임 운영체제를 상대로 한 게임 AI 선수끼리의 경쟁일 뿐이다. 인간 아마추어 고수 또는 프로 게이머를 상대로 이기는 게임 AI의 본격 등장은 구글의 연구를 또 기다려야 했다.

〈스타크래프트〉는 3개의 종족이 전쟁을 벌이는 실시간 전략 게임(RTS)이다. 바둑 AI 알파고가 도전했던 바둑과는 게임의 성격이 매우 다르다. 딥마인드가 직접 밝힌 난점은 다섯 가지이다. 첫째, 모든 정보가 공개된 바둑과 달리 〈스타크래프트〉는 전장의 정보를 스스로 정찰해 알아내야 한다. 불완전 게임이다. 둘째, 가위바위보처럼 최고의 전략이 하나도 없는 게임 이론에 속한다. 따라서 AI를 교육하려면 전략적 지식 영역을 지속적으로 탐구하고 확장해야 한다. 셋째, 상대와 한 번씩 차례로 돌아가며 수를 놓는 바둑과 달리 양쪽 플레이어는 실시간으로 모든 조작을 한다. 넷째, 게임이 길게 진행되면 초기에 세운 전략이 변화된 전황에 따라 소용없게 돼 새로운 전략으로 계속 수정해야 한다. 마지막으로 수백 개의 다른 유닛과 건물을 실시간으로 한 번에 제어하거나 조합해야 한다. AI는 모든 시간 단계time step마다 10~26가지 행동을 해야 할 정도로 작업공간이 방대하다.

2019년 1월 25일 새벽 3시에 딥마인드는 '알파스타AlphaStar'라는 이름으로 데모 버전의 시연을 했다. 알파스타는 프로 선수의 플레이를 본따 만든 1세대 알파스타들을 서로 경쟁시킨 다음 딥러닝을 통해 성장시켰다고 구글 측은 설명했다. 지도학습과 강화학습 방식을 합친 기계학습이다. 알파고를 처음 만든 것과 유사한 방법이다. 강화학습은 1세대 알파스타마다 구글 AI 칩 'TPU' 열여섯 개의 붙여 14일간 AI끼리 리그를 진행하는 방식으로 했다.

각 AI 에이전트는 인간이 200년간 〈스타크래프트〉만 하는 정도로 많은 양의 경기를 치렀다. 구글은 딥러닝을 반복한 후 최종적으로 승률이 우수한 다섯 개의 알파스타 알고리즘을 추려 프로 선수와 경기를 시켰다. 세 개의 종족 중 프로토스만을 플레이했다. 알파스타는 중상위권 실력을 갖춘 것으로 평가받는 두 명의 유럽 프로게이머 TLO(다리오 빈시), 마나(그레고리 코민츠)와 열한 번 맞붙어 열 번을 이겼다.

구글의 목표는 스타크래프트 세계 챔피언이 되는 것은 아니다. 바둑과는 또 다른 복잡한 가상 게임에서 인간보다 더 나은 판단을 하는 AI 모델을 얻는다면 실제 생활 속 어려운 문제에도 적용할 수 있을 것으로 기대하기 때문이다. 바둑 AI 알파고에서 출발한 알파고 제로가 다른 분양의 알파폴드에 응용돼 우수한 성과를 낸 것과 마찬가지이다. 딥마인드는 "매우 긴 데이터 시퀀스에 대한 복잡한 예측을 하는 근본적 문제는 날씨 예측, 기후 모델링, 언어 이해 등과 같은 실제 세계에 나타난다"라며 "우리는 알파스타 프로젝트에서 얻은 기술이 이러한 분야에 활용돼 상당한 발전을 이룰 가능성에 매우 흥분하고 있다"라고 밝혔다.

AI, 욕망의 틈바구니를 찌르다

서울 여의도를 흔히 인간의 3대 욕망이 동시에 용솟음치는 기가 센 터라고 일컫는다. 권력욕, 물욕, 성욕이 서로 뒤섞여 물결치는 강 위의 모래섬으로 그곳 주민들도 자조적으로 부른다. 누가 지은 말인지 모르지만 모든 욕망의 귀결점이 신기루, 일장춘몽, 사상누각이라는 선현의 말씀을 생각하면 그럴듯한 작명이다. 그중에서도 화투와 포커 같은 도박성 게임은 돈이 오가는 인간 물욕의 적나라한 경연장이라는 태생적 성격으로 인해 더 높은 승률을 안정적으로 확보하려는 전문가들의 연구가 게임의 탄생기부터 현재까지 끊임없이 이어지고 있다.

도박에 중독된 유한 귀족부터 전문 도박사, 수학자들까지도 절대 질 수 없는 나름의 무적 이론을 고안하거나, 높은 IQ를 활용해 도박장의 딜러와 대결하는 기법을 연마한 기록들이 수두룩하다. 굳이 〈타짜〉나 〈라운더스〉, 〈도신〉 같은 도박 소재의 영화를 떠올리지 않더라도 기상천외한 속임수를 포함해 이기기 위해 상상 가능한 모든 아이디어와 능력을 총동원하는 집념이 감탄을 자아낼 정도이다. 가끔은 돈이 목적이 아니라 게임에서 승리하려는 승부욕 자체가 도박의 목적이 아닐까 헷갈릴 때도 있다.

포커에 AI를 처음 도입한 기록은 미국의 직업 도박사 마이크 카로가 1984년 세계 포커 대회World Series of Poker에 본인이 직접 작성한 컴퓨터 프로그램 '오랙Orac'을 시연하면서 세웠다. 최초의 진지한 AI 포커 선수 만들기 시도였으며, 당시 프로 포커 선수들은 의외로 잘 작동하는 성능에 깜짝 놀랐다고 한다. 지금도 포커 프로그램을 짜거나 프로 도박사로 입문하려는 초심자들이 오랙을 공부할 정도로 '세계 최초의 포커 AIThe World's First Poker Bot'로 공인받고 있다. 이후 40년 이상 포커는 AI 연구자들의 지속적인 도전 대상이 돼왔다.

왜 포커일까. 다른 게임에 비해 우리가 실제 살아가는 현실 세계와 매우 흡사하기 때문이다. 첫째, 포커는 불완전 정보를 다룬다. 바둑처럼 모든 정보를 다 알 수 있는 경우란 현실에는 없다. 경제학 원론에서는 시장 참여자가 모든 거래 정보를 다 알고 있다는 완전시장을 출발점으로 하지만, 실제 '레몬 마켓(정보의 비대칭 시장)'처럼 비정형, 불완전 정보가 자연의 모습이다.

둘째, 바둑과 맞먹을 만큼 방대한 데이터를 처리해야 한다는 점이다. 지금은 페이스북의 AI 디자이너로 일하고 있는 놈 브라운Noam Brown 박사는 인간 챔피언을 이긴 포커 AI의 설계자로 유명한 인물이다. 그는 카네기멜론대 박사과정 재학 시절 스타팅 스택starting stack 2만 칩의 노리밋no-limit• 텍사스 홀덤Texas Hold'm 게임에는 10의 163승에 달하는 천문학적인 숫자의 상황이 존재하며, 이는 현존하는 최고의 컴퓨터도 계산할 수 없는 양이라고 결론지었다.

'텍사스 홀덤'은 참가자들이 2장의 카드를 각각 먼저 받은 뒤 3장, 1장, 1장의 순서로 공용共用 카드 5장을 차례로 테이블 가운데에 뒤집어 놓고 자신의 패와 합쳐 높은 끗수의 카드 조합을 만들어 승부를 겨룬다. 4인이 게임을 하면 경우의 수가 32조兆 개가 생길 정도로 복잡하다. 바둑도 가로세로 19줄이 만나는 361개 교차점에서 10의 170승 개의 경우의 수가 존재한다. 우주에 존재하는 원자 수의 총합보다 많다.

셋째, 무엇보다도 상대방의 속임수(블러핑)를 간파하고 이를 역이용하는 고도의 머리싸움이 필요하다. 돈을 태우는 베팅에서 패를 더 받거나 뒤집어 공개하는 카드 운용 타이밍 선택까지 하나하나가 최종 승리로 연결된다.

• 레이즈는 한 베팅에 최대 3번까지 가능한 것이 일반적이지만, 이 한도를 없애고 무제한으로 걸 수 있게끔 하는 베팅 방식이다.

타임머신을 타고 현재로 돌아와 결론부터 먼저 이야기하면 AI 포커 선수가 인간 포커 선수를 이미 이겼다. 카네기멜론대 연구진이 개발한 AI '리브라투스Libratus'는 2017년 1월 세계 정상급 포커 선수 4명과 일대일로 대결해 전승했다. 리브라투스는 슈퍼컴퓨터를 활용해 시시각각 모든 경우의 수를 계산하는 방식을 썼다. 고정된 전략을 쓰는 대신 매 순간 변하는 상황에 통할 전략을 스스로 고안해내는 알고리즘이다. 상대 선수들은 시합이 끝난 후 "어제 통하던 수법이 다음 날은 통하지 않았다"라고 털어놓았다. 그리고 블러핑도 구사했다. 자신의 액션을 무작위로 만들어 인간 선수가 언제 리브라투스가 블러핑을 하는지 눈치채지 못하도록 만들었다고 한다. AI가 속임수와 눈치 싸움이 크게 작용하는 포커 게임에서도 인간을 꺾은 것이다.

개발자 브라운 박사는 페이스북으로 직장을 옮겨 2019년 7월 한 단계 더 발달한 포커 AI '플루리버스Pluribus'로 12명의 인간 포커 챔피언들을 12일 동안 진행된 6인 포커 게임에서 모두 물리쳤다. 이 중에는 포커 월드 시리즈에서 6번 연속 우승을 차지하거나 포커 월드투어 최다 기록을 보유한 최고 수준급 선수들도 있었다. 연구진은 플루리버스 1개와 프로 도박사 5명, 플루리버스 5개와 프로 도박사 1명 등 각각 두 가지 형태로 1만 핸드hand(카드 횟수를 세는 용어)의 포커 게임을 진행했다.

그 결과 플루리버스는 1달러를 베팅해 1핸드당 평균 5달러, 시간당 1,000달러를 벌어들이며 프로 도박사들을 압도했다. 2년 동안 발전한 포커 AI 플루리버스가 이전 포커 AI 리브라투스나 캐나다 앨버타대의 딥스택과 다른 점은 여러 명이 동시에 진행하는 게임 속에서 종합적인 판단능력을 발휘했다는 것이다.

페이스북과 카네기멜론대 공동 연구팀은 플루리버스가 여러 명을 동시에 상대할 수 있도록 몇 가지 훈련을 시켰다. 상대가 경기 끝까지 어떻게 플레이하는지 장기 예측을 하려고 하기보다는 2~3라운드까지만 예측해 플루리버스가 변화하는 상황에 즉각 대처하도록 했다. 이런 훈련을 거친 플루리버스는 흔히 '뻥카'로 불리는 블러핑도 자유자재로 사용할 수 있었다. 블러핑은 인간만 할 수 있는 고유의 행동으로 여기지만 AI는 이를 거짓말을 하거나 숨기는 행위가 아닌, 수학적으로 계산된 최신의 전략으로 채택할 뿐이라고 연구팀은 설명했다. 적은 투자로 많은 이익을 거둔 과거 사례를 다수 학습한 결과이다.

플루리버스를 개발한 기술은 포커 게임뿐 아니라 다른 상황에도 적용될 수 있을 것으로 기대된다. 여러 명을 상대하면서 숨겨진 정보를 파악하고 수많은 윈윈 전략을 고안해내는 기술은 사이버보안, 사기 방지, 금융 협상 등에도 응용 가능할 것이다. 게다가 플루리버스는 작동에 돈이 많이 들지도 않는다. 카네기멜론대 연구자들에 따르면, 이 AI를 작동시키는 데 150달러(약 18만 원)짜리 클라우드 컴퓨터면 충분하다. 플루리버스의 설계 과정은 사이언스 논문으로 발표됐다. 개발자 놈 브라운 박사는 2019년 마빈 민스키 메달 수상자이자, MIT 테크리뷰지 선정

'35세 이하 혁신가 35인'으로 뽑혔다.

바둑, 체스, 〈스타크래프트2〉, 일대일 포커의 공통점은 2명의 플레이어가 제로섬zero sum 게임을 한다는 점이다. 여기서는 AI가 내시 균형Nash equilibrium 전략을 쓰면 대개 통한다는 게 게임이론 전문가들의 분석이다. 그러나 다중 플레이는 다르다. 훨씬 더 복합한 조합 관계가 등장한다. 브라운 박사는 대회가 끝난 뒤 영국 공영방송 BBC와의 인터뷰에서 "포커는 더 근본적인 문제를 해결하기 위한 하나의 벤치마크"라며 "감춰진 정보에 대처하는 AI를 발전시키는 것이 최종 목표"라고 말했다.

그의 결론은 이렇다. 현실에 활용하고 인간이나 다른 AI와도 상호작용을 하는 AI를 만들려면, 다른 구성원들이 세계를 보는 방식이나 그들이 다른 정보를 가질 수 있다는 것을 이해해야 한다. 따라서 포커는 이를 위한 대단히 훌륭한 모의 실험장치라는 것이다. 플루리버스를 공동개발한 카네기멜론대 토머스 샌드홀름Tuomas Sandholm 교수도 "우리는 멀티플레이 포커에서 초인간적superhuman 퍼포먼스를 보여주는 데 성공했다"라며, "이는 AI 연구와 게임이론에서 중요한 이정표를 세운 것"이라고 감격했다.

마지막 게임: AI는 게임에서 협력할 수 있을까

딥마인드는 미국 매사추세츠공과대학(MIT)과 공동으로 협

AI 시대, 내 일의 내일

160

동형 보드게임 〈하나비花火〉에 도전하겠다고 밝힌 후 아직 해결하지 못했음을 고백하는 논문을 2019년 2월에 발표했다. 여러모로 주목되는 일이다. 첫째, 구글이 새 프로젝트를 시작하면서 먼저 파트너를 공개적으로 구하고 협업을 시도하는 건 이번이 처음이다. 둘째, AI와 인간의 협력 성능을 최대로 높이려는 목표가 엿보인다. 그동안 내놓은 AI을 본격적으로 대중에게 팔기 위해 인간 친화성을 연구하는 게 아니냐는 해석을 낳고 있다. AI의 보편적 보급에는 '인간과의 커뮤니케이션' 능력이 필수이니까. 만약 인간의 음성정보 맥락을 제대로 파악할 수 있다면 로봇에 AI를 심어 판매하는 상품으로 제작할 수 있을 것이다. 셋째, 아직 미해결의 관문을 넘어야 함을 스스로 공개한 점이다. 실력부족을 자백하고 나선 용기는 단순한 겸손이 아니라, 오픈소스로 집단지성을 유도하는 절묘한 대중 파고들기의 전략 아닌가하는 해석도 가능하다. 즉, AI의 휴먼 컬래버collabo 능력 향상이 궁극적 목표이므로 아예 대놓고 재야의 숨은 고수들로부터 도움을 받아 완성하겠다, 다수의 인간과 어떤 협력이라도 할 수 있는 AI를 다중의 협력으로 만들겠다는 의도가 엿보인다.

결론적으로 〈하나비〉에 도전한 AI의 성적은 빵점이다. 복잡

2013년 일본 올해의 게임상(SDJ) 대상 수상작으로, 오름차순으로 불꽃놀이를 만들어 최대 점수를 내는 협동 게임이다. 일대일 게임이 아니라 2~5명이 함께 하며, 상대를 이기는 승부가 아니라 공동체가 협력해 최선의 결과를 만들어내야 한다. 상대와 잘 협력하려면 정보가 어떤 의도로 들어온 것인지 정반합으로 추리하는 맥락 파악 능력이 요구된다.

한 논문의 결론을 확 줄이면 서로 다른 정책을 학습한 AI 에이전트가 모여서 게임을 했을 때 0~5점 수준에 머물러 거의 AI로서 작동하지 못했다. 자신이 알지 못하는 정책을 가진 팀원과 함께 배우고 적응하면서 플레이하는 게임 AI는 아직 개발자들에게 큰 도전과제로 남아 있음을 이 연구는 말해주고 있다.

AI 연구의 선구자로 『기계와의 경쟁Race Against the Machine』, 『제2의 기계시대The Second Machine Age』의 저자이기도 한 앤드루 맥아피Andrew McAfee MIT 교수의 충고를 상기해보자. 그는 앞으로 기술이 발전해도 가치를 잃지 않는 인간의 기능과 능력은 무엇인지 사람들은 알고 싶어 한다며, 대부분 기계가 할 수 없는 영역과 인간만이 할 수 있는 일을 찾아 헤맨다고 단정했다. 그러나 굳이 로봇과 경쟁해야 한다는 편견을 갖지 말라고 교수는 조언한다. 인간만이 가진 창의성은 오히려 기계와 만났을 때 더 빛날 수 있다는 것이다. 앞으로의 세계는 기술을 제대로 활용할 줄 알고, 이를 통해 참신한 전략을 짤 수 있는 인재들이 지배한다고.

바로 인간과 AI의 협업human-machine marriage이다. 기계는 홀로 존재할 때보다, 인간이 제대로 활용할 때 진정한 시너지가 나는 법이다. 맥아피 교수는 세계 체스 챔피언이었던 가리 카스파로프의 예를 들었다. 그가 1997년 수퍼컴퓨터 '딥블루'에 패하자, 사람들은 앞으로 체스 게임에서 승자는 무조건 컴퓨터가 될 것이라고 단정하고 흥미를 잃었다는 것. 하지만 기계와 사람이

팀을 이뤄 자유롭게 경쟁하는 '프리스타일' 체스 대회로 발전해 나간 역사를 살펴보면 미래를 짐작할 수 있다. 2005년부터 체스 대회는 인간과 기계, 기계와 기계, 인간과 인간 등 다양한 조합으로 팀을 구성해 출전할 수 있도록 바뀌었다. 인간이 컴퓨터 프로그램의 조언을 참고해 대국하는 인간-기계 혼합 팀은 가장 강력한 컴퓨터와 대결해서도 승리했다는 게 체스업계의 경험법칙이다.

대한민국 최정상 프로 기사 3명과 AI를 논하다

박정상 9단, 신진서 9단, 신민준 9단

2019년 2월 서울 성동구 마장동 한국기원에서 프로 바둑계에서 AI와 함께 열심히 공부하는 3명의 프로 기사를 만났다. 국제 대회에 나갈 바둑 국가대표를 양성하는 코치 박정상 9단(이하 박)과 국내 랭킹 5위권의 두 강자 신진서 9단(이하 진), 신민준 9단(이하 민)이다. 이들은 바둑 AI와 경쟁하거나 공동 연구한 본인의 방법과 느낌을 생생하게 증언했다. AI의 장단점, 어떻게 해야 최고의 성과를 내는지도 털어놓았다.

얼마 후면 알파고 쇼크 3주년이다. 바둑 AI의 빠른 성장에 놀랐다가 이제 현실로 받아들이고 이를 응용해 더 높은 기력을 연마하는 단계로 접어들었다. 현장에서 누구보다 이런 변화에 빨리 적응하는 세 분의 경험을 듣고 싶다.

박_ "이세돌과 알파고 대국 때 TV 해설을 맡았다. 이 9단이 두 번 연속 패하자 다리에 힘이 풀렸다. 지금 바둑 국가대표를 지도하는데, 가장 큰 변화는 AI의 수手와 기보를 연구한다는 점이다. 바둑 AI가 생겼다고 전통적인 복기가 무의미하진 않다. AI에 너무 의존하지 않도록 일부러 공동 연구를 한다. 집단 정답과 근사치인지 비교한다. 수법 면에서는 바둑을 시작할 때, 즉 빈 바둑판에 처음 두는 초반 단계가 비약적으로 발전했다. 새 포석이 많아진 것이다. 물론 인간에게 간단한 수도 놓치는 등 아직 버그는 있다. AI끼리 다른 판단도 내놓는다. 그래도 국가대표팀에 좋은 컴퓨터 하드웨어를 제공하려고 애썼다. 추천 수와 승률 계산에 걸리는 시간이 짧아지니까. 대표 선수들은 한돌, 바둑이, 돌바람 등 다양한 국산 바둑 AI를 사용한다."

두 기사분의 경험을 들려달라. 언제부터, 어떻게 바둑 AI를 쓰고 있나.

진_ "바둑 AI는 2017년부터 쓰고 있다. 초창기에는 푹 빠졌는데 그동안 여러 수를 봐서 그런지 예전만큼 자주 하진 않는다. 그래도 아직 많이 사용하는 편이다. 집 컴퓨터, 노트북, 스마트폰을 연결해 언제 어디서나 바둑 AI와 공부한다. 미니고, 릴라제로, 엘프고를 모두 쓴다. 3개의 바둑 AI 실력은 비슷하지만 스타일이 전부 다르다. 릴라제로는 중국의 쒜이처럼 두터움을 중시하는 스타일이다. 엘프고는 후반으로 갈수록 특이하다. 내가 둔 시합이나 연습대국의 복기에 우선적으로 사용한다. 내 생각이 들어가 있어 AI 생각과 비교하기 좋다.

AI의 추천 정수正手를 보고, 그 외의 자리도 검토해본다. 바둑한 판을 완벽하게 연구하는 것이다. 초반 포석에서 상대 수를 예측하는 공부에도 쓴다. 마지막으로 다른 기사들의 기보를 찍어보면서 내 생각과 비교해본다. AI마다 패턴이 있다. 새 포석은 외워둔다. 어떤 모양이 나오면 그 승률을 외우는 게 지금 공부 방법이다. 하지만 아예 모르는 상대 수 진행이 나올 때에 대비한 연구도 한다. 너무 AI에 의지하다 보면 생각 없이 복기할 때도 가끔 있다. 그래서 요즘은 개인 공부 시간을 늘리고 있다. 본인의 생각이 없으면 아무 의미가 없다."

민_ "작년 5월부터 AI와 공부하기 시작했다. 궁금한 수를 전부 물어볼 수 있다는 게 큰 장점이다. 선배님에게 물어봐도 의문이 남을 때가 있는데 확실하게 수치로 알려주니까 배울 점이 많다. AI의 기풍은 중앙의 두터움을 정확하게 계산하다 보니 실리를 상대에 먼저 내어줘도 크게 의식하지 않고 둔다는 느낌이다. 사람처럼 불안해하지 않고 미지수의 두터움을 선호한다. 중국은 우리나라 바둑 AI보다 더 강한 줴이를 보유하고 있다. 중국 기사들이 이걸로 훈련하니까 부러운 마음이 들기도 한다. 정부가 더 관심을 갖고 지원했으면 좋겠다. 기원에서 전에는 훈련을 공동 연구 위주로 했는데, 요즘은 개별 연구 비중이 커졌다.

한·중·일·대만 등 동북아 4개국의 인기 스포츠에서 10년 후에는 세계 바둑 민주화로 중동이나 아프리카 같은 오지에서 고수가 나올 가능성이 많아졌다. 강자하고 붙어야 실력이 느는데, 굳이 아시아로 바둑 유학을 오지 않아도 이제 아무 데서나 AI 사범을 모시고 공부할 수 있기 때문이다."

진_ "이른 시기에 AI와 공부하는 게 좋으냐, 나쁘냐 논란이 있다. AI를 이기는 게 목표라면 처음 시작할 때부터 같이하는 게 맞다. 인간 기력이 더 성장할지 모르니까. 어릴 때부터 한다고 독창성이 없어진다고 보지 않는다. 나도 지금보다 더 성장할 수 있다. 힘들겠지만 노력하면 알파고 제로까진 아니더라도 릴라제로, 엘프고는 상대할 수 있다고 생각한다. 불가능은 없다."

대단한 기백이다. 정진해서 이세돌 복수전을 해주었으면 좋겠다. (웃음) 코치님, 마지막 한 말씀 부탁하자면.

박_ "AI는 강하다. 하지만 같은 바둑이다. 나는 오히려 인간이 대단하다고 느꼈다. 딥마인드가 기보를 공개한 후 AI 바둑은 이제 인간에게 스며들었다. 최근 프로 기사 사이에 AI의 대표 수법인 3선線의 어깨 짚음이 유행한다. 반면, 소목 날일 자 굳힘의 수천 년 포석은 사라져간다. 협업을 통해 더 깊은 바둑의 우주 속으로 들어갈 수 있다. 물론 AI에는 아직 버그가 있다. 완벽하진 않다. 쉬운 축이나 수읽기도 실수한다. 흉내바둑 같은 변칙이나 평소와 다른 비정상적 흐름에는 굉장히 약하다."

정치 군사

AI에게 핵미사일 버튼을 맡길 수 있을까

AI에 의한 정치는 가능한가

2019년 5월 스위스 제네바에서는 국제연합(UN)의 연례행사 '착한 AI 세계정상회의Al for Good Global Summit'가 열리고 있었다. 착한 AI 세계정상회의는 UN의 14개 전문기구 중 하나인 국제전기통신연합 (ITU)이 AI 기술의 바람직한 발전 방향을 논의하기 위해 매년 전 세계 연구자와 기업, 공공정책 관계자들을 모아 개최하는 글로벌 프로그램이다. 30일 오후 2시 행사장인 제네바 콘퍼런스센터 1층 1호실에서는 IBM 프로젝트 디베이터 담당 놈 슬로님Noam Slonim 박사가 단상에 올랐다. '소셜미디어(SNS)는 단점보다 장점이 더 많은가'라는 주제를 놓고 사전에 여러 국가로부터 모은 군중들의 찬반 의견과 현장 참석자들의 의견을 더해 최종 정리한 결과를 발표할 예정이었다. 그런데 본격적인 발표가 시작되기 전에 슬로님 박사는 단상을 내려가버렸다. 아무도 없는 빈 단상에서 갑자기 낭랑한 여성의 목소리가 울려 퍼졌다. AI 왓슨Watson이었다. 왓슨은 SNS에 장점이 더 많다는 측 주장의 요지를 사회관계 강화, 친구 사귀기, 여론형성, 사업기회 제공의 네 가지로 나눠 일목요연하게 설명했다. 반대 주장도 마찬가지였다. 현장에서 수집된 정보가 순식간에 분석·정리되어 나왔다. 바로 IBM '군중의 연설' 기술의 시연 모습이다. 이른바 정보제공형 의사결정well-informed decision을 돕는 AI이다.

슬로닙 박사는 한 달 후인 6월 이스라엘 텔아비브에서 열린 IBM 싱크서밋Think Summit 행사에서도 유사한 시연을 선보였다. '(의료용) 대마초를 합법화할 것인가'를 놓고 온오프 라인에서 수집한 군중의 주장을 프로젝트 디베이터가 찬반 양측으로 나눠 논점을 요약했고, AI의 연설을 들은 참석자들은 즉석 투표를 해 찬성 76퍼센트 대 반대 24퍼센트라는 결과를 그 자리에서 확인할 수 있었다.

프로젝트 디베이터Project Debater의 AI를 기반으로 나온 것이 바로 군중의 연설Speech by Crowd 기술이다. 이것은 뉴스 기사들을 말뭉치로 사용하는 대신, 한 도시에 사는 시민들의 논점들을 말뭉치로 크라우드 소싱crowdsourcing●하는 것이다. 예컨대 어떤 도시의 시장이 새로운 정책을 고려하고 있을 때 그 정책과 관

● 대중crowd과 외부 자원 활용outsourcing의 합성어. 전문가 대신 비전문가인 고객과 대중으로부터 문제의 해결책을 모으는 것이다.

련해 모든 시민의 다양한 의견을 모은 후, 프로젝트 디베이터의 AI 기술을 사용해 정책의 장단점에 관한 이야기pros and cons narrative를 꾸리는 방식이다. 다시 말해 그 도시의 시장은 아주 빠르고 간단하게 모든 시민의 의견을 수합한 분석을 검토하고 더 나은 정책 결정을 내릴 수 있게 된다.

UN 시연 당시 참석자들에게 소셜미디어의 좋고 나쁜 영향을 물었을 때 장점과 단점 주장이 골고루 나왔다. 소셜미디어의 장점 중에는 자연재해가 발생할 때 더 빠르고 효과적으로 알릴 수 있다는 것, 비영리 단체가 기부금을 더 손쉽게 모을 수 있게 해준다는 것 등이 있었다. 단점으로는 혐오와 폭력적인 언어 및 행동이 더 손쉽게 퍼질 수 있다는 것이다. 개발팀을 이끄는 슬로님 박사는 "같은 주제에 정반대의 의견들이 있었다. 정책을 만들 때 이런 다양한 반대 의견들을 분석하고 검토하는 게 중요하다"라고 말했다.

기존의 방식대로라면 새로운 정책에 대한 유권자의 호오好惡를 파악하기 위해서 전화나 대면 인터뷰를 활용해야 했다. 조금 더 나아간다고 해도 인터넷 설문조사 정도이다. 이 결과를 분석하고자 많은 사람이 매달려야 하는 것은 말할 것도 없다. 여기에는 물론 돈과 시간이 든다. 그것도 엄청난 규모로. 하지만 AI 기술을 활용한 '군중의 연설'이라면 이제까지와 비교도 되지 않는 속도로 단숨에 유권자의 의견을 파악할 수 있다. 비용 또한 적게든다. 인기도 없는 법안을 통과시켜 시장 지지율이 떨어지는 정치적 실패, 통과한 법안을 다시 폐기하느라 드는 비용의 낭비를 사전에 방지할 수 있다는 이야기이다.

'군중의 연설' 기술은 숙의熟議 민주주의의 든든한 지원 도구가 될 전망이다. 정치인과 관료, 기업의 고위 임원 등 조직의 리더가 특정 이슈에 대해 중요한 의사결정을 할 때, 그 이슈와 관련된 충분한 정보를 사전에 제공받은 조직원들의 찬반 의견을 미리 알 수 있게 됨으로써 보다 신중한 선택이 가능하도록 돕기 때문이다. 조직원 역시 다른 사람들의 찬반 의견 쟁점을 뚜렷이 알 수 있게 돼 최종 의견형성에 도움을 받을 수 있다. 기술이 정치 시스템의 시대착오적 낙후와 관료화 현상을 어떻게 효과적으로 제거할 수 있는지 보여주는 단적인 예이다.

이것을 가능하게 만들어주는 기술적인 원천이 바로 프로젝트 디베이터이다. 이는 IBM의 범용 AI '왓슨'을 토대로 발전시킨 AI 토론왕이다. 2019년 2월 IBM 연례 신기술 발표회에서 처음 선보였다. 프로젝트 디베이터는 유럽 토론 챔피언이자 세계 토론 챔피언의 결승 진출자인 인간 출연자 나하라잔과 열띤 논쟁을 벌였다. 양쪽 모두 토론 직전에 공개된 주제에 맞춰 도입 연설 4분, 반박 연설 4분, 마무리 연설 2분 순서로 자신의 주장을 펼쳤다. 중간에 인터넷 활용은 금지됐다.

800여 명의 청중이 토론을 경청한 결과, 최종적으로 나하라잔의 주장에 손을 들어줬다. 최종적인 설득력 면에서는 프로젝트 디베이터의 패배였다. 하지만 인간 챔피언보다 사실관계 전달 면에서는 더 낮다는 평가를 받았다. 통계수치와 논문 같은 연구자료를 포함해서 풍부한 새 정보를 많이 배울 수 있었다는 반응이 많았다. IBM 프로젝트 디베이터 개발팀은 "기계는 나름의 성과를 달성했고, 인간도 인간만의 장점이 있다. 두 가지를 합쳤을 때 모두에게 득이 될 것"이라고 밝혔다.

기존에 상용화되어 널리 쓰이고 있는 애플의 시리, 아마존의 알렉사 등 대화형 AI와 프로젝트 디베이터는 어떤 차이가 있을까. 기존 대화형 AI의 경우, 보통 명확하게 정의된well-defined 단답식 질문 하나를 들으면 이에 즉각적으로 답한다. 무조건적으로 무슨 대답이라도 내놓도록 프로그래밍되어 있기 때문이다. 그러나 토론은 대화의 주제가 훨씬 다양하고, 대답에 앞서 주어지는 준비시간도 길다. 또 모든 질문에 대답할 필요도 없다. 자신의 논점에 도움이 되는 한두 가지만 답해도 된다. 서로 쓰이는 경우가 근본적으로 달라서 단락적으로 비교하기 어려운 대상이다. 애초에 개발 목표가 다르기 때문이다.

IBM 토론왕 프로젝트 디베이터는 주제가 공개되면 15분간 방대한 말뭉치corpus를 검색해 도입 연설문을 작성한다. 먼저, 신문기사를 100억 문장 정도 찾아본 후 수백 개의 유의미한 문장 조각segments으로 줄인다. 다시 이를 맥락에 맞게 논리적으로 재배열해 최종 토론문을 만든다. 언론 기사를 재료로 삼은 이유는 AI 학습에 필요한 방대한 양의 문장이 존재하고, 다양한 논점을 다루고 있기 때문이다. 개발팀장은 "처음엔 위키피디아를 이용했지만 사용하는 말뭉치의 크기가 40배 이상 늘어난 후 뉴스 콘텐츠에 주목했다"라고 설명했다. 이런 심도 있는 주제에 대한 토론이 가능한 AI 기술의 등장은, 지금까지의 AI 적용 분야를 넘어선 새로운 활용 가능성을 점치게 만든다. 바로 정치와 민주주의의 디지털 트랜스포메이션, 지능화이다.

디지털 민주주의Digitalcracy는 미래가 아닌 현실이다

디지털 민주주의가 오고 있다. 근대국가 탄생 후 200년 가까이 작동하던 대의代議 정치가 더 이상 제 기능을 발휘하지 못하고 있기 때문이다. '대신 의논한다'라는 뜻의 간접 민주주의, 국민의 대표를 뽑아 일을 맡기는 입법·사법·행정 삼권분립의 국가 운영체제는 수십 년 전에 이미 수명을 다했다. 선출된 대표가 시민의 완벽한 대리인으로 행동하지 않고 사익을 추구하는 '대표의 실패' 문제를 극복하지 못한 징후가 여기저기서 포착되고 있다. 대의제는 탄생 당시부터 시민의 능력 결함에 따른 주권자-대표Principal-agent 간의 분업을 전제한 엘리트주의elitism에 뿌리를 두고 있다. 대표로 선출한 엘리트들이 시민의 기대를 배반하자 이에 대한 정치적 소외감과 냉소주의가 강화되는 동시에 몇 가지 부작용이 나타났다.

첫째, 직업적 기술관료들이 국가 운영을 주도하는 관료 민주주의beaucracy의 만연이다. 둘째, 강력하게 조직되고 발언권 강한 특수이익집단이 민주적 토론과정을 지배하면서 시민의 이익보다 특수집단의 이익이 극대화될 위험이 커졌다. 공공선公共善 개념을 실현하기 어려워진 것이다. 갈등하는 이익들이 자신의 선호가 사회적 선호로 선택받도록 하기 위한 경쟁 과정, 즉 시장민주주의로 변질돼버렸다. 셋째, 매스미디어와 여론조사 같은 전통적 공론 형성기구가 제대로 작동하지 못해 국론이 분열되고 양극화의 극단 대치가 잦아졌다.

현재 가장 부유한 스웨덴 등 북유럽 국가에서부터 가난한 제3세계 신흥국가에 이르기까지 득표율 과반수를 획득한 지도자는 거의 없다. 극히 일부 독재국가를 빼고. 국회 역시 정쟁만 일삼아 국민으로부터 외면당한 지 오래이다. 직업 공무원도 비효율과 비리의 대명사로 자리 잡았다. 정치에 불만을 품은 '화난 군중Angry People'이 기성 정치권을 외면할 때 포퓰리즘populism• 정당이 재빨리 이 빈틈을 파고들었다. 미국의 도널드 트럼프 대통령이 상징적으로 보여주고 있는 포퓰리즘 정치는 대의 정치를 대체할 대안정당alternative party이 어느 정도 성장할 때까지 과도기적으로 현대 민주국가들을 지배할 것으로 보인다.

그러나 장기적으로 기술을 접목한 4차 산업혁명 시대의 네오Neo 민주주의로 이행하는 큰 흐름을 막기는 어려울 것으로 예견

• 대중주의 또는 포퓰리즘은 보통 사람들의 요구와 바람을 대변하려고 하는 정치사상 또는 활동이다. 대중 영합주의라고 비판받기도 한다.

된다. 빅데이터와 AI의 시대는 투명·공개·협력·공유의 사회로 진전되는 방향성을 지닌다. 기술적 발전과 의식의 전환은 거스를 수 없는 대세인 것이다. 이 같은 신新조류의 에너지를 현행 제도와 구조의 모순에 투입해 미래지향적으로 민주주의를 개선하는 게 시대정신에 부합하는 자세이다. 이행기의 고통과 부작용이 두려워 과거로 돌아가자고 유혹하는 포퓰리스트는 무책임한 선동가에 불과한 역사적 반동反動으로, 지속 불가능한 퇴행적 유아주의와 다름없다.

정치는 "희소한 자원을 권위적으로 배분하는 행위"(David Eastern, 1952)라는 고전적 정의에서 보면 21세기 정치는 관심attention, 부wealth, 명예respect 같은 자원을 대중에게 효과적이고 만족스럽게 분배하지 못하고 있다. 지구촌 어느 지역, 어떤 사회 영역을 들여다봐도 20 대 80의 파레토 법칙을 넘어선, 2 대 98의 보다 극단적인 토마 피케티식 양극화가 횡행한다. 개인은 더 약해지고, 가난해지고, 소외되고 있다. 화가 난다. 내 고민을 대신 풀어달라고 뽑아준 정치인과 공무원은 제 할 일을 못 한다. 안 한다. 그래서 직접 세상을 바꾸자고 뛰어드는 새로운 권력들이 바로 대안정당이다. 세계 각지에서 다양한 모습으로 부상 중인 대안정당 중 기술을 앞세운 해적당, 그리고 대안 정치의 디지털 의사결정 도구 중 유명한 몇 가지 사례를 살펴보자.

해적당은 말 그대로 바다에서 재물을 약탈하는 도둑처럼 세상의 기존 규범에서 벗어나 자유롭게 정치하는 무리를 말한다. 스웨덴, 독일에서 2006년 처음 탄생했지만 구체적인 기원은 중요하지 않다. 이들의 아이디어가 요체이다. 주로 정보통신기술ICT에 능한 젊은 인터넷 활동가들이 초반에는 카피레프트 copyleft(반反지식재산권) 운동을 펼치다가 서서히 사회 전반에 대한 개혁, 정치 운동으로 확대하는 게 공통점이다.

유럽 곳곳에 해적당이 있다. 스웨덴 해적당은 2009년 최초로 EU 의회에 의원을 진출시켰다. 독일 해적당은 시의원에서 출발해 2013년 5당 체제인 독일에서 제3당까지 약진했다. 아이슬란드 해적당은 2013년에 아이슬란드 의회선거에서 5.1퍼센트의 득표율로 세 명의 의원을 당선시켰다. 영국, 핀란드, 스위스, 체코, 그리스 등 유럽은 물론 이스라엘과 캐나다, 미국에도 해적당이 생겼다. 유럽 국가 해적당의 연합인 '유럽 해적당European Pirate Party', 전 세계 해적당의 모임인 '국제 해적당Pirate Parties Internationl', 정당이나 정치인이 아닌 개인으로 자유롭게 참여할 수 있는 프로젝트 격인 '국경 없는 해적Pirates without Borders' 같은 조직들이 있다.

이들은 명시적 정강보다 공통된 몇 가지 원칙에 따라 정치 참여를 하고 있다. 이들이 중시하는 가치는 시민권civil rights, 직접 민주주의direct democracy, 공공 참여participation in government, 저작권과 특허권 개혁reform of copyright and patent law, 지식의 자유로운 공유free sharing of knowledge, 개인정보 보호information privacy, 투명성transparency, 정보의 자유freedom of information, 언론의 자유free speech, 부정부패 방지anti-corruption, 인터넷 중립성net neutrality 등이다.

유럽 해적당은 탄생 10년을 넘기면서 서서히 제도 정치권으로 진입하고 있다. 한 자리 수 득표율에서 15퍼센트 넘는 두 자리 수로 올라가 현실 정치에 영향을 미치기 시작했다. 2017년 10월 한국을 방문한 비르기타 욘스도티르 아이슬란드 해적당 대표는 "누가 그 법을 썼는지 살펴보라. 그 법을 쓴 사람은 의회도 아니고 행정부도 아니다. 똑똑한 변호사들일 것이다. 복잡하고 관료적인 법치주의가 국민을 '일상의 정치'에서 멀어지게 했다. 시민이 법률 입안·통과 과정을 이해하는 것이 중요하다"라고 말했다.

아이슬란드는 2010년 헌법 개정에 크라우드 소싱 방식을 채택해 시도할 만큼 기술친화적이다. 아이슬란드 해적당은 온라인 의사결정 플랫폼(x.paratar.is)을 사용한다. 독일 해적당에서 개발한 프로그램인 '리퀴드 피드백LiquidFeedback'을 기반으로 구축한 웹사이트이다. 당원은 물론, 당원 아닌 사람도 참여할 수 있는 공간이 마련돼 있다. 후보 선출, 정책 결정, 토론 등이 모두 웹상에서 이뤄진다. 리퀴드 피드백으로 불리는 디지털 합의 프로그램은 자신의 투표권을 타인에게 위임할 수 있는 유연성이 특징이다.

이 과정은 이렇게 전개된다. 누군가 의제를 제시하면 토론하고 의사결정 할 사람을 모은다. 토론 참여자는 자유롭게 의견을 개진하면서 의제에 대한 결정문을 작성한다. 위키피디아처럼 결정문 문서는 누구나 편집할 수 있는 크라우드 소싱 방식으로 만들어진다. 마지막으로 어떤 문서를 최종 결정문으로 할지 표결을 한다. 처음부터 토론에 참석하지 않은 당원·비당원은 표결권이 없다. 표결 참가자들은 자신의 의사결정 권한을 다른 참가자에게 넘겨줄 수 있다. 투표권의 위임이 가능한 표결 시스템을 리퀴드 피드백이라 명명한 것이다. 대리인을 뽑는 간접 민주주의와 스스로 의사를 표하는 직접 민주주의 방식을 절묘하게 혼합했다고 할 수 있다.

뉴질랜드에서 탄생한 숙의 민주주의 디지털 의사결정 기구 '루미오loomio'

스코틀랜드에서 진화심리학 박사과정을 밟던 뉴질랜드 청년 벤 나이트는 2011년 월가wall street 점령시위를 보면서 고민에 휩싸여 고향으로 돌아왔다. 현실과 동떨어진 공부가 아닌, 세상을 바꾸는 데 힘을 보태고 싶다는 막연한 희망을 품고서. 그는 시민집회에 참여하면서 토론의 진행 과정이 민주적 절차보다 목소리

크고 말 잘하는 소수에게 지배된 결과, 왜곡된 집단적 의사결정으로 기우는 안타까운 광경을 여러 차례 목격했다. 전공인 진화심리학에서 영장류의 집단지성을 공부하던 그는 다음과 같은 의문들을 품게 되었다. 몇몇 소수에게 발언권이 쏠리는 문제를 해결하려면? 수백 명이 한꺼번에 토론할 때 생기는 비효율과 정보격차를 해소하려면? 상명하달의 의사결정 문화를 개선하려면?

이이 대한 해답을 고민하다가 오픈소스 운동을 하던 프로그래머 단체와 의기투합해 크라우드 펀딩 방식으로 개발비를 모은 후 협력적 의사결정collaborative decision-making 기구 '루미오'를 만들었다. 베틀과 빛이라는 두 가지 뜻을 가진 영어 단어 '룸loom'에 무료 도메인을 나타내는 '.io'를 붙여 명명한 '루미오'라는 이름에는 시민의 의견 하나하나를 씨줄과 날줄 삼아 미래를 밝히는 등불로 쓰자는 의미가 담겨 있다.

루미오에 접속해보면 하나의 원그래프와 네 개의 버튼만 뜨는 매우 단순하고 직관적 구조와 디자인을 갖고 있다는 것을 알 수 있다. 원그래프는 전체 구성원의 의견 비율을 표시하고, 네 개의 버튼은 각각 찬성·반대·보류·차단 의견을 제출하는 투표용지에 해당한다. 찬반 의견을 내거나 더 생각해보겠다는 보류, 이 의제에 대해서는 더 이상 이야기하지 않겠다는 차단으로 자신의 의사결정을 알린다.

기존의 설문조사 도구와 비슷해 보이지만 결정적 차이가 있다. 첫째, 코멘트난에 왜 그렇게 생각했는지 자신의 결정 이유를 밝힐 수 있다는 점이다. 둘째, 몇 번이든 재투표할 수 있다는 점이다. 사고의 변화 과정을 모두 보여주는 것이다. 처음에 찬성했던 사람도 다른 반대자의 의견을 읽으며 자신의 견해를 바꿀 수 있다. 정해진 기한 동안 투표는 계속 진행되며 찬반 비율도 마지막까지 오르락내리락한다. 충분히 생각하고 의견 교환을 해서 가장 현명한 답을 찾는 숙의 민주주의deliberative democracy에 충실한 디지털 의견수렴 도구라 할 수 있다. 웹 버전에 이어 모바일 버전도 나와 있다. 오픈소스로 누구나 성능 개선에 참여할 수도 있는 점도 장점이다.

시민의 정치 참여를 돕는 SNS '브리게이드Brigade'

영화 〈소셜 네트워크Social Network〉에는 페이스북의 창업자 마크 저커버그Mark Zuckerberg가 선배로 존경하는 음악 공유 P2P 서비스 '냅스터Napster'의 창업자인 숀 파커Sean Parker라는 인물이 나온다. 그는 저커버그와 페이스북의 공동 창업자로 이름을 올리고 초대 CEO도 맡았다. 30대에 이미 억만장자가 된 파커는 정치로 눈을 돌려 2007년 온라인 캠페인 플랫폼을 만든 뒤 미국 유권자 네트워크 '보티즌votizen'과 합병해 2014년 브리게이드 미디어를 설립했다. 그의 목표는 정치를 '밥 먹듯이 자주, 즐겁고 쉽게 할 수 있는 도구'의 고안이었다. 파커의 첫 작품이 2015년 정치 SNS '브리게이드'이다. 핵심은 의견일치 사용자의 그룹화이다. 작동 원리는 이렇다. 먼저 의견표명을 한다. 예를 들어 '서울시가 청년수당을 확대해야 한다'라고 주장하는 사람이 의견을 올린다. 답글은 찬성·반대·보류 중 하나로 달 수 있다. 하지만 일반 게시판 댓글과 달리 찬성과 반대 의견 표명 공간은 분리돼 있다. 소모적인 말싸움을 피하기 위해서이다. 대신, 의견이 비슷한 사람들을 한군데로 모아주는 기능을 제공한다.

예를 들어, '서울시 청년수당 확대'에 대해 어떻게 생각하는지 사람들이 올려놓은 열 가지 질문 가운데 A와 B의 의견이 여섯 가지 일치한다면 의견일치 점수는 60점이 된다. 의견 일치율이 높은 참여자끼리 친구 맺기 같은 '지지 관계'를 맺고 따로 그룹을 만들어 추가 논의도 할 수 있다. 집단 토론과 행동에 참가하는 사람들의 수가 늘어날수록 그 집단의 영향력도 커진다. 한편, 찬반 의견 가운데 설득력 있는 주장은 다른 사람들로부터 많은 지지를 받고 그 사람의 영향력 점수impact score가 올라간다. 신뢰도 높은 인물이란 뜻이다.

이런 식으로 소셜미디어 방식을 통해 영향력 있는 인물과 집단을 성장시키는 것이다. 파커는 실제 2015년 미국 샌프란시스코와 영국 뉴햄프셔 맨체스터시의 지방선거에서 브리게이드를 쌍방향 투표 가이드로 시범 제공했다. 해당 지역 선거 이슈와 관련된 20개 항목에 찬반 의견 표명을 하면 자신의 견해를 가장 잘 대변하는 후보를 자동으로 찾아주고, 투표소 장소·시간 등 선거 정보도 확인할 수 있다. 주목할 포인트는 브리게이드 가이드 사용자의 67퍼센트가 밀레니얼 세대(1990년대~2000년대 초반 출생)란 점이다. 부모 세대의 기득권 의원들을 국회에서 몰아내고 20~30대 청년의 목소리를 대변할 새로운 미래지향적 젊은 정당을 창당하는 도화선으로 작용할 수 있을지 자못 기대된다.

정치의 미래를 만드는 현재의 도구, 데모크라시 OS Democracy OS

아르헨티나의 젊은 게임 개발자가 만든 이 모바일 애플리케이션은 자기 지역구 국회의원이 제출한 법안을 대상으로 유권자들이 앱상에서 찬반 투표를 하고, 그 이유에 대한 의견 개진도 할 수 있는 시민참여형 법률 제·개정 디지털 플랫폼이다. 민의를 대변한다는 국회의원들이 당론에 종속되거나, 또는 아집에 사로잡혀 법률을 멋대로 통과 내지 부결시키지 못하도록 국민의 뜻을 미리 보여주자는 발상이다. 지역구민의 과반수가 찬성(반대)하는 법안에 대해서, 의원이 민의를 거스르고 그와 반대되는 표를 국회에서 던지고자 한다면 자신의 소신을 지역구 유권자들에게 설명하기 위해서 단단히 준비해야 할 것이다.

데모크라시 OS 개발자들은 기존 정당의 문을 두드리며 시범적인 플랫폼 사용을 제안했으나 거부당하자 아예 넷파티Net Party라는 신생 정당을 2013년 창당했다. 실제 선거에서 의미 있는 득표는 얻지 못했지만 기성 정치권에 큰 자극으로 작용해 이듬해 부에노스아이레스 시의회는 데모크라시 OS 토론을 통해

400개 법안을 세 가지의 대형 프로젝트로 좁혔다. 남미의 첫 디지털 민주주의 실현 사례로 꼽힌다고 한다. 오픈소스로 제작된 데모크라시 OS는 현재 16개국 언어로 번역돼 다른 나라에서도 쓰이고 있다. 실제 이 기술을 현실 정치에 적용해 성공한 대표적인 사례가 스페인의 신생 정당 '바르셀로나 엔 코무Barcelona en Comu'이다. 2015년 바르셀로나 시장 선거에서 승리해 새로운 디지털 지방정부를 구성해 운영 중이다.

여기에서 살펴본 디지털 민주주의 실험과 도구는 200년 전 탄생한 유권자의 투표소 방문과 종이 투표라는 아날로그 정치 시스템을 일부 개선한 것에 불과하다. 이보다 한발 나아간 본격 AI 기술이 제반 정치 제도와 절차에 스며들기 위해서는 국민이 민주주의 개선을 위해 도입이 필요하다고 정당성을 부여하는 과정이 필요할 것이다. 정치권 내부의 합의와 의지가 선행돼야 함은 물론이다. 그러나 대부분의 전문가 집단에서 AI를 새로 도입한다는 것은 지금까지 해오던 업무 관행과 지식체계 등 기존 패러다임의 파괴적 전복을 의미한다. 당연히 격렬한 저항이 뒤따르기 마련이다. 중앙당과 지구당의 수직계열화를 근간으로 한 낙후된 정치 결사체의 혁명적 조직 재편과 21세기형 디지털 분권 민주주의, 나아가 스마트 민주주의로의 질적 환골탈태를 통한 경쟁력 향상을 위해서는 국민의 압력에 기반한 밖으로부터의 개혁이 필수 불가결한 요소일지도 모른다.

블록체인 민주주의

블록체인Blockchain이 민주주의와 무슨 관계가 있냐며 의아해할 분도 있을 것이다. 앞서 3장에서 소개했듯이, 흔히 블록체인을 비트코인 같은 암호화폐와 동격으로 여기는 사람들이 많이 있기 때문이다. 그러나 블록체인은 '제2의 인터넷'이란 별명에서 알 수 있는 것처럼 암호화폐보다 훨씬 폭넓은 메가 테크놀로지이다. 블록으로 불리는 분산장부, 그 신뢰의 상자에 담을 수 있는 내용물은 화폐뿐 아니라 계약, 자산, 소유권, 신원identity 등 기술의 발전에 따라 거의 무한대로 확장될 수 있다.

지금은 암호화폐, 금융 거래와 결제, 국제 무역 및 유통 인증 등 제한적인 경제 분야에 주로 쓰이고 있지만 '공인된 제3의 신뢰 기관Trusted Third Party, TTP', 즉 중앙집권적 공공기관 없이 서로 믿고 개인 간Peer to Peer, P2P 거래를 할 수 있도록 돕는다는 점에 파괴력이 있다. 은행을 대체하면 금융 블록체인(암호화폐), 무역회사와 국제결제은행을 대신하면 계약 및 유통 블록체인이 될 것이다.

하지만 공공 부문으로 진출해 국가가 하던 일을 대체할 수 있다면? 중앙(지방)정부, 중앙은행, 사법당국 등 공적 기관이 전담하던 신뢰를 익명의 다수가 참여하는 블록체인의 P2P 네트워크가 대체할 수 있다면 200년 이상 지속되고 있는 근대 민주주의의 입법·사법·행정 삼권분립 체제는 존재의의를 상실할 것이다. 탈중앙화와 거버넌스governance[•] 이행의 큰 물결은 이미 시작됐다.

블록체인 투표로 시작하는 민주주의 개혁

미국 웨스트버지니아주는 2018년 11월 중간선거에서 블록체인 기술을 이용한 모바일 투표를 사상 최초로 실시했다. 해외에 거주하는 군인과 그 가족을 대상으로 부재자 투표를 진행해 무사히 마친 것이다. 30개 국가에 사는 144명의 웨스트버지니아 부재자 투표자들은 투표를 무기명으로 기록하는 승인된 모바일 장치상의 앱을 통해 주권을 행사했다. 웨스트버지니아는 보스턴의 스타트업 보아츠Voatz가 개발한 앱을 이용했다.

보아츠 애플리케이션은 IBM이 처음 만들어 현재 리눅스 재단이 후원하는 하이퍼레저Hyperledger[••] 기반 '허가 블록체인permissioned blockchain'을 이용한다. 보아츠는 8개의 검증된 인증 노드가 아마존 웹 서비스와 마이크로소프트 애저 사이에 균등하게 분산돼 있다고 설명했다. 보아츠 앱의 투표 시스템은 스마트

[•] 과거의 일방적인 정부 주도적 경향에서 벗어나 정부, 기업, 비정부기구 등 다양한 행위자가 공동의 관심사에 대한 네트워크를 구축하여 문제를 해결하는 새로운 국정운영의 방식

[••] 스마트 계약을 구현할 수 있는 오픈소스 기반의 프라이빗 블록체인 프로젝트이다. 여러 산업에 범용적으로 도입 가능한 기술 표준을 제시하여, 기업 비즈니스 구현에 적합하다.

폰의 카메라와 생체 정보(지문 또는 얼굴 인식)을 이용하는 3단계 인증을 거친다. 투표자는 우선 주 운전면허증 또는 여권을 스캔한 다음 얼굴 사진을 즉석에서 찍는다. 마지막으로 스마트폰의 지문 리더기를 터치하면 스마트폰과 특정 투표자의 신원 확인이 결합된다. 인증을 마치면 앱은 투표자 셀카와 여권 또는 운전면허증의 얼굴 사진을 대조하고 주의 투표자 명부 데이터베이스를 검색해 투표 자격을 확인한다. 웨스트버지니아주는 성공에 힘입어 2020년 대통령 선거에서도 블록체인 기술을 이용한 투표를 계획 중이다.

이 같은 성공 사례에 자극받은 대한민국 중앙선관위도 현재 블록체인 기반 온라인 투표 시스템을 개발하고 있다. 블록체인 투표는 어느새 미래형이 아닌 현재진행형이 되었다. 대한민국 여야 정치권과 서울특별시, 경기도, 제주도 등 지방정부에서는 블록체인을 통한 직접 민주주의의 구현, 암호화폐를 통한 지역 경제 활성화 논의와 전략을 현장에서 시범 적용해나가고 있다. 한 걸음 더 나아가 이상론자들은 민주주의의 탄생 원형인 직접 민주주의도 실현할 수 있을 것이란 기대감을 나타내며, 한 번도 경험해보지 못한 새로운 민주주의로의 혁명적 변화를 꿈꾸고 있다. 블록체인 기술에 의해 구현될 온라인 민주주의와 기존 오프라인 민주주의를 합친 융합형 민주주의는 수명이 다 돼가고 있는 21세기 대의 민주주의의 취약점을 보완할 대안이 될 수 있을 것이다.

블록체인 민주주의의 출발점은 투표 제도의 혁신이다. 대의 민주주의는 우리(유권자)를 위해 일할 정치 일꾼을 뽑고, 이들을 우리 뜻대로 부리는 과정이다. 선발(의원·단체장 투표)과 운용(발안, 소환, 주민투표)의 절차적 시스템인 투표에 유권자 의사를 더 정확하게 반영할 수 있다면 일꾼들의 구성이나 일하는 방법 자체도 변화하기 시작할 것이다. 블록체인 기술은 투표 비용을 크게 줄여 주요 정책이나 입법과 관련한 이해당사자, 시민의 뜻을 더 자주 묻고 정확하게 파악할 수 있도록 돕는다.

블록체인이 등장하기 전에 시도됐던 온라인·모바일 투표는 그 취약성 때문에 직접·비밀·보통·평등의 4대 민주주의 선거 원칙을 지킬 수 있느냐는 의심에서 자유로울 수 없었다. 보안과 안전성에 대한 공격이 비판의 주를 이뤘다. 그러나 블록체인 온라인 투표 시스템은 선거 관리기관(제3의 신뢰기관) 없이도 신뢰성 높은 민주적 투표를 할 수 있게 함으로써 민주주의 절차의 모든 과정을 혁신할 수 있다.

블록체인의 강력한 보안성은 중복투표, 개표 조작 등 가능한 모든 부정투표 꼼수를 완벽하게 차단함으로써 비밀투표 원칙을 준수할 수 있도록 해준다. 또 투표와 개표의 속도가 거의 실시간으로 빨라진다. 더 많은 사람이 편안하고 쉽게, 안심하고 투표에 참여해 주요 정책에 대한 의견을 적극적으로 개진함으로써 주민 투표제, 주민 소환제, 주민 발안제 등 직접 민주주의 요소를 대의 민주주의에 더 많이 추가할 수 있다. 이는 특히 지방자치

대혁신의 계기로 작용할 잠재력을 지니고 있다. 중앙정치에서도 한꺼번에 모든 대의 민주주의 기관(의회·행정부 등)과 시스템을 혁신하진 못하더라도 미국 웨스트버지니아주처럼 부재자 투표 같은 작은 실험에서 시작해 적용 범위를 넓히고 블록체인 민주화 기술을 정교하게 다듬어나간다면 마냥 허황된 꿈만은 아닐 것이다.

융합 민주주의 실험, 어떻게?

현재의 오프라인 대의 민주주의 체계에 블록체인 기반의 온라인 민주주의 기술을 접목하는 O2OOnline to Offline 융합 실험을 해보려면 어떤 접근법이 필요할까. 이를 위해 우선 기성 체제에서도 대의 정치에 직접 민주주의 제도를 잘 융합하고 있는 스위스의 사례를 살펴보자. 스위스 국민 10만 명은 스스로 발의한 안건을 국민투표에 부칠 수 있다. 이에 따라 연평균 4회의 국민투표가 실시된다. 국회나 공무원이 통과시킨 법안도 5만 명의 발의로 검증이 가능하다. 36퍼센트의 법안이 국민 검증투표로 폐기된다. 100억 원 이상의 지방자치단체 예산도 주민투표를 거쳐야 한다. 공복들이 미적거린 미처리 법안도 국민의 뜻에 따라 신속하게 통과시킬 수 있다. 국민 청원과 소환도 활발하게 이뤄진다. 이 같은 직접민주제 확산과 경제성과의 우수성이 비례한다는 연구결과도 있다.

블록체인은 대표적인 사회적 기술이다. 사회의 구조와 시스템, 사회관계, 개인의 상호작용에 직접 영향을 미치거나 상호 작동의 기반이 되는 기술이라고 할 수 있다. 그래서 허태욱 KAIST 교수는 "블록체인은 사회를 구성하는 개인이 공적 관계를 맺는 방식을 근본적으로 바꾸어버릴 수 있는 제3의 혁명"이라고 말한다. 허 교수에 따르면 정부를 온·오프 융합형으로 바꾸는 데는 단계적 절차가 필요하다. 각론에서 시작하고 총론으로 확산시켜나가는 전략이다.

첫 번째 단계는 블록체인 개별 프로젝트를 통해 중앙집중적인 행정의 프로세스를 변화시키는 것이다. 예컨대, 현재 주민 복지(복지예산·기부금 관리), 산업 진흥(원산지 증명 등 유통 이력 관리), 교육·문화·체육(바우처 사업 관리), 일반 행정(각종 인증업무, 토지대장·부동산 등기 등 공문서 관리, 전자 투표) 각 분야에 블록체인 기술을 접목해 투명성, 민주성, 효율성, 보완성의 가치를 확장하는 다양한 정책·제도·사업을 시작한다.

두 번째 단계는 개별 지방정부나 공공서비스 프로젝트 차원을 넘어 보다 유기적으로 자동화된 형태의 정부 조직을 통째로 재설계하는 것이다. 한국의 전자정부보다 한 걸음 앞에 나아가 있는 동유럽의 디지털 선도국가 에스토니아는 블록체인 기반의 전자신분증을 시민에게 지급하고 이를 통해 모든 공공서비스에 접근할 수 있는 시스템을 구축했다. 그 결과, 소액재판의 경우 AI 판사가 판결을 내리고 이를 전자문서로 이송해 빠르고 정확한 사법 서비스를 구현하게 됐다.

세 번째 단계는 블록체인 기반의 P2P 네트워크가 정부의 역할 일부를 대체하는 것이다. 이 정도로 성숙되면 정부는 국방·외교안보 같은 핵심 기능만 책임지고, 나머지 사회의 제반 공공 시스템은 개인 간의 연대와 자율에 기반한 분산 자율조직 및 분산 자율시민Decentralized Autonomous Citizen, DAC으로 진화할 것이라고 허 교수는 예측하고 있다.

블록체인은 분권화된 자율정부를 만들 수 있을까

4차 산업혁명 시대의 핵심 원리 중 하나는 자기조직화self organizing이다. 특별한 구심점 없이 흩어져 있는 노드nod* 간에 충분한 정보 교환만 이뤄진다면 내부에서 질서가 스스로 생겨나며 자연스레 조직 체계를 갖춰간다는 법칙이다. 내부 구성요소들이 외부 환경과 끊임없이 작용하면서 자발적으로 조직 체계가 변화하는 원리이다. 발생과 변화의 자생성이 강조된다. '자기조직화' 원리는 수직적이고 위계질서가 있는 공간이 아닌 수평적 공간에서 특정한 중심이 없이 분산된 개인들이 서로 연결되어

---

* 컴퓨터 과학에 쓰이는 기초적인 단위로, 장치나 데이터 지점을 의미한다. 노드는 데이터를 포함하며, 다른 노드와 연결될 수 있다.

영향을 주고받으면서 아래로부터 스스로 조직을 만들어가고, 새로운 규칙에 근거해 더 높고 복잡한 단계로 나아간다는 특징을 보여주고 있다.

BTS의 아미처럼 강력한 팬 집단도 초기에는 전 세계에 흩어져 개별적으로 활동하던 팬들이 활발한 정보 소통의 상승 작용을 겪으며 자연스럽게 리더와 지역별 조직을 만들게 되었다. 이를 창발성emergence이라고 한다. 무에서 유가, 무질서와 혼돈choas에서 질서cosmos가 불쑥 솟아난다는 것이다. 바로 이 자기 조직화와 창발성이 블록체인 기술로 훨씬 신속하고 깊이 있게 구현될 수 있다. 블록체인 기술의 특징은 분산성, 투명성, 익명성, 안정성이다. 블록체인은 우리가 협업하고 조직화하는 방식을 완전히 바꿀 수 있다.

앞으로 블록체인 기술을 도입한 조직은 사람과 기계의 조합이 서로 유연하게 상호작용하는 인간-기계 네트워크Human-Machine Network, HMN로, 흩어져 있지만 통일된 생명체처럼 살아 움직이는 미래의 분산 자율조직Decentralized Autonomous Organization, DAO으로 진화해나갈 것이다. 이를 정치 분야에 적용하면 분산 자율정부Decentralized Autonomous Government, DAG가 된다. 사회적 신뢰기술인 블록체인으로 정부의 공공 의사결정 과정을 개혁한 조직이다. 블록체인이 다수의 직접 참여로 양적 진화를 보장한다면, 이를 바탕으로 한 숙의 민주주의는 민주공동체의 질적 전환을 담보할 것이다.

AI가 정치를 조작한다면?

AI 정치에 밝은 면만 있는 것은 아니다. AI 기술을 이용해 정치를 의도적으로 조작하려 한 최신 사례는 2018년 폭로된 케임브리지 애널리티카Cambridge Analytica, CA의 SNS 개인정보 무단 수집 사건이다. 이 회사는 페이스북 가입자 수백만 명의 프로필을 본인 동의 없이 함부로 긁어모은 다음, 이들에게 정치적 영향을 미칠 목적으로 데이터를 부당하게 분석하여 처리했다. 정치 분야의 빅데이터 전문 분석 및 컨설팅업체인 케임브리지 애널리티카는 2015년 미국 공화당 상원의원 테드 크루즈Ted Cruz의 선거에 불법 데이터를 제공한 의혹이 영국 《가디언》에 의해 처음 폭로됐다. 이후 내부 고발자가 등장하면서 2016년 미국 대통령 선거와 영국의 브렉시트Brexit● 국민투표 외에도 인도, 이탈리아, 브라질 등 세계 여러 곳에서 투표자들에게 영향을 미치는 데 사용되었음이 밝혀졌다.

사건의 파장은 엄청났다. 대중의 분노와 더불어 페이스북의 주가는 단숨에 1,000억 달러 이상 폭락했고, 창업주 마크 저커

● 영국이 유럽 연합을 탈퇴한다는 의미로, '브렉시트'는 영국Britain과 탈퇴exit를 합쳐서 만들어진 단어이다.

버그는 미국 상원 청문회에서 보안 수준 업그레이드를 다짐해야만 했다. 정치인에게는, 넘쳐나는 유권자의 개인정보를 활용해 유리한 방향으로 여론을 조작하려는 정치 컨설팅의 유혹에 견디는 윤리적 동기를 부여했다. SNS 소비자들도 자신이 제공하는 사생활 정보에 대해 다시 한 번 신중하게 생각해보는 계기가 됐다. 가짜 뉴스와 온라인 여론 조작을 예방하는 제도적 통제의 강화로 이어졌음은 물론이다.

케임브리지 애널리티카의 여론 조작은 어떻게 이뤄졌을까. 우선 SNS에서 개인이 무심코 노출한 나이, 성별, 직업, 주소 등 기본적인 신상 정보부터 노동조합이나 정당 가입 여부, 종교적 신념, 심지어 건강 상태와 성생활 등 민감정보까지 데이터 분석 AI봇이 무차별적으로 수집한다. 사람의 성향을 알아내기 위해 이처럼 개인 정보를 수집하는 작업을 프로파일링profiling이라 한다. 미국 FBI 수사관들이 얼굴 없는 범인을 잡기 위해 도입한 과학적 추리기법이다. 범죄 현장의 증거와 범행 수법, 목격자 증언 등을 종합해 범인의 연령대, 성별, 체격 등 외모뿐 아니라 직업, 성격, 범행 동기 등을 추론한 뒤 이를 바탕으로 포위망을 좁혀 범인을 특정하는 수사 방법이다.

프로파일링은 경찰이 처음 도입했지만 곧 상업회사들도 마케팅에 적극적으로 활용하기 시작했다. '누가 우리 제품과 서비스를 이용하는가'라는 소비자 계층 파악은 비즈니스의 기본으로 자리 잡았다. 온라인 비즈니스가 확산되면서 불특정 일반인을 대상으로 한 AI 프로파일링도 발전했다. 구글은 검색창에 들어온 이용자가 무슨 단어와 이미지를 몇 번이나, 얼마나 오래 들여다봤는지를 모두 알고 있다. 신용카드 회사는 회원이 언제 어디서 무슨 서비스를 구매했는지 훤히 들여다보고 있다. 검색과 구매 이력으로 최근 관심사항, 취미, 기호를 알아내고 타깃 광고를 하는 것이다.

7장에서 소개하겠지만 나의 디지털 발자국을 추적하는 마케팅 수사관들은 나 자신보다 나를 더 잘 알고 있다고 봐도 무방하다. 자아ego가 미처 깨닫지 못한 욕구id까지 척척 알아맞히는 것이다. 더 심하게 말하면 "자, 이게 너가 원하던 거야" 하고 나에게 맞춤형 추천, 아니 조종을 한다. 심리적 조작을 통해 의견 유도는 물론, 기쁘고 슬픈 감정마저 전염시킬 수 있다. 2012년에 페이스북이 69만 명에 달하는 이용자들을 대상으로 몰래 벌인 감정전이 실험은 이미 유명한 사례이다.

유권자를 조종하려면 이 같은 AI 프로파일링을 정치 영역으로 확장하기만 하면 된다. 케임브리지 애널리티카는 AI를 통해 유권자의 SNS 정보를 모으고 각 개인의 행동 성향을 분류했다. 후보 캠프의 정치 공학자와 데이터 브로커는 케임브리지의 개인 성향정보를 사들인 후 자체 제작한 행동 예측 알고리즘으로 유권자를 분석했다. 누가 어느 정당, 후보를 지지할지 정밀하게 예측한 다음 자기 캠프에 우호적인 지지자들에게만 유도 정보를 노출시켰다. 즉, 페이스북 검색 시 투표 시간·장소를 비롯한 상세한 투표 정보와 투표를 마친 친구 사진 등이 뜨도록 해 투표율을 높이려는 시도를 했다. 나를 찍을 것으로 예측되는 유권자들만 골라 투표소까지 오도록 유도한다면 내게 유리한 선거결과 조작도 가능하다는 이야기이다. 자신과 다른 견해와 취향을 지닌 사람이나 집단과의 접촉 빈도를 줄임으로써 다양성이 조화롭게 조정·타협되는 민주주의의 기본전제를 훼손할 수 있다.

따라서 대부분의 개인정보보호법은 AI가 프로파일링을 위해 인터넷에서 개인정보를 수집하는 경우라도 본인 동의 없이 민감정보를 취득하는 것은 금지하고 있다. 민감정보란 정보주체의 사생활을 현저히 침해할 우려가 있는 개인정보를 말한다. 특정 종교나 정당, 노동조합 가입 여부라든가 질병을 앓은 치료 이력 등 그 사람의 신념과 건강 상태를 한눈에 파악할 수 있게 하는 재료들이다. 그러나 데이터 가공업자들은 단순 정보도 조합해 민감정보로 둔갑시킬 수 있다. 약품 구매이력, 단체 홈페이지 검색 기록 등을 빅데이터로 분석하면 성향 정보를 추출해낼 수 있기 때문이다. 법률적으로 이 같은 행위는 프라이버시권(사생활 보호권) 침해로 간주된다. 자신에 관한 정보를 스스로 통제할 수 있는 권리, 즉 개인 정보를 부당하게 취득·수집당하지 않을 권리와 노출된 정보를 열람·정정·삭제 청구할 수 있는 권리의 침해에 해당하는 것이다.

군사 AI의 현재와 미래

2019년 9월 14일 새벽 4시 사우디아라비아의 동부 도시 다란. 사우디 정부의 세계 최대 국영 석유 기업인 아람코 본사 건물은 아직 어둑한 미명의 어둠 속에 잠겨 있었다. 그러나 이곳에서 불과 자동차로 2시간 거리인 아브카이크^{Abqaiq}, 쿠라이스^{Khurais} 원유 탈황·정제 공장 지대에서는 악마의 혓바닥 같은 새빨간 화염과 시커먼 연기 기둥들이 여기저기서 치솟았다. 전 세계 석유 1일 생산량의 7퍼센트를 차지하는 거대 원유 정제 시설의 절반 이상이 단숨에 초토화됐다. 사우디와 앙숙인 예멘의 후티 반군은 몇 시간 후 자신들이 10대의 드론으로 유전을 폭격했다고 발표했다. 《뉴욕타임스》(NYT)는 "후티가 한 대에 1만 5,000달러(약 1,800만 원)에 불과한 '저렴한 무기'로 지난해 세계 군사비 지출 3위인 사우디에 막대한 피해를 줬다"라고 보도했다. 미국은 반군의 배후에 이란이 있을 것으로 분석했다. 사우디와 앙숙인 이란의 드론 기술이 반군에게 넘어갔다고 본 것이다. 사우디는 예기치 못한 공격으로 반쯤 멈춰버린 정유시설 정상화에 수개월의 시간과 천문학적인 복구비용을 투입해야만 했다.

우리는 여기서 미래 전쟁의 한 단편을 엿본다. 한쪽은 대당 수십억~수백억 원의 미사일과 전투기 등 초고가 재래식 무기로 완전 무장한 강군, 다른 한쪽은 칼리시니코프 소총과 수류탄 등 빈약한 장비로 무장한 거지 차림의 가난한 반군. 이 같은 비대칭 전력戰力의 커다란 양극화 격차는 고도화된 지능형 무기 한 방으로 단번에 메꿀 수 있다. 다윗이 영리한 돌팔매 한 방으로 거인 골리앗에게 강력한 타격을 입힌 것처럼. 사우디 정부가 정유시설 CCTV와 잔존 증거 조사를 통해 사후 분석한 바에 따르면 10대의 드론은 1,000킬로미터 이상을 날아와 GPS로 타격 지점을 확인해 핀포인트 정밀 폭격을 했다. 이 드론은 쿼드콥터형이 아닌 고정익 소형 드론일 것으로 추정됐다. 원거리 비행이 가능하고 지상에서 고도 500미터 이하의 낮은 거리를 유지하며 날 수 있기 때문이다. 날개 달린 미사일처럼 생긴 미군의 프레더터나 글로벌 호크 같은 고급 드론도 아니었다.

대한민국 땅에서 발견된 북한의 드론과 마찬가지로, 조악한 사양의 무기라 할지라도 레이다 감시망을 뚫고 침입해 은밀하고 정확한 타격으로 적에게 막대한 피해를 입힐 수 있음이 이번 공격에서 확인됐다. 폭탄을 떨어뜨리는 폭격이 아니라 기체를 통째로 유전시설에 돌진시키며 가미카제식 자살공격을 감행한 반군의 드론은 막판에 시속 360킬로미터, 초당 100미터 이상의 고속으로 날아가 사우디로서는 적절한 탐지와 요격 대응이 어려웠던 것으로 보인다. 전 세계 군사 전략가들은 아브카이크 공격 사례를 면밀하게 연구하고 있다. 미래의 전쟁사를 새로 써나갈 신기원으로 여기기 때문이다.

군사 AI의 정의 및 분류

군사 AI란 안보·방위 정책과 산업, 군조직 운용에 AI 기술을 접목한 분야를 말한다. 미국에서는 차세대 국방, 즉 '방위 혁신Defense Innovation'이라고 하면 ①자율 무기Autonomous Weapon ②자율 학습체계 ③전투원 능력 증강 ④유·무인 작전 능력 증강 ⑤네트워크 기반 자율무기를 통틀어 일컫는다. 이 중에서 자율 무기가 바로 사람이 없는 무인無人 전쟁의 중심에 서 있다. 출력이 늘 입력한 대로 나오는 자동 무기Automated Weapon와는 성격이 전혀 다르다.

AI 기술을 탑재한 자율무기는 외부 상황의 변화에 맞춰 스스로 기동의 양상과 공격 시간 및 경로 등을 조절하면서 목적을 달성하는 데 필요한 행동을 하도록 설계된 전투봇combat bot이다. AI 전투체계는 외부로부터 입력되는 대량의 가변 데이터를 즉각적으로 처리하면서 자체 제어self-control할 뿐 아니라, 스스로 규칙을 찾아내며self-regulation, 자율적으로 동작self-actuation하는 능력을 보유하고 있다. 언젠가는 영화 〈터미네이터Terminator〉에 등장하는 로봇 병기가 나타날지도 모르겠지만, 지금 기술 수준엔 공상과학일 뿐 현실적으로는 요원하다. 지금 가능한 것은 지상·해상·공중에서 매우 정밀하게 움직이는 무인 이동체에 불과하다. 크기와 형태, 기능 면에서 여러 가지 시제품을 선보이고 있지만 독립 부대를 이룰 만큼 실전에서 성능이 검증된 사례는 보고되지 않고 있다.

어찌 보면 당연하다. 민간에서도 아직 상용화된 자율주행자동차조차 없는 상태이다. 제한 구간의 반복 운행이 아닌, 전면적인 자율 도로운행은 여전히 넘어야 할 기술과 제도의 장벽이 높다. 그리고 설사 기술적으로 자율무기의 실현이 가능해지더라도 국제사회의 법규와 양식이 기계의 살인을 '전쟁범죄'로 간주해 절대 허용하지 않을 자세를 보여주고 있다. 핵무기는 예외로 하더라도 화학무기나 생물학무기를 국제법상 대량살상무기로서 금지하고 있는 현실과 마찬가지이다. UN은 이미 자율살상 무기 체계에 대한 규제 및 금지 결의안을 채택하고, 이를 법규화할 준비를 하고 있다. 완벽하게 작동하는 AI 전투원, 로봇 군인은 여전히 장군들 머릿속에만 존재하는 꿈의 병사인 셈이다.

현재 보급된 실전 군사 AI는 크게 두 가지로 분류할 수 있다. 하나는 전장battle field에서의 전투력 증대를 목적으로 한 전력 증강 AI이다. 다른 하나는 비전장非戰場 환경에서의 국방업무 효율성 향상을 위한 시스템 개선 AI이다. 두 번째 유형의 군사 AI는 민간에서 개발되고 검증된 기존 기술을 군사 부문에 접목해 활용하는 것으로 충분하다. 전체 시스템의 효율 향상을 위해 업무의 흐름을 조직화하고, 조직 간 실시간 소통을 강화하며, 큰 그림을 보는 종합 판단능력을 높이는 일은 군 조직만의 목표는 아니다.

하지만 첫 번째 유형의 군사 AI는 앞서 말했듯 매우 어렵다.

우선, 전투 내지 전쟁 승리라는 군 조직의 목표는 사회의 다른 분야 일반 업무와는 성격이 판이하다. 이보다 더 어려운 점은 윤리와 법·제도적 제약이다. 군사 AI가 인명 살상, 시설 파괴 목적으로 확대되려면 데이터, 수집수단 및 방법, 학습 알고리즘, 컴퓨팅 파워 등의 기술적 선행조건 외에 AI 기술의 안전성, AI 활용의 윤리적·법적 쟁점들이 어느 정도 사회적 합의를 이룬 후에라야 가능할 것이다. 현실적으로는 거의 불가능하다.

그러나 각국 군대는 가장 비난이 덜하고 생명·재산의 파괴와는 비교적 무관한 분야부터 서서히 실전 도입을 현장에서 시도하고 있다. 군의 전장 기능은 군사 교리적으로 기동, 화력, 방호, 정보, 작전지속 지원, 지휘통제 등 여섯 가지로 구분된다. 순수하게 기술 측면에서만 보면 군사 AI는 모든 전장 기능에 투입할 수 있지만, 위에 적시한 윤리적·법적 책임 등의 한계로 인해 아직은 공격 활동보다는 방어 활동 또는 공격 지원 활동에 우선적으로 적용되고 있다.

지휘통제

지휘Command, 통제Control, 통신Communication, 컴퓨터 Computer, 정보Intelligence의 준말인 'C4I'는 통합 전장 관리체계로 불린다. 무기와 전투 부대, 지휘부를 하나의 정보 네트워크로 통합해 작전 중 실시간 상황을 공유하면서 임무를 수행하는 현대전 시스템의 하나이다. 특히 지휘부 입장에서는 AI의 도움을 받아 전황을 신속하게 파악하고 작전부대에 정확한 명령을 내리는 지능형 지휘결심 지원체계가 중요하다. 다양한 정보와 첩보를 취합한 후 즉각적이고 정확한 상황 판단을 하는 데 AI의 분석을 참고한다는 뜻이다. 세부적으로 보면, 우선 표적을 자동적으로 식별·추적하고 위협 여부 및 위험 순위 판단을 하는 데 도움을 받을 수 있다. 적 행동을 예측하거나 병참 차원에서 군수 보급의 병목 현상을 미리 확률적으로 계산해보는 일도 가능하다. 지휘관이 작전계획을 세울 때 재정·기술·보급·가용인력·시간 등의 자원을 종합적으로 가늠해 대응의 우선순위를 정하도록 돕고, 능력·경험·성격·심리 등을 고려해서 요원의 임무 배정이나 최적 이동경로를 추천해주기도 한다.

실제 사례를 보자. 이스라엘 민간 군수업체 유니콰이Uniqai가 시판 중인 AI 작전지휘 지원체계 '북방의 화살Northern Arrow'은 금융 산업에서 미국의 켄쇼가 최초로 선보인 AI 투자판단 지원 알고리즘과 비슷한 역할을 한다. 군 지휘관이 전장에서 올라오는 갖가지 보고들을 머릿속에 입력하며 최종 작전 지시를 내릴 때 북방의 화살은 적 위치와 무기 등 상대 전력 분석은 물론, 날씨·지형·조수간만 등 내·외부 변수에 따라 방대하게 수집된 정보를 정밀 분석해 시각화된 통계 수치로 나타낸다.

과거에 전투경험 풍부한 작전 참모들이 여러 장의 지도와 차트를 보며 꼬박 반나절, 심지어 하루 종일 매달린 전황 분석을 단 몇 분 만에 마치고 지휘관에게 대안 작전을 추천해준다. AI 왓슨이 인간 의사에게 추천, 고려, 비추천으로 3개의 대안을 제시하며 배경 논문과 의료저널을 보여주는 것처럼 북방의 화살은 각 추천 대안에 '이래서 이 작전을 추천한다'라는 설명까지 부연한다. 지휘관은 군사도서와 작전 매뉴얼, 그리고 경험 많은 지휘관들과의 인터뷰 등으로 학습한 AI 참모의 조언을 들을지 말지를 스스로 판단하면 된다.

군수지원

무기체계와 전력의 수요 예측이나 고장을 사전 진단하는 데도 AI가 쓰이고 있다. 돌발 상황에 대비해 전투 장비를 최상의 상태로 유지하기 위해 운용 환경 및 시간 등을 고려해, 고장 발생 전에 부품을 예방적으로 교체한다. 또 적정량의 수리부속품을 재고로 보유하고 적시에 부대에 제공해 전투 불능 장비를 최소화한다. 실제 미군은 2016년 전투차량 스트라이커stryker 350대의 유지보수에 IBM의 AI 플랫폼 왓슨 기술을 실험적으로 접목했다. 왓슨은 유지 보수 매뉴얼과 업무 절차 등을 학습한 후 이상 징후를 식별하고, 차량의 부속품에 문제가 발생할 시점을 예측했다. 개별 차량에 대한 정확한 진단으로 현장에서 차량 문제를 쉽게 발견하고 추적함으로써 결과적으로 차량 고장률을 감소시켰다. 미 국방부 합동인공지능센터(JAIC)도 2019년 블랙호크 헬기에 예측 정비predictive maintenace를 도입한 결과, 갑작스러운 고장이 현저하게 감소해 비용을 3분의 1가량 감축할 수 있었다. 연간 780억 달러(약 93조 원)를 정비 예산으로 지출하고 있는 미 국방부로서는 귀가 솔깃할 수밖에 없는 수치이다.

시뮬레이션 훈련체계

실제 전투가 아니더라도 AI 기반의 워게임war game으로 훈련 전력을 향상시킬 수 있다. 개별 전투원이나 전투팀이 실제 전투 상황에 임하기 전에 숙달되도록 가상의 디지털 전장 환경을 구축한 모델이다. 미군은 특히 개별 전투원을 위한 시뮬레이션 훈련체계에 투자를 집중하고 있다. 현재 워게임 모델은 인간 전투참모단 간의 쌍방훈련으로 진행되지만, 머지않아 AI 전투참모단과 인간 전투참모단과의 쌍방훈련이 가능할 것으로 보인다. 수많은 훈련 또는 전투 모델을 학습한 AI는 인간 전투참모단을 숙달시키는 훌륭한 스파링 파트너 노릇을 할 것이다.

무인 자율 전투체계

인간의 지휘결심 절차가 완전히 배제된, AI 스스로 지각-인지-결심-행동절차를 수행하는 무기를 말한다. 이렇게 독립된 전투를 수행하는 기계에 인간은 임무와 목표만을 제시한다. 그러나 전술했듯, 완성된 형태의 자율 전투체계가 구현되기 위해서는 AI 기술의 완전성뿐 아니라 법률적, 윤리적 기반이 마련되어야 한다. 만약 이 문제가 해결된다면 무인 자율무기는 군사 AI의 궁극적 형태, 종착역이 될 것이다. 현실적으론 어렵다. 각국이 은밀하지만 활발하게 개발 중이지만 외부에 공표는 하지 못하고 있는 이유이다.

자율 전투체계는 지상, 수중, 수상, 공중 그리고 사이버 공간 등 모든 전투 공간에서 활용될 수 있다. 미국 고등연구계획국(DARPA)은 2020년 완공을 목표로 AI 무인 잠수함 '시헌터Sea Hunter'를 록히드마틴, 보잉 등에 제작 의뢰해 개발 중이다. 2019년 시제품이 이미 공개됐다. 무인 잠수함은 유인 잠수함에 비해 운영비용을 절감할 수 있으며, 승무원 교대가 필요하지 않아 연속 작전이 가능하다. 중국 역시 해양 탐사용 자율 무인 잠수정 '치안롱潛龍'을 토대로 2021년까지 AI 무인 잠수함을 실전 배치한다는 목표 아래 은밀하게 개발을 진행하고 있다.

한국에서도 KAIST와 한화시스템이 국방인공지능융합연구센터를 개설하고 대형 무인 잠수정 복합항법 알고리즘 등 4대 과제를 선정해 연구를 시작했다. 스위스 취리히대학, 이탈리아 델라스비제라대학 등은 산악지대에서 실종자 수색 목적으로 AI 기반 쿼드콥터형 드론을 공동 개발했다. 고성능 카메라에 장착한 인공신경망이 산책로 주변에서 실종자 흔적의 이미지를 손쉽게 포착해낼 수 있다고 한다. 가장 흔한 AI 비행체는 미국, 중국

등이 수색·정찰 임무에 주로 활용 중인 군사용 무인항공기(UAV)
이다. 무인 자율 자동차나 장갑차(LUV)도 테스트 단계에 있다.

기타

사이버 전쟁에서 상대를 공격하고 나의 취약점을 보호하는
사이버 보안 기술, 표적 식별·위협감시·상황인지 등 자율 전투체
계의 인지 및 판단 기능의 기초가 되는 정찰·경계·탐지 기술, 부
상자를 이송·치료하는 전장 헬스케어 등 여타 분야에서도 AI 도
입을 모색하거나, 일부는 시험 운용되고 있다.

자율무기의 첫걸음, 군사용 AI 드론

2019년 3월 한국 육군은 교육사령부 주관으로 KAIST, 국
방과학연구소, 국방기술품질원 등 국책 및 민간 연구기관과 함
께 AI 및 드론봇dronebot 콘퍼런스를 개최했다. 이에 앞서 열린
2018년 4월 '드론봇 전투 발전 콘퍼런스'에서는 지상작전사령부
를 축으로 분대 단위까지 지상군의 전숲 제대가 전장의 모든 영
역에서 드론봇을 운용하는 드론봇 중심의 전장 생태계Battlefield
Ecosystem를 구축함으로써 유·무인 하이브리드 전장의 선구자로
도약하겠다는 비전이 선포된 바 있다. 이는 향후 병력 및 부대

규모가 30퍼센트 이상 감축되는 미래 전력 운용 전망에 맞추기 위한 것이다.

육군은 지상전력에서 차지하는 드론봇의 비중을 30퍼센트 수준까지 높이고, 다양한 영역의 드론봇 작전개념을 발전시키며, 후방부대에도 드론봇을 편성할 필요가 있다고 주장했다. 그리고 2030년까지 드론의 기능을 '정보'에서 '제병협동' 차원으로 확대하고 로봇의 기능도 '기동'뿐 아니라 '대기동', '방호', '작전지속지원' 등 전장의 전 기능으로 확대하며, 드론봇의 형태 역시 '단일형'에서 '군집형', '생체 모방형' 등 복합적 형태로 발전시키겠다고 밝혔다.

이미 정찰·타격 복합형 드론봇을 비롯해 지상작전사령부용 정찰용 드론에서 중대급 드론에 이르는 14종의 드론봇을 도입하기로 결정했다. 현재 제대별 정찰용 무인기, 무인경수색 차량 등 5종의 드론봇은 개발 중이며, 국방과학연구소 및 방산업체들도 연구개발 인프라를 확충했다. 방사청도 2019년 1월에 드론사업 팀을 신설해 신규 수요에 대비하고 있다.

주변국들은 어떻게 움직이고 있을까. 미국은 2014년 국방혁신 핵심과제에 AI 전투봇을 선정하고, 2015년 전투원의 역할을 대체할 수 있는 군사용 로봇과 무인 전투차량을 공개했다. 정찰·공격 복합형 드론뿐 아니라 스텔스Stealth 기능을 갖춘 지능형 드론도 개발 중이다. 중국은 가격 경쟁력과 풍부한 제조 및 생산기반을 바탕으로 세계 드론 시장의 70퍼센트 이상을 점유하면서 2015년부터 인도네시아를 비롯한 16개국에 해외 수출 중이다.

군사 분야에서도 2015년 기관총과 유탄발사기를 장착한 소형 전투로봇을 공개하고, 2018년 '텐잉'이라는 스텔스 드론의 시험비행과 7시간 운용될 수 있는 드론용 하이브리드 엔진을 선보였다. 러시아도 미국의 실리콘밸리에 버금가는 첨단 과학기술혁신 단지를 조성하고 있고, 최근 시속 80킬로미터 속도로 비행하면서 표적을 타격할 수 있는 일명 '가미카제 드론'을 공개했다.

왜 드론인가

드론봇은 군사혁신의 선두주자, 하이테크 전력의 핵심으로 떠올랐다. 미국 등 군사선진국들은 이미 드론을 활용한 군사작전을 수행하고 있다. 미국은 2008년 이후 4,500명 이상의 테러리스트를 드론으로 제거했다. 최근에는 F-35 전투기가 폭탄을 탑재한 다수의 드론을 지휘하고, X-47 항공모함용 드론으로 표적을 초토화시키는 다양한 군사작전을 구상하고 있다. 이스라엘도 곤충형 로봇으로 적대세력을 암살하는 작전을 연구 중이다.

이는 드론봇이 유인 전투체계에 비해 과감하면서도 정밀하게 적의 중심을 스마트 타격하는 기회를 제공하기 때문이다. 유인 전투체계는 인간의 조종 가능 한도 내 성능만 발휘하지만, 드론봇은 기계적으로 구현되는 최대한의 성능을 내는 까닭에 적이 인지하더라도 대응할 수 없을 만큼 신속한 작전 속도로 운용

될 수 있다. 또 인력을 절감하는 동시에 전투의 효율성을 증대시켜 기존 인간 중심의 전투체계를 대체 및 보완해 정찰, 공격, 지원 임무를 수행할 수 있다는 장점이 부각되고 있다. 지형적 난이도가 높은 지역, 전투원의 위험이 큰 고위험 임무에서도 전투원의 역할을 효과적으로 대체할 수 있다.

특히 다수의 드론봇들이 곤충떼처럼 분산과 집중을 반복하면서 비선형전을 수행하는 '군집기동Swarming', 유인체계와 혼성부대를 이뤄 협업 작전을 펼치는 복합 기동도 가능해진다. 드론봇(무인)과 기계화 부대(유인)를 편조한 유·무인 복합 기동부대는 지상과 공중으로 동시 기동함으로써 높은 작전효과를 창출할 것이다. 다만 특정 주파수 공격jamming, 물리적 공격, 기계학습 알고리즘 공격에 대비한 취약점 보완은 향후의 개선과제로 남아 있다.

전술 개념과 전쟁 수행 패러다임의 혁신

드론봇은 기계 성능을 최대한 활용한 '초기동전Hyper-Maneuver War' 개념을 발전시키고 있다. 현재의 기계화부대 중심 기동전 패러다임을 정찰·공격 복합형 드론봇 전투체계를 중심으로 전환해 공중 공간을 효율적으로 활용하면서 기동의 속도를 초스피드로 올린다는 의미이다. 또 독립 또는 준準독립적 전투능력을 보유한 드론봇들이 '벌'처럼 분산돼 있다가 공격목표가 정해지면 초연결 네트워크를 활용해 전 방향에서 일제히 목표를 공격하고, 작전 목적이 달성되면 다시 분산하는 방식으로 전투를 수행하는 '스워밍전Swarming War' 개념도 현실화되고 있다. 스워밍전은 드론봇을 기술적 비대칭 전력으로 운용해 적의 심리뿐 아니라 작전체계 마비도 목표로 한다. 다량·다종의 군집 드론이 분산과 집중을 반복하는 등 비선형 방식으로 기동하면서 전·후방 동시 전투를 압박할 경우 적의 전투력을 인위적으로 분산시키고, 작전체계도 교란할 수 있기 때문이다.

전선의 위치에 따라, 우선 경계부대는 정찰·타격 복합형 드론으로 작전반경을 확장하고 아군의 방어준비 시간을 벌 수 있다. 또 적의 접근을 경고하는 수세적 전술 규범에서 벗어나 적 선제타격 등 공세적인 경계작전 개념으로 확장 가능하다. 근접전투에서는 화기를 장착한 드론봇 여러 대를 전투원 1명이 원격 조종하면서 절감된 병력을 예비대로 확보할 수 있다. 적 지휘관이나 공용화기 사수 등을 선별적으로 저격하거나, 지뢰나 폭발물을 탑재한 로봇이 적의 기동을 저지 및 차단하는 작전도 구상할 수 있다. 정찰·타격 복합형 드론은 표적에 근접해 타격하고, 화포에 비해 빠르면서도 정밀하다. 근접 항공지원Close Air Support, CAS용 전투기나 공격헬기에 비해 비용도 적게 든다. 드론봇은 후방 지역에서 침투한 적을 탐색해 격멸하는 데에도 유리하다. 후방의 국가 및 군사 중요시설 방호 시 지하공동구 내부에 로봇을 투입하면 아군의 인명손실을 최소화하면서 효과적으로 수색이 가능하다.

창과 방패, 드론봇 방어기술

AI 드론봇을 제압하는Counter AI 기술로 대표적인 것은 '적대적 사례Adversarial Example'와 '감염 공격Poisoning Attack'이 있다. 기계학습의 오류를 인위적으로 유도하는 기법으로 유명하다. 적대적 사례는 AI 모델이 시각적으로 인식하는 데이터 패턴을 다른 이미지 위에 겹쳐 시각적 착각을 발생시키는 기술이다. AI가 판독대상 이미지의 픽셀에서 추출하는 특징feature은 인간과 같은 형태 요소가 아니다. 학습 이미지들의 공통적인 패턴을 인식하는데, 이 패턴은 이미지의 부분 또는 이미지 전체를 가로지르는 불분명한 픽셀 값의 조합, 수학적인 통계치일 수도 있다.

이러한 수치 값의 배열을 인간은 식별할 수 없지만 AI가 특정한 객체를 예측하는 데에는 정확하게 사용된다. 그래서 바나나 이미지에서 추출한 패턴 값을 고양이 이미지에 겹쳐버리면 AI는 노이즈를 거르지 못하고 고양이를 바나나로 잘못 분류하고 마는 것이다. 미국 국방부 고등연구계획국(DARPA)은 2019년 2월 구글이 적대적 사례 패치(스티커) 논문을 공개하며 기계학습 오작동의 위험을 경고하자 AI 모델의 취약점을 보완하기 위한 연구에 착수했다. 입력 데이터에 대한 변조 노이즈를 필터링하는 방법과 적대적 사례 기술에 강건한 개선 모델 개발 등이 검토되고 있다.

감염 공격은 처음부터 머신러닝의 훈련 세트에 잘못된 데이터를 주입해 잘못된 분류를 하도록 오도하는 기술이다. 데이터 포이즈닝은 긍정 오류false positive[•]를 발생시켜 위험물이 아닌데도 위험물로 잘못 분류하는 식의 오작동을 일으킨다. 따라서 국방 AI 기술을 개발할 때 학습데이터에 대한 철저한 관리가 필요하게 된다. 악의적 데이터로 딥러닝 모델이 추가적인 학습을 하지 않도록 감시하고, 학습데이터에 포이즈닝 데이터가 포함되었는지를 체계적으로 통제해야 한다. 딥러닝 모델 내부의 군사 기밀을 암호화해, 설사 기밀이 유출되더라도 피해를 최소화하는 방어 기법도 사용된다. 마지막으로, 적 공격 때문에 아군과의 통신이 끊어진 드론은 내부 기억장치를 자동 포맷해 탈취돼도 무용화시키는 자폭 기능도 있다.

군사 AI의 한계와 쟁점

　2018년 6월 21일 서울 웨스틴조선 호텔의 코스모스 바이올렛 콘퍼런스룸. 벽에는 '인공지능 길들이기: 공학, 윤리, 정책'이라고 적힌 플래카드가 붙어 있다. 이윽고 머리가 반쯤 벗어진 초로의 노신사가 연단에 올라 뭔가를 말하기 시작하자, 연단 아래의 참석자들은 필기도구를 꺼내 적느라 갑자기 분주해졌다. 연

[•] 거짓을 참으로, 혹은 없는 것을 존재한다고 진단하는 오류

사의 이름은 월시Toby Walsh. 호주 뉴사우스웨일스대학의 AI 사이엔티아 교수Scientia Professor로, 전미인공지능학회와 유럽인공지능학회 펠로fellow로도 활약 중인 AI 전문가이다. 그는 두 달 전 우리나라 한국과학기술원(KAIST)과의 공동 연구를 거부하겠다는 전 세계 연구자의 연대서명을 주도해 한국 언론에 처음 이름을 알렸다.

사연은 이렇다. KAIST가 그해 4월 한화시스템과 손잡고 국방인공지능융합연구센터를 개소하겠다고 발표했다. 한화시스템은 무기를 생산하는 방산업체이다. 그런데 직후 토비 월시 교수가 미국과 유럽의 AI 연구자 50여 명에게 연판장을 돌려 KAIST와의 연구 교류를 중단하자는 공동 성명을 냈다. KAIST는 깜짝 놀라 급한 김에 우선 총장 명의로 서명자 전원에게 해명하는 연락을 보내야 했다. "우리가 연구하려는 테마는 군 병력 감축에 따른 경계 임무, 그리고 작전 판단 등에서의 AI 활용 가능성 모색이다"라고.

해외 학자들이 KAIST의 움직임을 대량 살상 AI 무기 개발로 오해해 빚어진 소동이었다. KAIST는 절대로 킬러 로봇 개발이 아니라고 재삼 확인한 뒤, 주동자 격인 월시 교수를 한국으로 초청해 국제 세미나까지 열게 된 것이다. 월시 교수는 '자율적 살상무기: AI 연구자는 무엇을 해야 하는가'라는 제목의 주제발표를 통해 평소 그의 지론을 전개했다. 그는 UN에서 자율 살상무기(킬러 로봇)를 금지하는 국제법규 제정 캠페인도 주도하고 있다. 이날 세미나에는 일본과 영국의 AI 연구자들도 참석해 AI 윤리 및 정책 수립 과정에서의 경험, 알고리즘 편향을 최소화한 AI 산업표준 설계 동향 등 한국에서 습득하기 힘든 귀한 정보교환도 이루어졌다.

기계가 사람의 생명을 빼앗을 순 없다

KAIST 서울 세미나는 군사 AI의 본질과 한계를 한눈에 볼 수 있는 상징적 행사였다. 사실은 이 사례가 아니더라도, 유사한 일들이 세계 곳곳에서 이미 벌어졌다. 2018년 5월 구글 직원 4,000여 명은 프로젝트 메이븐Project Maven에 앞으로 협력하지 않겠다고 선언했고, 회사는 이를 받아들였다. 프로젝트 메이븐은 미국 국방부 무인 드론 공격기의 실시간 영상 판독 능력을 향상시키는 업무였다. 2019년 2월 마이크로소프트에서도 직원 50명이 증강현실(AR) 기기인 홀로렌즈의 국방부 납품을 철회하라고 집단적으로 요구했다. 미국 정부는 민간업체들의 협력 거부가 이어진다면 행정명령을 발동해 직접 기술 개발에 뛰어들거나 다른 외국업체로 우회해서 프로젝트를 진행할 것으로 보인다고 미국 언론들은 예측했다.

러시아의 푸틴과 중국 시진핑처럼 부국강병을 추구하며 다른 나라와의 전쟁도 불사하겠다는 팽창적 국방외교 정책에 몰두한 위정자들은 AI의 군사화에 매우 적극적이다. 그들은 지휘 통제, 군수지원 같은 비전투 분야뿐 아니라 실제 전쟁을 벌이는 전장에서 더 위력적인 무기, 적을 압도하는 지능화 화력을 보유하고 싶어 한다. 그러나 군사 AI가 살상 무기에 적용되는 순간, 인간은 초유의 윤리적 딜레마에 직면하게 된다. 바로 사람의 개입 없는 '자동 살인' 문제이다.

인류 역사에서 전쟁의 양상은 과학기술의 발달과 함께 비대면 대량살상 쪽으로 기울어졌다. 칼에서 총, 대포, 화학·생물학 무기를 거쳐 핵무기에 이르기까지 눈앞에서 죽어가는 상대방을 보지 않고도 단추 한 번 누르면 수많은 인명을 앗아 갈 수 있는 원격 살인 기술이 전장에 널리 보급됐다. 그래도 '공인된 살인'으로서의 전투행위는 지금까지 나름의 규칙에 따라 제한을 받아왔다. 항복한 포로는 죽이지 않고, 부상자는 치료해주며, 비전투요원 민간인의 희생을 최소화한다는 제네바협정 등 인도주의에 입각한 국제법규를 준수하도록 요구받는다. 드론 폭격 등 비대면 원격 살인 기술은 이런 의미에서 방아쇠를 당기는 공격자의 양심상 가책을 희석하고, 공격당하는 희생자의 민간인 식별을 어렵게 만든다는 점에서 비난을 받았다.

하지만 AI 살상 무기는 차원이 다른 책임 문제를 불러일으킨다. 자율 살상, 즉 사람의 개입 없는 자동 살인의 가능성 때문이다. AI의 자율성autonomousness은 고도의 책임회피 기제가 되기 십상이다. 그동안 모든 공격 결정의 배후에는 사람이 있었지만 AI 무기는 스스로 알아서 '발포'한다. 아시모프의 로봇 3원칙처럼 자신을 보호하기 위해서든, 자신이 섬기는 주인의 명령을 따르기 위해서든, 알고리즘의 계산 결과에 따라 자동으로 군사적 임무를 수행하는 것이다. 이 경우 만약 전쟁범죄의 책임을 따지는 군사재판이 사후에라도 열린다면 기소된 지휘관은 면책을 주장하기 쉬울 것이다. 죽이라는 명령을 로봇에 직접 내린 적이 없다고. 그냥 과학자들이 만든 로봇 병사를 작전에 투입했을 뿐이고, 전투행위는 그들이 알아서 한 일이라고. 과연 이 글을 읽는 독자들의 의견은 어떨지 궁금하다.

자율 기계의 책임, 어떻게 따질까

앞서 1장에서 살펴본 것처럼 자율주행자동차의 산업현장 보급 과정에서 자율 기계의 책임에 대한 법 논리 구성이 다각도로 시도되고 있다. 가장 일반적인 이론은 대리인 제도를 원용해 법률상 표현대리表見代理로 책임을 배후의 인간에게 지우는 것이다. 즉, 최종 결정에 대한 권한을 직접 위임하는 직접적이고 명시적인 의사표시가 없었더라도 업무 전반에서 권한을 묵시적으로 이양한 것으로 간주할 만한 정황과 사유가 있으면 대리인의 행위 책임을 위임자에게 귀속시키는 방식이다. 이에 따르면 기계에 살인의 권한을 위임한 인간이 책임을 지게 된다.

그러나 기계의 배후에 있는 인간에게 책임을 묻는다 해도 예컨대 자율주행자동차의 경우 생산업자인 자동차회사의 간부일지, 주행 알고리즘을 설계한 컴퓨터기술자일지, 자율주행 버튼을 누른 운전자일지는 아직 대세를 점한 다수설이 없다. 공리주의에 입각한 최소비용 위험회피자 이론 등이 거론되고 있다. 가장 적은 비용과 희생으로 위험을 회피할 수 있는 능력을 가진 자, 예를 들어 자율주행자동차 생산자가 책임을 져야 한다는 주장이다. 과연 책임의 최종 주체는 누가 되어야 할까.

예술　스포츠

윌 스미스가 묻고,
AI가 답하다

AI의 마지막 도전

"로봇이 교향곡을 쓸 수 있어? 로봇이 캔버스에 멋진 명화를 그려낼 수 있냐고?" 아이작 아시모프Isaac Asimov의 SF소설을 원작으로 만들어진 영화 〈아이, 로봇I, Robot〉(2004)에서, 로봇을 혐오하는 형사 델 스푸너(윌 스미스 분)가 로봇 써니SONNY를 취조하며 퍼붓는 질문이다. 써니는 이 질문을 받고, 스푸너를 똑바로 쳐다보며 "당신은 할 수 있나요?Can you?"라고 되묻는다. 감정의 유무, 인간과 AI 로봇의 차이 등을 고민하게 만드는 철학적인 장면이지만, 불과 16년이 흐른 지금 다시 보면 사뭇 다른 의미로 다가오기도 한다. 지금이라면 스푸너의 질문에 'Can you?'가 아니라, 'Yes'라고 답하는 것도 그리 머지않은 미래의 일로 보이기 때문이다.

AI의 마지막 도전은 예술 분야가 될 것이라는 게 기술 및 인문학 전공자들의 일반적 예측이었다. 예술은 인간만 갖고 있다고 여겨지던 창의성의 대표 영역이기 때문이다. 정형적·반복적 업무의 경우 창의적 요소가 적거나 거의 없어, 그 작업 속성을 '기계적'이라고 표현하기도 했다. 지금의 초기 예술 AI의 산출물이 인간의 예술 작품을 모방하거나 다른 방식으로 재현한 수준에 불과한 까닭에 진정한 창의성에 이르지 못하고, 따라서 이와 같은 비판에 직면한 것은 어떻게 보면 당연한 일이다. 그러나 21세기 예술의 최전선에 서 있는 전위적·도전적 예술가들은 여기에 머물지 않고 사람 없이 기계 스스로 '창작'을 할 수 있도록 끊임없이 새로운 예술과 기술의 융합 실험을 하고 있다.

2019년 7월 서울대 관악 캠퍼스 음악대학 53동 302호. 서울대 음악대학 기악과 피아노 전공 박종화 교수가 하얀색 야마하 피아노 앞에서 KAIST 문화기술대학원 남주한 교수와 심각한 표정으로 토론을 하고 있었다. 그들 옆에는 복잡한 도표들이 화면에 나타난 노트북 몇 대가 켜진 채 테이블 위에 놓여 있다. 두 사람은 삼성전자 미래기술육성사업 프로젝트의 하나로 3년째 진행 중인 공동 연구를 통해 단 하나의 목표에 도전하고 있다. '인간 작곡가와 연주자의 감성을 AI 피아노에 담는다'라는 목표이다. 정식 연구과제명은 '머신러닝을 이용한 감성적 음악 연주 생성 시스템 개발'이다. 한마디로 '감성感性 피아노'이다.

남 교수는 피아니스트들의 빅데이터를 재료로 AI를 훈련시켜, 피아노곡에 인간처럼 풍부한 감정을 넣어 작곡하고 연주하도록 만든다는 꿈을 가지고 있다. 어릴 때부터 음악에 관심이 많앉던 그는 과학고, 공대를 거친 후에야 음대로 옮겨 정식 음악공부를 시작했다. 그리고는 음대에서 석·박사과정을 모두 마친 문리文理 융합 과학자이다. 지금은 KAIST에서 '음악과 소리 컴퓨팅 연구실Music and Audio Computing Lab'을 이끌고 있다. 1984년 할리우드 영화 〈로맨틱 컴퓨터Electric Dreams〉를 어릴 때 보고 인간과 컴퓨터가 음악으로 소통을 한다면 어떨까 하는 꿈을 갖게 됐다고 한다.

박 교수는 '달려라 피아노'로 유명한 현장 음악가, 콘서트 피아니스트이다. 네 살 때 피아노를 시작해 뉴잉글랜드 음악원에서 학사와 석사를 마치고 각종 콩쿠르 우승과 세계적 오케스트라와의 협연 등 화려한 경력을 가진 음악천재, 제2의 정명훈으로 불린다. 2007년부터 서울대학교 음악대학 교수로 재직 중인 그는 서울대학교 융합과학기술대학원 '음악과 소리 연구팀Music and Audio Research Group'도 운영하고 있다. 음악과 기술의 융합, 그리고 무엇보다 공연장에 머무르지 않고 현장에서 대중을 폭넓게 만나는 바람의 피아니스트이다.

2016년에는 직접 제작한 특수 트레일러에 500킬로그램이 넘는 그랜드 피아노를 싣고 전국을 돌아다니며 '뮤직 인 모션Music in Motion' 프로젝트를 진행해 클래식 음악계에 신선한 바람을 불러일으켰다. 바닷가에서 해녀들 앞에서 연주하는 아름다운 장면이 한 지상파 교양 프로그램에 나가면서 더욱 유명해졌다. 그는 클래식과 사회의 접점을 찾아 연결하는 것이 음악가의 의무라고 믿는다. 음악이 사회 곳곳에 퍼져나가도록 하는 게 자신의 역할이라는 것이다.

다시 시간을 거슬러 올라가 3개월 전 같은 장소. 앳된 20~30대 젊은이들이 웅성웅성 모여 호기심 어린 눈빛을 반짝이고 있었다. 이들은 정식 연구과제명 '머신러닝을 이용한 감성적 음악 연주 생성 시스템 개발'에 자진해서 참가하려는 피아노 전공 학생이다. 이들이 연주한 소리는 데이터로 변환돼 '감성 피아노'를 훈련하는 재료로 쓰인다. 에디슨이 축음기를 발명하기 전에는 음악 연주를 듣기 위해서는 음악가의 라이브 연주에 기댈 수밖에 없었다. 그러나 이제는 녹음한 음악을 재생하는 것은 물론, 악기가 없어도 음악을 만들 수 있다. 기술의 발전은 음악을 둘러싼 제작과 소비 환경을 변화시켜왔다. AI 기술도 마찬가지이다. 앞으로 음악을 생산하고 소비하는 행위 자체의 성격이 완전히 바뀌면서 기술과 함께 공진화해나갈 것이다.

AI 시대의 음악은 두 가지 방법론이 바탕이 된다고 남 교수는 설명한다. 하나는 음성, 이미지 등 특정 영역에서 도메인 지식domain knowledge을 바탕으로 규칙을 찾는 것이다. 규칙 기반 rule-based 학습이라고 한다. 철학적으로는 상징주의Symbolism 사고방식으로 불린다. 지식의 체계화된 지도를 그리는 방법론으로, 가장 오래된 고전적 AI 이론이다. 또 다른 하나는 기계학습으로 대량의 데이터 간의 관계를 찾아내는 것이다. 데이터 기반의 비지도학습unsupervised learning 방식이다. 인간의 두뇌 신경이 강한 자극이 자주 오는 경로 쪽으로 더욱 강하게 연결되는 원리를 알고리즘 설계에 응용해 인공신경망Artificial Neural Network, ANN이라고도 한다. 알파고가 사용한 딥러닝Deep Learning 알고리즘도 같은 종류이다. 데이터 기반 AI 설계 방식은 입력과 출력의 관계를 설정하는 방법으로, 모델링한 AI 알고리즘으로부터 나온 예측값과 실제 값의 차이를 최소화하는 방식으로 접근한다. 문제가 아주 복잡해지면 이 관계를 설정하기 어려운 한계가 찾아오기도 한다는 것이 남 교수의 설명이다. 그는 이어 '딥러닝은 영역 지식domain knowledge•에 관계 없는 일반적 모델'이라는 점을 강조했다. 바둑 등 특정 분야에 한정된 지식이 아니라, 이미지나 음악 등 수치로 변환할 수 있는 모든 데이터를 교재로 써서 AI를 훈련시킬 수 있다는 것이다.

감성 피아노

예술 AI는 디지털아트 등 다양한 형태로 미술·음악계에 깊숙이 침투해 있다. 특히 생성적 적대 신경망Generative Adversarial Network, GAN 기술••의 탄생 이후 미술·음악학도는 붓과 건반 대신 마우스를 손에 쥐고 프로그래밍에 나섰다. 대형 국제비엔날레의 전시장은 디지털 설치 작품들로 채워지고 있다. 사람들은 혼란에 직면했다. 예술은 인간만의 창의성을 상징하는 마지막

보루였기 때문이다. 물론 현재 초기 예술 AI의 산출물은 인간의 예술 작품을 모방하거나 다른 방식으로 재현한 수준에 불과한 까닭에 진정한 창의성에 이르지 못했다는 비판을 받는다. 소리에서 음표 정보(시간·음정·음의 길이)를 추출하는 자동 채보探譜 기술이 발전하면서 사망한 유명 연주자의 레코드를 재녹음해 활동하는 연주자와 합주 공연을 펼치는 정도다. 그러나 21세기 예술의 최전선을 달려가는 도전적 예술가들은 사람 없이 기계 스스로 '창작'을 할 수 있도록 끊임없이 예술과 기술의 융합 실험을 하고 있다.

우리가 음악을 듣기까지 그 창작 과정에서는 악보 형태로 곡을 만드는 작곡가와 그것을 해석해 실제 소리로 만드는 연주자의 역할이 나누어져 있다. 음악으로부터 '감동'을 느끼기 위해서는 우선 곡이 좋아야겠지만, 이와 더불어 주어진 곡에 감정을 실어서 악기를 연주하는 연주자의 역할 또한 몹시 중요하다. 과학 기술의 발전에 따라 악기 연주를 자동화하기 위한 다양한 시도가 있었다. 악보에 있는 음을 기계적으로 정확히 연주하거나, 사람이 직접 연주한 곡을 저장해 그대로 재생하는 방식이 가

• 주제 영역에 특화된 정보. 바둑 AI에서는 기보, 감성 피아노 AI에서는 악보가 여기에 해당된다.

•• AI 신경망을 생산자generator와 감별자discriminator의 적대적 구조로 설계한 뒤, 원본과 닮은 모사본을 만드는 생산자와 이를 원본과 비교해 위조본으로 판정하는 감별자 간의 지속적 경쟁을 통해 점차 정교한 모사본을 만들어나가는 기술

장 오래되고 흔한 것들이다. 18세기 유럽에서는 악기를 재생하는 휴머노이드 오토마타humanoid automata가 등장했으며 이후 오르골, 에디슨의 축음기, 플레이어 피아노player piano 등의 기술이 차례로 등장했다. 최근에는 연주의 기계적인 정확도 구현을 뛰어넘어 주어진 악보에 대해 스스로 빠르기·강약·장식음 등 감정에 따른 다양한 표현을 하고, 나아가 다른 연주자의 연주에 맞춰 합주까지 할 수 있는 '음악 연주 지능' 연구로 발전하고 있다. 연주자들 각자가 갖고 있는 음악성을 분석해 새로운 음악을 각 연주자 특성에 맞게 재연하는 기술도 소개되고 있다. 블라디미르 호로비츠가 카네기홀에서 슈베르트 즉흥곡 3번을 연주하던 전설적 피아노 솜씨를 비틀스의 〈Yesterday〉 편곡에 응용할 수 있게 되는 것이다.

남주한 교수와 박종화 교수는 2차례에 걸쳐 이뤄진 합동 인터뷰에서 아직 완전한 감성 피아노는 어렵다고 솔직하게 털어놓았다. 남 교수는 "기존 데이터와 비슷한 결과가 나오도록 AI를 학습시키는 일은 수학적으로 정의하기 쉬우니까 모방 기반의 생성 기술은 그리 어렵지 않다. 다만, 지금까지와 전혀 다른 새로운 창작을 할 수 있을지는 여전히 의문이다. 생성 방식 자체가 기존의 데이터와 얼마나 비슷한지 비교를 통해서 이루어지는 것이기 때문"이라고 말했다. 옛 유명 작곡가의 작풍을 패턴 인식해 모방하거나, 즉흥 변주하는 음악 AI 기술은 이미 세계 여러 곳에서 시연한 바 있다. 그러나 피아노에 인간의 감성을 불어넣

다니 무슨 뜻일까, AI 기술로 이게 가능한 일일까.

두 사람은 이렇게 설명했다. 우선, 인간 피아노 연주자에게 한 곡당 행복이나 비참 같은 다섯 가지 다른 감정을 담아 연주해달라고 해서 감성 연주 빅데이터를 생성한다. 그 다음, 인간의 연주 스타일이 담긴 이 정보를 악보樂譜를 읽고 자동 연주하는 컴퓨터 프로그램에 이식한다. 더 자세히 말하면 컴퓨터의 악보 디코더decoder, 읽는 장치가 악보의 음표와 박자 등을 수치화된 악보 정보로 변환하고, 이어 연주 디코더가 이 수치를 바탕으로 연주 정보를 생성한다. 어디까지나 악보에 충실한 기계적인 연주이다. 여기에 인간의 감성을 담은 연주 빅데이터 '감성 네트워크 EmotionNet'를 입히는 것이다.

그러면 악보의 지시에 충실한 만큼 딱딱했던 컴퓨터 연주에 갑자기 생기가 돈다. 곡을 해석하는 자신의 감정에 맞춰 박자와 리듬을 빠르고 느리게, 강하고 약하게 변주했던 인간 연주자의 연주 스타일을 AI가 학습하는 것이다. 지금은 음대생 22명의 1,135개 연주 데이터밖에 없지만, 더 많은 빅데이터로 훈련시키면 인간의 모든 감정을 표현할 줄 아는 AI 작곡가, 연주자가 나오지 않을까 하는 게 두 교수의 기대이다. 이들은 그 목표에 '거장 네트워크巨匠-, VirtuosoNet'라는 이름을 붙여놓았다.

그래도 한계는 있다. AI가 사람의 감정을 담아 작곡·연주하더라도 그게 새로운 시도인지, 자신이 원하던 감성인지, 스스로 평가할 수 있어야 한다는 것이다. 지금은 빅데이터의 패턴에 맞춘 생성에 불과하다는 설명이다. AI가 창작물을 인간처럼 평가할 수 있는 단계에 이른다면 새로운 창작도 할 수 있을 것이라고 두 교수는 말했다. 하지만 평가는 대개 주관적이라 시대에 따라 바뀌고, 평가 기준을 정량적으로 정의하기도 매우 어려워서 정말로 AI가 주체적으로 새로운 창작을 할 수 있을지 확신하긴 어렵다고 두 명의 대가는 고백했다.

두 사람은 연구에 가장 어려운 점은 무엇이냐는 질문에 데이터 세트data set 부족, 시간과 돈의 제약, 융합 미비를 차례로 꼽았다. 딥러닝에는 빅데이터가 필수 재료인데, 빠른 산업화로 다수 축적된 이미지·음성 데이터에 비해 음악 데이터는 부족하기 때문이다. 저작권 문제도 난관이다. 창작물인 예술작품은 연구용이라 해도 데이터 세트로 모아 공유하는 데 제한이 있다. 그래서 감성 피아노 연구팀은 서울대 음대 학생들의 연주 데이터를 직접 모았다. 특히 연주자별로 곡당 다섯 가지 서로 다른 감정 표현을 담아달라고 요청해 섬세한 차이를 포착하고자 했다. 그래도 여전히 AI를 훈련하기에는 부족하다고 한다.

둘째, 음악 등 예술 분야는 결과물을 정량 평가하기 힘들어 사람을 직접 비교하는 정성 평가를 주로 한다. 하지만 유의미한 결과를 얻으려면 많은 평가자와 평가 절차의 엄격한 통제가 요구된다. 시간과 돈이 든다는 이야기이다. 마지막으로, 과학자와 음악가들과의 협업이 아직 국내에선 덜 활발하다. 딥러닝은 영역 지식을 거의 필요로 하지 않지만 학습 데이터 구축, 모델 평가 등에서 예술가의 역할이 매우 중요하다.

기계 예술가들의 도전

세계 10대 교향악단 중 하나인 런던 교향악단London Symphony Orchestra은 2012년 7월 〈심연 속으로Transits-Into an Abyss〉라는 곡을 처음으로 무대에 올렸다. 아무도 그 작곡가가 누구인지 알지 못했다. 바로 '아야무스Iamus'라는 AI 작곡 프로그램이 단 8분 만에 만든 곡이었다. 스페인 말라가대학 컴퓨터 사이언스 교수인 프란시스코 비코Francisco Vico의 연구진과 함께 개발한 AI 알고리즘이다. 룩셈부르크와 영국 런던에 본사를 둔 아이바 테크놀로지는 2016년 2월 작곡 AI '아이바Artificial Intelligence Virtual Artists, AIVA'를 선보였다. 프랑스 음악저작권협회(SACEM)가 인정한 최초의 가상 아티스트이다. 그해 11월에는 '창세기Genesis'란 제목의 앨범을 세상에 내놓았다. 아이바가 작곡한 클래식 음악은 이미 영화, 광고, 게임 음악 등에 사용되고 있다.

구글은 2016년 2월 미국 샌프란시스코 경매장에서 AI '딥드림Deep Dream'이 그린 그림 29점을 9만 7,000달러(약 1억 1,000만 원)에 팔았다. 딥드림은 구글이 내놓은, 인공신경망으로 이미지를 변형하는 공개 시각화 코드를 말한다. 같은 구조가 비슷한 패턴으로 끝없이 반복되는 프랙털fractal● 구조를 통해 그림을 그려

결과물이 마치 꿈을 꾸는 듯한 몽환적인 이미지로 나온다. 2017년 2월에는 음악을 연주하는 피아노봇bot 'AI 듀엣AI Duet'을 공개했다. AI 듀엣은 인간이 연주한 음악을 입력받은 뒤 딥러닝 방식으로 연주법을 훈련해 멜로디와 리듬 패턴을 익히고, 최종적으로 스스로 멜로디를 만들어낼 수 있다. 사람이 먼저 멜로디를 연주하면 그에 맞춰 멜로디를 만들어내는 식이다.

마이크로소프트와 네덜란드의 델프트공대, 렘브란트미술관은 2016년 4월 AI 알고리즘 '넥스트 렘브란트'를 공동 개발해 렘브란트의 화풍을 빼닮은 회화를 완성했다. 넥스트 렘브란트는 18개월 동안 렘브란트의 작품 346점을 분석하고 렘브란트 그림과 똑같은 느낌을 주는 회화를 3D 프린터로 재현하는 데 성공했다. 2018년 10월 미국 뉴욕의 크리스티 경매장에서는 〈에드먼드 벨라미의 초상〉이란 그림 한 점이 43만 2,500달러(약 5억 원)에 팔렸다. 크리스티의 예상 낙찰가 1만 달러를 훌쩍 웃도는 거액이었다. 앤디 워홀이나 로이 리히텐슈타인 같은 유명 작가의 그림보다 더 비쌌다. 그림을 그린 화가는 바로 프랑스 파리 소재 예술공학단체 오비우스Obvious의 AI였다. 컴퓨터 알고리즘으로 그려진 초상화가 경매에 나와 팔린 것은 크리스티 경매 역사 250년 만에 처음 있는 일이었다.

음악과 미술에서 인간의 창작을 흉내 내는 AI의 사례는 너무 많아서 하나하나 열거하기 힘들 정도이다. 딥러닝의 대부 제프리 힌튼 교수가 2006년 혁신적 논문을 발표한 후 이 기술은 처음에는 이미지 분석에 주로 쓰이다가 점차 응용 범위가 확대됐다. 데이터 기반의 딥러닝 학습은 수치화할 수 있는 모든 분야에 적용할 수 있기 때문이다. 시각, 청각 데이터는 디지털화된 지이미 오래이다. 작곡하는 아이바든, 그림 그리는 오비우스든 막대한 양의 과거 음성, 이미지 정보를 바탕으로 학습을 한다. 아이바는 바흐, 베토벤, 모차르트 등 유명 작곡가의 오케스트라 총 6만 곡을 공부했다. 오비우스는 14~20세기의 그림 1만 5,000여 점을 GAN 기술로 학습했다. 데이터 학습 방식은 기보를 토대로 인간의 바둑을 배웠던 알파고 초기 버전에 쓰였다. 알파고는 결국 인간 기보 없이도 자가 학습하는 알파고 제로로 발전했다. 과연 예술 AI도 알파아트에서 알파아트 제로로 발전할 수 있을 것인가.

AI 시대, 예술의 정의는 그대로여야 할까

컴퓨터가 작곡한 음악, 알고리즘이 그린 그림을 창의적인 작품으로 볼 수 있을까? 감성 피아노나 구글, 마이크로소프트의 선구적인 도전 사례는 인간의 창작물을 기반으로 한 것들이다. 이 점을 근거로 AI의 창의성을 부정하기도 한다. 그러나 인간도 자신만의 고유한 창작 스타일을 습득하기까지 모방의 단계를 거친다. 흔히 습작이라고 부르는 시기이다. 흠모하는 선배 예술가의 작품을 끊임없이 흉내 내며 '영감'을 얻는다. 만약 AI가 휴먼 데이터를 기계학습의 재료로 써서 전에 없던 아름다움을 새로 보여줬다면 이를 창조가 아니라고 단언할 수 있을까.

『인공지능의 시대, 인간을 다시 묻다』의 저자 김재인 경희대 교수에 따르면 미국 럿거스대학 디지털인문연구소, 페이스북 인공지능연구소, 찰스턴대학 미술사학과가 2017년 6월 공동 발표한 논문 「CAN: 적대적 창조 네트워크Creative Adversarial Network, 스타일을 학습하고 스타일 규범에서 일탈함으로써 예술을 생성하기」는 이 가능성을 과감하게 인정했다. 또한 주저자인 마리언 마조네와 아흐메드 엘가말은 2019년 8월 후속 논문 「예술, 창조성, 인공지능의 잠재력」에서 AI 예술 창작을 논리적으로 설파했다. 그럼에도 김 교수 자신은 창작의 가장 중요한 국면인 '작가의 관점'을 결여하고 있기 때문에 옳지 않은 주장이라고 반대했다. 논의는 현재진행형이다.

그러나 생명의 정의, 지능의 정의가 변화하고 있는 와중에, 예술의 정의라고 영고불변해야 할 이유가 있을까. 다중우주多重宇宙 전공 물리학자인 맥스 테그마크Max Tegmark MIT 교수는 『맥스 테그마크의 라이프 3.0』에서 생명의 정의 자체를 다시 내릴 것을 제안했다. 탄소·질소 화합물, 즉 유기체에서 탄생한 동·식물 같은 지구상의 생명(라이프 1.0)만 아니라, 인간(라이프 2.0, 인류세)이 새롭게 만들어낸 기계지능과 존재할 가능성이 있는 외계지능을 모두 통틀어 라이프 3.0이라고 부르자는 것이다. 이와 마찬가지로 기계에도 지능(창의성)이 존재하느냐를 묻는 게 아니고, 인간 지능과 다른 기계 지능을 새롭게 정의해야 한다고 본다. 그리고 인간 지능과 기계 지능은 어떻게 다른가, 어떤 방식으로 어울려야 가장 좋은 결과를 낼 수 있는가를 고민할 시점이다.

예술 AI는 예술의 정의를 확장하며, 새로운 아름다움을 인간에게 선사한다. 이세돌 9단과 대결한 알파고는 제2국 37수에서 인간 바둑 역사에 거의 없던 창의적 수를 두었다. 당시 해설가들은 알파고의 실수라고 섣불리 분석했다. 그러나 이 9단은 4 대 1로 패배한 후 녹화한 다큐멘터리 프로그램에서 "알파고는 이기기 위한 확률적 계산을 하는 머신에 불과하다고 생각했었다. 그런데 그 수를 보는 순간, 알파고도 충분히 창의적이라고 생각했다. 바둑의 아름다움을 잘 표현한 굉장히 창의적인 수였다"라고 추어올렸다.

37수는 전통 바둑 이론에서 금기시해 인간 대국에서는 1만 분의 1 확률로 매우 희귀하게 등장하던 잊힌 수였다. 알파고는 그 후에도 처음에는 실수처럼 보이지만 나중에 보면 승리에 결정적 기여를 한, 기계만의 창의적 수를 여러 차례 선보였다. 현대 바둑기사들은 이 기록을 AI 기보라고 부르면서 바둑 공부의 재료로 활용하고 있다. 국제시합에 나갈 바둑 국가대표를 지도하는 한국기원 박정상 코치(9단)는 바둑 AI 덕분에 바둑의 세계가 더욱 다채로워졌다며 반길 정도이다.

이중 슬릿 실험과 양자 고양이로 유명한 천재 물리학자 슈뢰

딩거는 〈생명이란 무엇인가〉라는 전설적인 강연에서 "생명은 내부의 엔트로피(무질서)를 낮춰 안정을 꾀하는 대신, 외부 엔트로피는 높이는 닫힌계界"라고 정의했다. 이와 함께 생명은 외부의 에너지를 가장 잘 흡수할 수 있도록 복제 전략을 사용해 자신과 닮은 '또 하나의 나'를 연쇄적으로 생산한다고 그는 갈파했다. 복제를 통해 더 큰 닫힌계의 내부 안정을 도모하는 생명과 극에 달한 외부 엔트로피 상승이 서로 균형을 잡으며 자연은 굴러간다고.

AI의 창발성과 자기조직화 원리는 생물학자들이 말하는 유기 생명체의 탄생 과정과 흡사하다. 아무것도 없는 영양 수프 덩어리 속에서 갑자기 햇볕을 받아 광합성을 시작하는 원시 생명이 툭 튀어나온다. 무에서 유가 생긴 것이다. 무질서에서 질서가 탄생하는 순간이다. 이어 생명은 복제를 거듭하며 점차 더 정교한 다음 단계로 스스로 체계를 잡는다. 무조직에서 조직이 툭 튀어나온다. 아무도 조종·통제·명령하지 않지만 더 큰 질서가 자연스럽게 형성되는 것이다. AI가 나오기 한참 전에 유행하던 신과학, 카오스Chaos•와 프랙털 그리고 퍼지 이론Fuzzy theory••에서 이미 발견한 생명과 자연의 원리이다.

• 겉으로 보기에 불안정하고 불규칙적으로 보이지만 나름의 질서와 규칙성을 가지고 있는 현상을 설명하기 위한 이론. 초기 조건에 지수적으로 민감하며 시간 변화에 따른 궤도가 매우 복잡한 형태를 보인다.

AI를 능력 기준으로 분류하면 약인공지능, 강인공지능, 초AI로 나눌 수 있다. 약인공지능Artificial Narrow Intellifgence, ANI은 어느 특정 분야에서만 뛰어난 AI이다. 바둑에 특화된 알파고가 그 예이다. 강인공지능Artificial General Intelligence, AGI은 인간과 동일한 능력을 가진 AI이다. 미래학자 레이 커즈와일은 2045년이 강인공지능 탄생의 특이점이 될 것이라고 단정적으로 짚기도 했다. 스스로를 인식하고 개선할 수 있어 효율·자기보존·자원획득·창의성의 네 가지 욕구를 갖게 되고, 가속화 보상의 법칙에 따라 발전 속도는 더욱 빨라진다는 것이다. 마지막 초인공지능 Artificial Super Intelligence, ASI은 사람보다 더 뛰어난 AI이다. 옥스퍼드대 인류미래연구소(FHI) 닉 보스트롬 교수는 이를 "과거와 현재에 존재하는 모든 인간의 두뇌를 합친 것보다 훨씬 우수한 능력을 가진 지능"이라고 표현했다.

독일 프랑크푸르트 고등연구소(FIAS)의 인공신경망 대가인 크리스토프 폰 데어 말스버그는 앞으로 35년 후면 AI가 인간보다 똑똑해질 것으로 내다본다. 기술적 장벽을 뚫는 데 5년, 나머지 수반되는 문제를 해결하는 데 30년이다. 그렇게 되면 결국 인간과 마찬가지로 스스로의 의지를 갖게 될 것이다. 그렇기에 AI

●● 흔히 수학에서 다루는 명제·집합 등과 같이 분명한 대상이 아니라, 불분명하거나 모호한 상태를 참 혹은 거짓의 이진 논리에서 벗어난 다치성으로 표현하는 논리 개념. 이론적, 이상적인 상황과 달리 참·거짓을 분명히 나눌 수 없는 실생활의 애매모호한 기준을 다루기 위한 수학적 도구이다.

가 사람의 사악한 면모를 배우지 못하도록 가르치려는 국제적 합의와 노력이 필요하다는 게 그의 우려이다. 이들의 예측을 토대로 보면, 예술 AI의 창의성 논란은 몇십 년 안에 판가름이 날 전망이다.

AI, 문학의 아성에 도전하다

다음의 그림은 2018년 4월 9일 국내 최대 통신사 KT가 낸 공고이다. 작품은 웹소설 형식으로 제출하고, 심사는 독자평가(내용, 맞춤법 등 30퍼센트)와 기술 면접 평가(70퍼센트)를 합쳐서 했다. 면접에서는 AI 전문가들 앞에서 데모 시연, 영상 촬영, PT 등을 통해 알고리즘을 직접 개발했음을 입증해야 한다. KT는 1차 심사에서 AI 소설 작품의 문학적인 가치를 평가하고 2차 심사 과정에서 소설에 사람의 개입이 얼마나 됐는지, 알고리즘은 어떤 방식으로 만들어졌는지, 참가자가 이를 직접 개발했는지를 검증해 최종 다섯 개 팀을 선발했다.

총 1억 원의 상금이 걸린 공모전에서 최우수상과 상금 3,000만 원은 『설명하려 하지 않겠어』라는 제목의 로맨스 소설을 제출한 스타트업 '포자랩스', 우수상은 『로맨스 무협』을 발표한 '개발3팀(서울대학교, 아주대학교 연합)'과 『반항아』를 출품한 'LSTM(한양대학교 연합)'이 받았다. 『로맨틱. 스펙타클!』을 발표

문학, 기술을 만나다
KT 인공지능 소설 공모전

총 상금 1억원

인공지능으로 보는 콘텐츠 산업의 미래

공모 개요

공모 부문 인공지능 소설 창작
공모 자격 인공지능 알고리즘 기반으로
소설 창작이 가능한 개인, 기업 누구나

참가 신청

접수 기간 2018년 4월 5일 ~ 5월 13일
접수 방법 이메일 접수 (ainovel@kt.com)
제출 서류 참가신청서, 서약서, 개인정보활용동의서
양식 다운 https://kt.com/rvv8

공모 양식

작품 형태 웹소설 형식
장　르 로맨스, 판타지 등 모든 장르
작 품 수 제한 없음
분　량 자유 (회차당 글자 수 공백포함 최대 2만자)

시상 내역

시상명	상금	인원
최우수상	3,000만원	1
우수상	2,000만원	2
기술지원금	500만원	6

*수상자(또는 기업)에게는 한국콘텐츠진흥원과 KT가
공동 추진하는 프로젝트 참여 기회 제공

진행 일정

4.5~5.13		5.17		6.3		6.18~7.15		7.25		8.2
신청접수	▷	참가자 설명회	▷	공모작 제출	▷	독자평가 (1차합격)	▷	심사위원 평가(면접)	▷	수상작 발표

문의처 | KT 플랫폼사업실 인공지능소설 공모전 담당자 010-7201-6745 / ainovel@kt.com

kocca 한국콘텐츠진흥원

PEOPLE. TECHNOLOGY.

kt

KT는 상금 1억 원을 걸고 AI 소설 공모전을 개최했다.

예술·스포츠 | 윌 스미스가 묻고, AI가 답하다

한 '퀸트랩'과 『무표정한 사람들』을 출품한 안길승 씨는 기술지원금 500만원 지원 대상 팀으로 각각 선정됐다. 심사위원 중 한 명으로 참여한 이준환 서울대 언론정보학과 교수에 의하면, 작품이 '이야기 줄거리narrative 구조를 갖추었나', '표현에서 맥락을 잘 이어갈 만큼 자연스러운가'가 집중적인 평가 조항이었다. 자연어 생성Natural Language Generation, NLG 알고리즘이 영화·연극의 시나리오나 시를 쓸 때는 기존 데이터를 기반으로 랜덤(우연성) 프로그래밍을 가미하면 어느 정도 '그럴듯한' 작품을 만드는 건 충분히 가능한 일이다. 그러나 탄탄한 줄거리를 갖추면서 사람이 감동할 만한 미적 감흥까지 갖춘 소설을 쓰는 단계까지는 아직 이르지 못했다는 평이다.

자연어 처리(NLP)는 AI가 이미지 인식과 더불어 사람만큼, 혹은 더 잘하는 분야 중 하나이다. 말을 듣고 말을 하는 기능을 통해 순수 문학에 도전하려는 시도가 계속되고 있다. AI의 역사가 1950년대로 거슬러 올라가듯, AI 문학도 유서가 깊다. 1973년 미국 위스콘신대 연구팀이 2,100자 길이의 추리 소설을 작성할 수 있는 AI 시스템을 발표했다는 기록이 남아 있다. 대중적으로 알려진 사례로는 2013년 3월 일본의 니혼게이자이日本經濟 신문이 주관한 '호시 신이치 문학상' 공모전에서 AI가 쓴 소설 『컴퓨터가 소설을 쓰는 날』이 공상과학(SF) 소설 부문 1차 심사를 통과한 전적이 있다. AI의 '고독한' 심정을 묘사한 작품으로, 심사위원들은 소설을 AI가 썼다는 사실을 전혀 몰랐다고 한다.

하코다테미래대학 연구팀이 만든 소설 AI는 사람이 구체적인 스토리와 상황을 주면 컴퓨터가 그에 걸맞은 문장을 쓰는 능력을 발휘했다. 그러나 아직 문장작성 외 스토리 진행 등 주요한 창작행위를 인간에게 의지하고 있어 반쪽짜리에 불과하다. 개발자인 사토 사토시 나고야대 교수는 "기여도를 말한다면 AI가 20퍼센트, 인간은 80퍼센트라고 볼 수 있다"라고 말했다. 마이크로소프트(MS)가 2014년 중국에서 공개한 AI 챗봇 '샤오이스Xiaoice'는 1920년 이후 현대 시인 519명의 작품 수천 편을 100시간 동안 스스로 학습해 1만 여 편의 시를 지었다. 이 중 작품성이 뛰어난 139편을 엄선해 2017년 5월『햇살은 유리창을 잃고Sunshine Misses Windows』라는 시집까지 출간했다. AI 영화 시나리오 작가도 나왔다. 8분 분량의 SF 영화 〈선스프링Sunspring〉이다. 로스 굿윈이 만든 AI '벤자민'이 대본을 썼다. 벤자민은 장단기기억(LSTM) 신경망으로 1980~90년대 SF영화 대본 수십 개를 학습한 후 그 속의 문자와 단어, 구절들을 엮어 등장 배우들의 대사뿐 아니라 배경 음악의 가사, 무대 지시까지 48시간 내에 써냈다고 한다. 하지만 결과는 좋지 않아, "개연성이 없고 기괴한 영화"라는 평을 받았다.

미국 매사추세츠공대(MIT) 미디어랩은 2017년 10월 할로윈 직전에 AI 호러 작가 '셸리Shelley'를 공개했다. 개발팀은 인터넷 뉴스 레딧의 아마추어 호러 작가 포럼에서 괴담 이야기를 내려받아 셸리를 훈련한 후 트위터 유저들과 상호 작용하는 방식으로 호러소설을 창작해냈다. 트위터에서 '세계 최초의 협업형 AI 호러 작가'로 스스로를 소개하고 있다. 일본 광고회사 덴쓰가 개발한 카피라이터 AI인 'AICO'는 광고주의 의뢰를 받아 신문광고 시장에 진출했다. AICO는 최신 트렌드에 민감한 블로그와 뉴스 사이트 등을 통해 방대한 데이터를 학습하고, 독자적 알고리즘을 통해 여러 가지의 광고 문안을 제안하고 있다. 때로는 인간으로서는 상상할 수 없는 엉뚱한 표현을 내놓아 참신한 발상을 자극하는 효과도 있다고 한다. 미국의 비영리 AI 연구기관인 '오픈 AI'가 새로 개발한 글짓기 AI 'GPT-2'는 글쓰기 실력이 너무 뛰어나 악용될 가능성이 높다고 주장하면서 원천기술을 비공개했다. 웹 페이지 800만 개의 단어 15억 개를 학습한 AI는『반지의 제왕The lord of the rings』한 구절을 던지면, 이에 맞추어 자신만의 문장을 만들어낸다. 개발팀은 책 한 권 분량의 글을 어색하지 않게 써낼 정도라고 설명했다.

글쓰기 AI는 이미 언론계에서 날씨, 스포츠경기 결과 보도 등 반복·정형적인 기사 작성에 인간 기자 대신 투입돼 사용되고 있다. 금융 보고서나 법률 계약서 작성 등 정형화된 논리적 문장에도 AI의 자동작성 기능을 도입하려는 시도들이 있다. 템플릿templet으로 불리는 고정서식 채우기 정도는 무리 없이 해낼 정도가 된 것이다. 그러나 기사도 심층 해설기사나 칼럼 등 주관적인 판단이 개입되는 종류는 아직 기자들이 쓴다. 다른 문서도 마찬가지이다. 음악과 미술 AI에 아직 사람의 감성을 불어넣기 힘든 것처럼, 문학다운 문학에 기계 작가의 등단을 기다리려면 시간과 노력이 더 필요해 보인다.

예술은 변하고 있다

2019년 11월부터 2020년 1월까지 인천 영종도의 파라다이스 아트 스페이스에서는 독일의 디지털아트 그룹 랜덤 인터내셔널Random International의 개인전 '피지컬 알고리즘'이 열렸다. 이들은 비 사이로 걸어가도 옷이 젖지 않는 설치미술 〈레인룸rain room〉으로 세계적인 인기를 얻었다. 피지컬 알고리즘전은 〈15개의 점〉 등 기발한 AI 미술 작품을 선보였다. 〈청중〉이라는 작품은 사람 머리 크기의 거울 64개가 바닥에 놓인 채 관객 동선을 따라 고개를 돌리거나 젖히며 움직인다. 〈애스팩트〉는 AI 캔버스 같은 작품이다. 마치 화가가 대상을 재해석하듯이 관람객의 움직임을 때로는 사실적으로, 때로는 단순화시켜서 표현한다.

랜덤 인터내셔널은 독일 출신의 한네스 코흐Hannes Koch와 플로리안 오트크라스Florian Ortkrass가 영국 브루넬대학교에서 만나 2005년 결성한 작가 그룹이다. 이들은 인지과학자, 사학자, 공학자 등 여러 분야 전문가들과 협업해 인간의 본능, 의식, 지각을 탐구하는 작업을 해오고 있다. 오트크라스는 전시회 때 방한해 "기술은 예술을 위한 도구"라며 "AI 시대를 맞아 붓으로 그리는 것처럼 새로운 도구를 쓰고 있는 것"이라고 설명했다.

랜덤 인터내셔널이 선보이는 미디어아트, 혹은 디지털 아트는 예술이 변화하는 최전선의 모습을 그대로 보여준다. 음악, 미술, 문학 등 어떤 장르에서도 현대 작가는 이제 프로그래머로 변하고 있다. 자신이 표현하려는 미적 영감을 드러내기 위해 빛과 소리, 움직임을 알고리즘으로 온라인상에서, 또는 현실 공간에 로봇이나 조형물을 설치해 표현한다. AI 기술을 벗 삼아 새로운 형태와 색채, 동작 등을 선보이며 21세기적 아름다움의 경계를 탐색하고, 인간-기계 협업의 시대정신을 앞장서 실천하는 예술가들이 세상을 바꾸고 있다.

스포츠로 뻗어나가는 AI

2019년 7월 10일 미국 펜실베니아주 요크에서는 야구 독립 리그인 애틀랜틱리그 올스타전의 나이트 게임이 막 시작되려 하고 있었다. 그런데 포수 뒤에 서 있는 홈플레이트 주심은 스마트폰을 손에 들고 뭔가를 열심히 들여다보고 있다. 그의 오른쪽 귀에는 새하얀 무선 이어폰이 꽂혀 있다. 이날은 바로 프로야구 사상 최초로 로봇 심판이 판정을 내리는 기념적인 날이었다. 물론, 로봇이라 해도 투박한 기계 장치가 그라운드에 서 있는 것은 아니다. 데이터 전문기업 '트랙맨Trackman'이 야구장 주심의 옆쪽 기자 송고실에 설치한 컴퓨터 프로그램을 말하는 것이다. 도플러 레이다를 사용하는 로봇 심판은 스트라이크·볼만 판정해, 그 결과를 스마트폰과 무선 이어폰을 통해 인간 주심의 귀에 음성으로 전달한다. 그래서 자동 볼·스트라이크 시스템automated ball-strike system, ABS으로 불린다. 스트라이크 존은 타자의 신장과 타석 위치에 따라 달라지기 때문에 이를 감안해서 판정을 한다.

하지만 기계가 내린 1차 판정을 바탕으로 최종 결정을 내리는 것은 인간 주심의 권한이다. 특히 아직은 시험 운용 기간이기 때문에 기계의 오류를 인간이 정정해줄 필요도 있다. 메이저리그는 오랫동안 야구 경기에 과학을 도입하려는 시도를 해왔다. 애틀랜틱리그는 메이저리그와 3년 계약을 맺고 이 기계 스트라이크-볼 판정 시스템을 테스트 중이다. 로봇 심판은 인간 심판을 대체하려는 게 목적이 아니다. 야구 주심은 스크라이크와 볼의 판정 외에도 다른 부심들과 협력해 매우 많은 판단을 내려야 하는 복잡한 직업이다. 이날 로봇 심판의 도움을 받았던 주심은 "훨씬 안심한 상태에서 경기를 진행할 수 있었다"라고 만족을 표시했다. 경기를 참관한 메이저리그 부회장도 "메이저리그를 포함해 야구의 미래는 바로 이 방향"이라고 긍정적인 평가를 내렸다. 메이저리그 사무국은 독립 리그에 이어 그해 9월 교육 리그로 시험 도입 범위를 확대했다.

0.08, 1.63, 1.99, 24.6, 52.6, 145.1, 205.0, 2,490…….

이 숫자들은 무엇을 의미할까. 얼핏 보기엔 난수표 같지만 바로 트랙맨이 투수의 투구를 기록한 숫자이다. 좌우 릴리스(볼 던지는 팔 높이), 보폭, 타점, 좌우 무브, 상하 무브, 평균구속, 회전축, 회전수를 각각 나타낸다. 군사용 레이다 기술을 스포츠에 응용한 트랙맨의 트래킹 데이터는 투수의 공 궤적이나 동작, 직구와 커브 등 변화구의 배합뿐 아니라 타자의 타구 분포, 삼진아웃 구종 등 경기의 거의 모든 국면을 커버한다. 현대 야구가 데이터 야구로 불리는 배경이다.

삼성 라이온즈는 2019년 9월 허삼영 전력분석팀장을 신임 감독으로 임명했다. 허 감독은 화려한 선수 시절도, 체계적인 지도자 경력도 없는 무명의 감독이다. 1996년 훈련지원요원으로 입사해 전력분석만 20년 이상 해온 데이터 전문가이다. 그는 삼성 라이온즈의 6,300경기, 11만 여 이닝을 기록을 통해 지켜봐왔다. 삼성 라이온즈는 앞서 2018년 2월 KBO리그 팀 중 최초로 투구와 타구의 궤적을 추적하는 '트랙맨'을 도입했다. 허 감독은 "승률을 높이는 데이터 야구를 선보이겠다"라고 다짐하고 있다.

롯데 자이언츠는 시카고 컵스 스카우터 출신의 30대 성민규 단장을 새로 모셨다. 성 단장은 오자마자 데이터 전담 R&D팀과 선수들의 몸 상태와 영양을 체계적으로 관리하는 스포츠 사이언

스팀을 신설했다. 아시아인 최초로 미국 메이저리그 사이영상 1위표를 받은 LA 다저스의 괴물투수 류현진은 1점대 평균자책점을 찍으려 승승장구하다가 8월 들어 7.48로 무너졌다. 다저스 투수 코치는 트랙맨의 트래킹 데이터 분석 결과, 이 기간 중 투구의 궤적이 홈 플레이트에서 3인치가량 벗어난 사실을 확인했다. 류현진은 분석을 토대로 투구 동작을 다듬어 9월 2.13의 원래 컨디션을 회복했다.

미국과 한국에서 불고 있는 스마트 야구 붐의 대표적인 사례이다. 1998년 미국 오클랜드 어슬랙티스의 단장으로 임명된 빌리 빈William Lamar Beane은 저평가된 유망주 선발과 상식을 깬 트레이드로 이른바 '머니볼(저비용 고효율 야구)'을 선보여 영화로 만들어지기까지 했다. 통계를 신봉하는 합리적 야구의 대명사가 머니볼이라면 영상 데이터 분석을 통한 과학적 야구의 최신 조류는 스마트볼로 불린다. 투구와 타자의 타구 궤적을 추적하는 트랙맨은 원래 군사용 레이다 기술에서 출발한 장비이다. 공의 스피드와 회전수, 회전축, 직구의 상하좌우 무브먼트, 디딤발 위치의 변화, 릴리스 포인트까지 작은 데이터도 놓치지 않는다.

타율·출루율·방어율 등 과거의 기록 분석 야구가 선수들의 최종 결과 성적표를 기준으로 다음 경기의 흐름을 읽고자 한 도구였다면, 트랙맨은 한 문제 한 문제 푸는 과정까지 꼼꼼하게 체크해 최선의 성적을 얻을 수 있도록 돕는 과외교사인 셈이다. 데이터 야구 전문가는 말한다. "천재적인 플레이어는 통계적인 분석

없이도 경험과 감각에 의존해 좋은 기록을 양산해낸다. 그러나 평범한 선수라도 데이터의 도움을 받으면 천재 플레이어의 90 퍼센트 수준까지 올라갈 수 있다." 평균 전력의 상승은 팀 전체의 승률을 현저하게 높인다.

스포츠의 과학화, 데이터 분석 AI 등장

AI가 출현하기 한참 전부터 스포츠, 특히 프로스포츠 업계는 시간과 비용을 절약하는 테크놀로지의 현장 활용에 적극적이었다. 또 국력의 바로미터로 여겨지는 올림픽 입상 성적을 놓고 국가 체육 지도자들은 국가대표 운동선수들을 훈련하는 데 과학자의 도움을 요청했다. 스포츠 장비의 경량화와 첨단 소재화가 이뤄지고, 선수의 경기력 향상을 위한 다양한 방법이 동원됐다.

마인드 컨트롤과 같은 심리요법도 있지만 주로 각 종목의 수월성秀越性 요소를 항목별로 수치화해 분석하는 데이터 사이언스 코치 기법이 가장 많았다. 기록의 스포츠라는 야구는 물론이고, 축구·농구·배구 등 구기 종목과 육상·수영·사격·양궁 등 기록경기, 유도·태권도·펜싱 등 격투기에도 비디오 녹화는 빠지지 않는다. 비디오 전력 분석관이란 직책이 따로 생겨날 정도였다. 카메라로 녹화한 영상·음성 등 데이터가 디지털로 저장되어 분석하기 더욱 손쉬워지면서, 서서히 AI 기술도 스포츠 데이터 분석의 세계로 들어오기 시작했다.

스포트라다 미국 지사는 2017년 10월 프로스포츠 리그 선수들의 기량을 평가·분석하는 머신러닝 알고리즘 개발 벤처인 모캡 애널리틱스MOCAP Analytics를 인수했다. 스위스에 본사를 두고 24개국에 35개 지사를 운영 중인 스포트라다는 농구, 축구, 야구, 미식축구, 아이스하키, 카레이싱 등 광범위한 프로스포츠 분야에서 탁월한 데이터 분석 기술로 매우 전문적이고 상세한 자료를 80여 개국의 프로스포츠 구단과 방송사 등 미디어, 대기업 광고주, 스포츠팬 등 1,000여 개 고객사에 제공한다. 스포츠마케팅은 물론, 거액이 오가는 스포츠 도박betting 업계에도 자사의 데이터를 판매해 막대한 수익을 올리고 있다.

모캡은 2012년 캘테크Caltech 출신의 박사 2명이 설립한 실리콘밸리 스타트업이다. 미식축구·농구 등 스포츠 선수들의 움직임을 한 경기당 평균 100만 개 좌표의 위치 데이터로 실시간 추적하고, AI 기계학습을 통해 분석한 결과를 감독과 코치에게 전달한다. 바둑으로 치면 지금까지 뒀던 모든 수의 위치에 대한 승률을 계산한 뒤, 앞으로 둬야 할 가장 좋은 자리의 후보를 추천하는 식이다. 카메라에 포착된 각 플레이어의 움직임을 이미지 인식 기술로 컴퓨터 스크린에 비디오 게임처럼 띄운 다음, 과거 궤적을 분석하고 미래 공격 또는 방어 루트를 다각도로 보여준다.

모캡의 스포츠 AI는 이를 위해 과거 5,000게임의 경기에서 40억 개의 데이터 포인트를 잡아 학습한다. 모캡은 프로스포츠 팀에 대한 서비스뿐 아니라 경기를 현장 중계하는 방송사 등 언론기관에도 훨씬 풍부한 스토리텔링을 담은 분석 자료를 제공해 박진감 넘치는 해설을 도와준다. 모캡은 본사가 위치한 샌프란시스코의 프로농구팀 골든게이트 워리어스와 첫 계약을 맺고 자신들의 장기인 AI 경기 데이터 분석 자료를 팔기 시작해 불과 5년 만에 정상급 스포츠 AI 전문회사로 성장했다.

사이스포츠Scisports는 축구 종목에 특화된 유럽 기반의 스포츠 AI 기업이다. 선수 영입, 구장 내 컴퓨터 시각화를 통한 데이터 수집, 머신러닝 분석으로 축구 구단의 경기 전략 수립을 지원한다. 구단의 감독과 코치가 가장 신경 쓰는 것 중 하나는 젊은 피의 영입. 물론 전문 스카우터와 경기 분석관들이 국내는 물론, 해외의 마이너리그까지 경기를 참관하며 쓸만한 미래의 재목 발굴에 최선을 다하지만 대면 접촉 인터뷰는 물량의 한계가 있을 수밖에 없다. 그러나 선수 영입에 특화된 사이스포츠의 AI 분석 프로그램 사이스킬SciSkil은 유럽, 남미 등 축구클럽과 파트너십을 맺고 매주 244개 리그, 2,000개 이상의 경기 데이터를 분석해 전 세계 9만 명 이상 축구 선수들의 자질, 재능, 미래가치를 순식간에 계산해준다. 감독과 코치는 이 성적표를 보며 선수 영입의 양적 범위와 질적 우선순위를 판단하는 데 도움을 받는다.

선수 관리뿐 아니다. 볼제임스BallJames로 이름 붙여진 경기 분석 AI는 경기장 내 설치된 고해상도 3D 카메라에 촬영된 동영상을 기반으로 딥러닝 시각 분석 기술을 적용해 각 선수의 패스 정밀도, 방향, 속도, 전력 질주 및 점프 등 개인 기량을 철저하게 계량화한다. 선수 개인의 우수성 평가에서 한 걸음 더 나아가 포지션별 선수의 슈팅 및 패스 성공률 등 각종 통계를 추적해 어떤 선수를 어느 포지션에 배치하면 최적의 성적이 나올지 같은 전략적 선수 기용 기법에서도 활약하고 있다.

AI 축구 기업을 하나 더 보자. SAP는 독일의 B2B 솔루션 기업이다. 전사적자원관리(ERP)는 1990년대 초반 기업의 2차 전산화를 이끌어낸 온라인 혁명이었다. 회사의 핵심 전략자산과 관련 물류 이동이 실시간으로 어디까지 진행되고 있는지 한눈에 모니터로 파악할 수 있도록 도와준 마법의 도구였다. 삼성그룹이 자사의 공급망관리(SCM), 고객관리(CRM) 등을 4차 산업혁명에 맞춘 디지털 트랜스포메이션으로 전환하면서 SAP 소프트웨어 번들을 도입한 후 '한국화'에 초점을 맞춘 삼성 맞춤형으로 개량하는 데 독일 기술자까지 초빙해 몇 달씩 수정 작업을 했다는 이야기는 업계의 전설이다.

비즈니스의 지능화를 선도한 SAP는 스포츠 분야에도 진출해, 독일 축구팀의 훈련 계획과 선수 체력관리, 성과 인사이트 및 스카우팅, 팀 관리 등 5개 모듈에 대한 데이터를 수집·분석했다. 선수 개인의 경기 성과 분석을 통해 취약 능력 개선을 위한 특화 훈련법 제안 등 관리자의 의사결정 지원과 전체 팀 운영 및 경기운영 전략까지 추천한다는 게 이 회사의 선전문구이다. 벨기에 왕립축구협회, 네덜란드 SEG 인터내셔널 등이 SAP의 서비스를 받는 수요자들이다.

아이스하키의 데이터 분석 왕으로 떠오르는 '스포트로직 SportLogiq'은 2015년 캐나다 몬트리올에서 창업한 스포츠 정보 통합 솔루션 제공 회사이다. 내셔널하키리그(NHL)의 토론토 메이플리프스가 숀 던지 선수를 지명 입단시킬 때 스포트로직은 테라바이트 분량의 방대한 데이터 분석을 통해 던지의 플레이메이킹 능력을 발굴해 유명해졌다. 카메라에 촬영된 선수의 움직임과 몸동작을 컴퓨터 시각화 소프트웨어로 추적하고, 쌓인 데이터를 머신러닝 알고리즘으로 분석해 개별 선수의 기량과 잠재성을 평가한다. 플레이 스타일을 공격형, 파워형, 방어형 등으로 카테고리화해 관리자의 선수 기용 전략을 돕는다. 하키 경기에서는 독보적인 AI 솔루션이다. 스포트로직처럼 경기장 내 선수의 동선 트래킹 데이터를 컴퓨터 시각 기술로 확보하고 이를 머신러닝으로 분석하는 경쟁기업으로 오스트레일리아 기반의 브루클린 다이내믹스, 세계적 스포츠 데이터 인텔리전스 기업인 스태츠(STAS)가 있다.

골프도 같은 동작을 수십 번 반복하고 거리와 높이, 바람의 방향 등 수치 데이터를 중시하는 스포츠이다. 미국 소재 '스윙 AI'는 일반인과 프로골프 선수에게 스마트폰 앱 '스윙 인덱스'로 개별 샷과 경기 데이터 분석을 해준다. 타석에서 첫 동작 잡기(셋업), 몸통 회전, 목표와 정렬(에이밍) 등 공을 치기 위한 각 동작별 교정 포인트와 벤치마킹 일류 플레이어와의 비교를 통한 개선점을 훈수해주는 것이다.

AI, 스포츠의 관찰자가 아닌 참여자로

이미 스포츠 데이터 분석에서 한 걸음 더 나아가 AI 알고리즘을 장착한 로봇이 인간과 직접 경기를 벌이는 경우도 등장했다. 물론 아직은 AI 로봇이 정식 선수로 인정받는 단계는 아니다. 하지만 관중의 시선을 끄는 이벤트용으로, 인간 선수의 경기력을 향상하는 스파링 파트너로 점차 자리 잡을 전망이다. 독일의 세계적 산업로봇 생산업체 쿠카 로보틱스는 유연한 동작이 가능한 소형로봇 '아길러스AGILUS'로 2014년 유럽 탁구 챔피언 티모 볼과 11점 한 세트 경기로 세기의 대결을 펼쳤다.

아길러스는 6축 로봇으로 팔길이 901밀리미터, 위치 오차 repeatability 0.03밀리미터 미만의 매우 정밀한 성능을 가졌다. 지구상에서 가장 빠른 로봇이라는 별명을 갖고 있다. 티모 볼은 8년 연속 유럽 챔피언을 지킨 인간 최고수였다. 결과는 9 대 11로, 티모 볼이 초반의 열세를 뒤집고 극적인 역전승을 거두었지만 해당 동영상은 일반인에게 깊은 인상을 남겼다. 민첩함과 정확성을 모두 갖춘 아길러스는 2016년 한국의 TV 엔터테인먼트 프로그램에도 출연, 컵에 탁구공을 넣는 컵퐁이나 두더지 잡기 게임에서 인간과 대결을 벌여 국내에도 화제를 뿌렸다. 스포츠 경기에 로봇을 인간 선수와 동일한 조건 아래 투입하는 일은 불가능하겠지만 AI 로봇끼리의 대결이라면 어떨까.

"슛! 아~ 아깝습니다." "네, 블루팀 선수들의 움직임이 단연

돋보이네요." 중계만 들어서는 평범한 스포츠와 전혀 구분할 수 없는 이 멘트는 스포츠 채널이 아니라, 국산 AI의 산실 KAIST 본원에서 터져 나왔다. 2018년 8월 21, 22일 이틀 동안 대전 유성구 대학로 KAIST 본원에서 진행된 'AI 월드컵' 경기장은 웃음과 박수 소리로 떠들썩했다. 작은 바퀴가 달린 주사위 모양의 네모꼴 AI 선수 홍·청팀 각 5개가 스크린에 띄운 초록색 가상 축구 경기장을 누비며 서로 상대 팀 골문을 향해 쇄도했다.

패스와 팀플레이, 때론 격렬한 몸싸움까지 불사하며 진짜 월드컵 선수 못지않은 열정으로 그라운드를 누비는 AI 로봇은 묘한 몰입감을 선사했다. 때로는 바로 앞에 있는 볼을 놓고도 엉뚱한 곳을 헤매거나 상대 골문 앞에서 한가한 드리블을 일삼아 안타까운 탄식을 자아내기도 했다. 심지어 자기편 골대를 향해 돌진하다가 어이없게 자살골을 넣기도 했다. 관람객은 탄식과 감탄을 반복하며 마치 〈리그 오브 레전드League of Legends〉 같은 e스포츠의 유명 게임 중계현장을 보듯 흥분했다.

대한민국 이공계 인재의 산실 KAIST가 세계 최초로 개최한 'AI 월드컵 국제대회'에는 구글·미국 MIT·미국 노스웨스턴대·KAIST·서울대·대만 청쿵 국립대 등 AI 분야에서 최고의 기술력을 자랑하는 국내외 대학과 연구기관 소속 12개국 30개 팀이 출전했다. 결승전에서는 KAIST 학생팀 'AFC-WISRL'이 다른 KAIST 학생팀 'Team_Siit'과 맞붙어 결국 'AFC-WISRL'팀이 상금 1만 달러와 함께 우승컵을 차지했다.

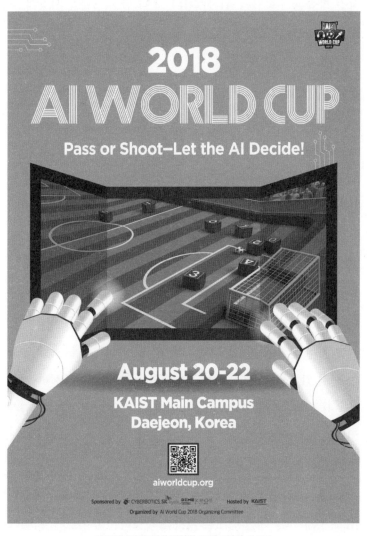

2018년 KAIST에서 개최한 AI 월드컵의 포스터

AI 강화학습 방법인 Q-Learning 등의 기술로 축구 전술을 사전 학습한 우승팀의 AI 선수들은 전·후반 각 5분간 사람의 조작 없이 상대 팀 골대에 골을 넣어 득점하는 방식으로 경기를 뛰었다. KAIST는 원래 실물 로봇 선수를 만들어 축구 시합을 치르는 로봇 월드컵도 10여 년 전에 처음 시작해 지금까지 계속하고 있다. 1996년 소형 로봇팀 국제 축구 대회 'FIRA 로보월드컵'도 세계 최초로 창설, 매년 대륙별 순회 대회를 개최 중이다. 2019년에는 경남 창원시가 대회를 유치해 창원로봇랜드와 창원컨벤션센터에서 '2019 FIRA 세계로보월드컵 대회'를 개최했다.

KAIST의 강철 로봇 축구는 4차 산업혁명 디지털 트랜스포메이션을 통해 '가상 로봇Webbot'에게 축구를 시키는 수준으로 발전했다. 세계 최초의 AI 월드컵은 특히 AI 축구(24개 팀)뿐 아니라, AI 경기해설(4개 팀)과 AI 기자(2개 팀) 등 3개 종목별로 우승팀 확정을 놓고 각축을 벌였다. AI 경기해설 종목은 AI 축구의 경기 영상을 AI가 분석하고 설명하는 분야이다. 해설하는 아나운서의 목소리도 인공 합성한 기계 음성으로 구성된다. 경기 내용의 정확한 표현, 선수 움직임과 볼 슈팅 수에 따른 경기예측 정확도 등을 평가 기준으로 했다.

또 AI 기자 종목은 AI 축구 경기 내용과 AI 해설을 바탕으로 AI가 인간 기자 대신 텍스트 기사를 작성하는 분야로서, 사실에 근거한 충실한 내용을 가장 근접하게 담아낸 팀이 우승자로 뽑힌다. KAIST AI 월드컵은 AI 연구의 질적인 도약에 초점을 맞춘 다분히 학술적인 행사이지만, 앞으로 정식 AI 스포츠 종목이 탄생할 수 있는 가능성을 열었다는 점에서 큰 의의가 있다고 하겠다.

언론　마케팅　교육

AI가 퓰리처상을 받을 수 있을까

로봇 저널리즘의 대두

2015년 3월 30일 새벽 2시 26분.《LA타임스》온라인판에는 캘리포니아주 베이커로부터 34마일(약 55킬로미터) 떨어진 곳에서 진도 4.0의 지진이 발생했다는 기사가 올라왔다. 지진 발생부터 기사 보도까지 소요된 시간은 약 5분이다. 이 기사를 쓴 것은《LA타임스》가 2015년부터 지진 보도에 현장 투입한 '퀘이크봇Quakebot'이다. 퀘이크봇은 평소 로스앤젤레스 주변에서 발생하는 지진정보를 실시간 수집하고, 진도 3.0 이상의 지진은 짧은 발생 기사를 자동으로 작성해 전파한다. 템플릿templelet으로 불리는 전형적 지진 보도 기사의 유형을 여러 개 학습해 보유하고 있다가 새 지진이 발생하면 가장 적합한 템플릿을 불러와 숫자, 지명 등 사실관계 데이터만 빈칸 채우기를 해서 기사를 완성하는 것이다. 기사에는 지진 발생 지역의 상세지도와 함께, '해당 지역에 최근 열흘새 진도 3.0 정도의 지진이 한 번 더 있었다'라는 과거 통계도 곁들여져 있었다. 만약에 인간 기자가 이 기사를 맡았더라면 적잖은 시간이 필요했을 것이다.

경제잡지 포브스는 2012년 기업 분석과 전망, 주가 동향 등 산업 담당 로봇기자인 '내러티브 사이언스Narrative Science'를 처음 도입했다. 이어 AP통신은 2013년 야구 마이너리그와 경제부 기업 기사 등에 자동 송고Automated insight AI 프로그램인 '워드스미스Wordsmith'를 채택해 사용 중이다. 포브스의 '퀼Quill', 워싱턴포스트가 2017년 도입한 '헬리오그래프Heliograph'도 대표적인 경제, 스포츠 기사 작성 AI이다. 중국의 최대 뉴스앱 진르터우탸오今日頭條는 뉴스 자동편집 알고리즘을 선구적으로 채택했고, 한국에서도 연합뉴스가 2017년부터 '사커봇'을 활용해 영국 프리미어리그 축구 기사를 자동 작성한 후 홈페이지에 게재하고 있다. 파이낸셜뉴스도 주식시황 속보 보도 등에 로봇 저널리즘을 활용 중이다.

AI 저널리즘은 초기에 낮은 수준의 기계학습으로 대용량 데이터베이스(DB)에서 정형 정보를 추출해 템플릿의 빈칸을 채우는 데이터 저널리즘으로 출발했다. 이후 높은 수준의 기계학습으로 이상치outlier와 변수 간 상관관계를 파악한 후 자연어 생성(NLG) 방식으로 뉴스를 작성하고, 적절한 속보의 예측, 추천, 처방까지 제시해주기도 한다.

언론계는 디지털 트랜스포메이션의 충격을 가장 먼저 받은 영역이다. 사회적으로는 중앙집중적 공급(매스 미디어)에서 분권형 공급(마이크로 미디어)으로, 공급자 위주에서 소비자 중심으로customized, 단순 정보 전달에서 심층분석을 거쳐 방향 및 대안을 제시하는 역할로 변하고 있다. 테크놀로지 측면에서는 아날로그에서 디지털로(종이에서 온라인으로), 시간·장소·도구 제약에서 언제 어디서나 어떤 형태로든Ubiqutious, 인터뷰 및 등 전통 취재 기법에서 빅데이터 활용 등 데이터 저널리즘으로 변하는 추세이다. 또 경제적으로는 신문 등 전통 매체 독점에서 네이버 등 거대 IT 플랫폼으로, 광고 의존에서 정기구독subscribe 방식으로, 직업 언론인에서 독자 기자prosumer로 달라지는 중이다.

정치적인 측면도 마찬가지이다. 대중매체 영합에서 SNS 직접 발신으로, 오보 양산에서 가짜 뉴스Fake News 근절로, 숙의 민주주의에서 포퓰리즘으로 진행되는 양상이 뚜렷하다. 이를 인구학적 시각에서 보면 독자의 확장과 편입에서 축소와 탈출로(고령화), 지국 배달체계에서 드론 배달로, 'Newspaper'에서 'News Everywhere'로 변화함을 의미한다. 운전기에서 서버로 교체되는 디지털화는 범용 뉴스에서 전문화 뉴스로, 인간 기자에서 챗봇 등 로봇 기자로, 도제식 교육에서 융합 교육으로 내부 체제의 혁신도 요구하고 있다. 《가디언》, 《뉴욕타임스》 등 유서 깊고 권위 있는 전통 언론기관들도 이 같은 변화에 적극적으로 대응하면서 조직 재정비에 집중해 일부 성공을 거두었다.

로봇 저널리즘이란 지진, 야구, 증권 등 기상예보와 재해방송, 스포츠 중계, 주식시세나 환율 같은 정형적·반복적 발생 뉴스 작성에 AI 기술을 접목해 사람 대신 알고리즘이 자동으로 기사를 써서 출고하는 언론의 한 형태를 말한다. 언론의 취재와 기사 작성에 컴퓨터를 도입한 초기에는 컴퓨터지원보도Computer Aided Reporting, CAR라고 불리던 엑셀 등 통계 프로그램을 이용한 분석기법이 AI의 자율적 문제해결 능력에 힘입어 몇 가지 샘플 기사만 입력해주면 다른 상황이라도 동일 유형의 기사를 반복적으로 재생산할 수 있는 단계까지 진화한 것이다.

AI 시대에 저널리스트는 무엇을 해야 하는가

AI는 숫자로 답할 수 있는 모든 질문에 대답을 해준다. AI는 강화된 통계 시스템이며 양적量的 예측이 장기이다. AI는 대량의 데이터 세트를 분석해 패턴과 확률을 찾아내고, 이를 하나의 간결한 컴퓨터 프로그램 구조물, 즉 모델로 코드화한 알고리즘을 기반으로 작동한다. 이 모델은 데이터를 집어넣으면 답이 나오는 일종의 블랙박스이다. 우리는 이 박스에 새로운 데이터를 입력해 무언가를 예측하는 수치를 얻곤 한다. 딥러닝, 신경망을 포함한 기계학습은 최근 인기 있는 AI의 설계 개념이다. 컴퓨터의 논리를 이해하면 AI를 둘러싼 과신 또는 공포, 신비의 베일을 벗길 수 있다.

하버드대 컴퓨터과학과 출신의 소프트웨어 개발자였던 메러디스 브루사드Meredith Broussard 교수는 언론인, 그것도 AI 알고리즘을 파헤치고 비판하는 데이터 저널리스트로 변신해 베스트셀러『페미니즘 인공지능Artificial Unintelligence』(원제 직역: 인공무지능)을 썼다. 이 책은 2019년 미국출판협회의 컴퓨터 정보과학 분야 올해의 책으로 뽑혔다.

수학자 출신으로 금융계에서 파생상품 개발에 종사하다가 2008년 리먼브라더스 사태● 이후 환멸을 느끼고 나와 월스트리트의 무분별한 금융공학 남용을 고발한 책『대량살상 수학무기Weapons of MathDestruction』를 펴낸 캐시 오닐Catherine Helen O'Neil과 비슷한 경로를 걸었다.

IT 업계에 만연한 성차별을 비판하면서 국내에선『페미니즘 인공지능』이란 제목으로 출간됐지만, 주된 내용은 AI 알고리즘의 편향과 위험을 논리적으로 설명한 것이다. '컴퓨터는 세상을 어떻게 왜곡하는가'라는 원서의 부제가 내용을 잘 설명해준다. 책에는 AI를 만능으로 여겨 벌어진 여러 가지 왜곡 사례가 소개돼 있다. 가장 유명한 것은 한 민간업체가 개발해 미국 20여 개 주 법원에서 사용하던 범죄 재발(재범) 예측 알고리즘 '컴퍼스COMPAS'이다.

● 리먼브라더스는 세계 4위의 투자은행이었다. 2007년부터 서브프라임모기지(비우량 주택담보대출) 사태로 휘청이던 미국 경제는 2008년 리먼브라더스의 파산을 계기로 송두리째 흔들렸고, 금융위기는 유럽과 신흥경제국 등 전 세계로 확산됐다. 그리고 이 사태는 기네스북에 세계 최대 규모의 파산으로 기록되었다.

컴퍼스는 체포 직후 피의자에게 137개 문항의 설문조사를 한 정보를 기초로 재범 위험성을 점수로 제시한다. 공익언론 프로퍼블리카는 2016년 컴퍼스를 분석해 피의자가 흑인일 경우 폭력 범죄 확률이 75퍼센트나 더 높게 나왔다고 폭로해 퓰리처상Pulitzer Prize[*]을 받았다. 기계 편향machine bias 기사는 큰 반향을 불러일으켰다. 개발사인 노스포인트는 반박 논문을 게재했고, 양쪽 주장을 모두 살핀 독일 막스플랑크 소프트웨어연구소는 둘 다 옳다고 황희 정승 같은 판정을 내렸다. 어떤 기준을 택해도 편향은 나타나며, 그 기준이 적합한가를 사회가 판단해야 한다는 교훈이 남았다.

알고리즘의 의사결정 과정은 수학과 IT라는 포장재 속에 숨겨져 있어 일반인이 이해하기 힘들다. 각 영역의 최고 사제들, 즉 수학자와 컴퓨터 과학자들을 제외하고는 그 누구도 내부의 작동 방식을 알 수 없다. 오히려 인간은 알고리즘의 결정을 자신의 자발적인 선택이라고 믿는다. 결과적으로 보면 데이터는 분명 효율적인 도구이지만, 데이터에 의한 접근 방법에서는 인간이 생각하기에 매우 중요한 요인들이 상당히 무시된다. 컴퓨터의 작동과 관련해 우리가 알아야 할 것은 기계는 결코 배울 수 없는 인간만의 판단, 강화, 해석이 늘 개입하지 않으면 안 된다

---

[*] 미국의 신문 저널리즘, 문학적 업적과 명예, 음악적 구성에서 가장 높은 기여자로 꼽히는 사람에게 주어지는 상. 이를 관리하는 컬럼비아대 언론대학원 퓰리처상 수상위원회에서 매년 4월 수상자를 발표하여, 5월에 시상한다.

는 점이다.

보도 자료를 받아서 리라이팅하고, 검색어 순위 작업을 하는 것이 더 이상 인간 기자의 일이 될 수는 없다. "로봇 기자가 작성하는 수준의 기사로는 퓰리처상을 탈 수 없다." 에밀리 벨Emily Bell 컬럼비아대 저널리즘 대학원 교수의 말이다. '로봇 기자'가 아니라, '로봇 기자 수준의 기사'이다. 인간 기자는 이제 AI 기자와 차별화될 수 있는 일을 맡아야 한다. 그 일은 크게 두 가지 성격으로 나뉠 것이다. 첫째는 AI 기자의 정형적 기사로는 전달할 수 없는 사건 이면의 의미, 흐름, 해석을 제공하는 '뷰스views'이다. 단순한 발생 뉴스가 아니라 그 사건을 바라보는 관점을 제시함으로써 보다 많은 독자의 공감을 얻고, 그 동일한 관점의 연대는 공론이 되어 정부와 기업을 움직인다. 해설과 스토리 전달storytelling에 기반한 내러티브(줄거리)의 힘이다. 사람을 설득할 만한 공감의 필력은 아직 AI 저널리스트에겐 기대하기 힘든 자질이다. 둘째는 앞에서 예시한 것처럼 AI 알고리즘 자체의 약점과 한계를 파헤치는 작업이다. 저널리스트가 컴퓨터 과학자는 아니기 때문에 알고리즘 내부의 구조상 모순을 분석하거나 비판하기는 어려울 것이다. 하지만 일정한 전문성에 바탕을 둔 저널리스트의 비판적 시대정신으로 알고리즘의 어두운 세계를 과학자들과 함께 탐험하는 일은 역사적으로 위대한 언론인들이 수행해온 공무이자 사명이기도 하다.

AI는 정말 중립적일까

"AI에게는 편견이 없을 것이라는 생각이야말로 편견이다."
2019년 7월 18일 서울 종로구 더케이트윈타워 11층 한국마이크
로소프트 건물 회의실에서 터져 나온 일침이다. 이날 한국인공
지능법학회가 개최한 제5차 AI 정책 포럼에서 황용석 건국대 미
디어커뮤니케이션학과 교수가 'AI 알고리즘의 효과 측정을 위
한 연구방법론 및 정책적 시사점'을 주제로 발표를 했다. 그는
과거 신문방송학과로 불리던 커뮤니케이션 전공 분야에서 디지
털 기술과 융합한 새로운 미디어의 변화와 대응에 주목해 집중
적으로 연구해온 중견 학자이다.

황 교수의 요지는, 인간은 주관성을 갖춘 존재로 문화나 사
회적 가치로부터 영향을 받으며, 과학의 발전은 이런 주관성으
로부터 벗어나기 위한 노력의 결과라는 것이다. 그는 과학기술
의 최전선에 있는 AI는 객관적인 데이터에 의해 작동되는 불편
부당한 판단자로 여겨지는 잘못된 신화가 있다고 비판했다. 필
자는 마치 뉴욕대 브루사드 교수의 말이 한국에서 통역돼 들리
는 듯한 기시감을 느꼈다. 황 교수의 주장이 그만큼 국경을 초월
해 보편타당한 학문적 진실과 양심의 반영으로 여겨졌다.

현재 AI 서비스의 대부분은 머신러닝 기술에 의해 구현되고
있다. 머신러닝은 기존에 있는 데이터를 이용해서 예측이나 판
단이 가능한 통계모델을 만든 후, 새롭게 입력되는 데이터로 예

측 및 판단 작업을 수행하면서 모델을 계속 업데이트하는 자동화 시스템이다.

그는 "머신러닝 알고리즘은 입력되는 데이터가 편향이나 고정관념을 담고 있으면 이를 그대로 반영할 수밖에 없다. 경우에 따라서는 의도적으로 알고리즘 모델을 조작하는 경우도 있다. 페이스북 이용자를 대상으로 애덤 크레이머Adam Kramer가 실시한 감정전이emotional contagion 실험이 그 예"라고 단호하게 말했다. 감정전이란 다른 사람의 감정이 내게 옮겨 오는 현상을 일컫는다. 예를 들어 친구가 울면 나도 슬퍼지는 것과 같은 현상이다. 크레이머는 페이스북의 도움을 받아 이용자를 실험군과 비교군으로 나누고 실험군 68만 9,003명의 뉴스피드 알고리즘을 조작했고, 그 결과 감정전이를 확인했다. 이 논문이 발표된 후 페이스북 알고리즘이 이용자의 감정을 조작할 수 있다는 놀라운 사실에 많은 우려와 비판이 제기됐다.

특히 알고리즘의 취약성을 이용하는 대표적 집단이 바로 정치권이다. 온라인상의 가짜 뉴스 이슈는 대부분 알고리즘과 관련돼 있다. 비슷한 속성을 연결 지어주는 소셜미디어 알고리즘의 특성을 이용해 각 선거 진영은 더 강하고 선동적인 메시지를 지지자 집단에 보내는 타기팅 캠페인을 전개하고 있다. 황 교수의 주장에 따르면 그 결과 유사한 성향의 사람들이 메시지의 진실성과 관계없이, 선호하는 정보를 상호 공유하는 공명실echo chamber 현상이 나타나고 이것이 정치 양극화의 원인으로 작용한다.

우리는 지금 알고리즘이 매개하는 사회에 살고 있다. 자동추천시스템의 편리함과 익숙함 속에 갇혀 매일매일 수많은 자신의 행동 데이터를 제공하지만, 이 기술의 위력과 문제점을 간과하곤 한다. 학계와 언론계에서 최근 알고리즘 책무성algorithmic accountability 개념이 대두되는 것은 이 기술의 영향력과 취약점 때문이다. 그는 말미에 "산업계는 알고리즘의 차별성이나 편향성, 왜곡이나 조작, 그리고 부당한 사용 등에 대한 우려를 씻는 것이 관련 산업 성장에도 중요한 요소임을 인식해야 한다"라고 충고했다.

8장에서 다시 한 번 언급하겠지만 이는 매우 중요한 이슈이다. 거대 알고리즘 기업은 기술의 어두운 측면을 개발 단계부터 바로잡기보다 최소한의 가이드라인, 윤리 기준 정도로 사회와 타협하면서 싸게 빠져나가려는 움직임을 보이고 있다. 비용의 최소화, 자본의 논리를 극복하려면 저널리즘과 과학계가 AI 알고리즘의 영향과 문제점을 진단하는 도구와 기준을 마련하는 등 더 많은 관심을 쏟아야 한다는 게 황 교수의 진단이다.

알고리즘 편향은 어디서 발생하는가

알고리즘 편향Algorithm Bias은 알고리즘 공정성, 혹은 투명성과 반대되는 개념이다. 투명성이 지켜지기 어려운 것에는 다양한 이유가 있다. 가령 대부분의 데이터는 기업의 비즈니스 산물로서 학문적 목적으로도 접근이 용이하지 않다. 정보 재생산 시스템 또한 매우 복잡하고, 자동화 과정을 거쳐 새롭게 생성되는 지식 또는 산출값의 역추정이 어려운 블랙박스 성격을 띠고 있다.

편향은 세 가지 방향에서 발생한다. 첫째, 알고리즘 모델링 과정에서 나온다. 의도 또는 과실에 의한 차별적 처우, 알고리즘 자체의 오류, 과적합overfitting, 오측정miscalibration 등이 원인이다. 둘째, 측정상의 편향이다. 측정 오차, 레이블링labeling 오차, 프록시proxy 오차 등이다. 셋째, 입력데이터의 편향이다. 초기 데이터 부족에 의한 추천 오류cold start, 학습 데이터 수집상의 편향, 과대 표본overgenaralization 등의 문제이다. 이런 원인들이 합쳐져 의도적 또는 과실에 의한 차별적 효과를 초래한다. 특히, 머신러닝 기반의 알고리즘에서 편향이 나타나는 것은 입력 데이터를 이용한 귀납주의 논리회로의 한계와 소프트웨어 엔지니어 등 개발진의 관점 투영, 딥레이어의 복잡성으로 인해 개발자조차 출력값의 산출 배경 이해와 결과 예측이 어렵다는 한계에서 비롯된다.

이런 편향을 검출하기 위해 데이터 마이닝 기법으로 테스트 데이터 세트에 차별적 분류 기준discriminatory classification rules을 적용하거나, DCUBE·Adfisher 같은 프로그램을 활용하기도 한다.

2018년 4월 11일 캐나다 밴쿠버에서 열린 '2018 TED 콘퍼런스' 둘째 날 강연장. 구글 브레인의 컴퓨터과학자 수파손 수와자나콘Supasorn Suwajanakorn은 단상에 올라 오바마 미국 대통령이 등장하는 동영상 4개를 차례로 틀었다. 하이테크 기업에 투자를 권하는 내용 등이 담긴 동영상이었다. 발표자는 청중에게 어느 쪽이 진짜 영상인 것 같냐고 묻더니, 이어서 사실은 모두 다 가짜 영상임을 밝혀 현장을 술렁이게 만들었다. 트위터 등 활자 매체를 통한 가짜 뉴스뿐 아니라, 사진과 동영상 등 시각 매체에서 유포되는 가짜 뉴스도 얼마든지 AI 기술로 만들 수 있음을 보여주는 시범이었다. 그는 대학 시절부터 AI 신경망을 연구하면서 인터넷상에 공개된 고화질 비디오 화면과 음성 관련 자료들을 수집한 후, GAN 등 최신 기술을 사용해 말하는 사람의 입술과 치아·턱 등의 움직임을 분석하고 컴퓨터 그래픽으로 가짜 동영상을 만들어냈다. 수와자나콘은 "이 기술은 교육용 등 좋은 면으로 쓰일 곳이 많지만 나쁜 사람들의 손에 들어가 가짜 뉴스를 만들어내지 않도록 아주 조심해야 할 것"이라고 경고하면서 강연을 마쳤다.

가짜 뉴스의 정의는 매우 광범위하다. 미디어커뮤니케이션학 개론을 여기서 모두 살필 여유는 없다. 그러나 AI에 의해 조작된 가짜 뉴스, 즉 기술적 왜곡 보도는 현대 민주주의 사회에서 시민의 공론公論 형성이란 사상의 자유시장 질서를 위험에 빠뜨릴 수 있는 디지털 흉기이다. 커뮤니케이션 전문가 헥터 맥도널드Hector Macdonald는 최근 저서 『만들어진 진실Truth』에서 대중을 기만·조정하기 위해 가짜 뉴스의 생산자(정치인·기업인·언론인·시민 활동가 누구든)가 어떻게 숫자와 팩트를 난도질하고, 맥락과 스토리를 뒤죽박죽으로 흐트러뜨리며, 맹목적 집단 귀속과 근거 없는 적대의식을 부추기는지를 적나라하게 폭로하고 있다. 이명박·박근혜 정부 시절 국정원이나 기무사의 조직적 댓글 공작이나 최근 드루킹의 매크로 공격 같은 의도적 마타도어Matador● 생산에서부터, 극단적인 진영논리에 빠진 디지털 논객들의 증오표현hate speech까지 기술을 앞세운 21세기 곡학아세 조류의 위험은 바로 코앞까지 다가와 있다.

나보다 나를 더 잘 아는 AI

나에게서 나오는 모든 정보를 수집한 후 이를 분석해 내 취향과 습관을 파악한 다음 딱 맞는 상품과 서비스, 심지어 의견까지도 추천하는 마케팅 AI가 인간 활동의 모든 분야에서 맹위를

● 근거 없는 사실을 조작하여 상대방을 모략하고 혼란하게 하는 정치적 비밀선전이다. 흑색선전이라고도 한다.

떨치고 있다. 앞서 말한 정치·경제·사회·문화·예체능의 전 분야에 보급돼 이미 쓰이고 있고, 원래 목적을 넘어선 왜곡과 악용의 위험성에 대한 경고까지 나오는 마당이다. 내가 무엇을 생각하고 어떻게 행동해야 하며 바람직한 결과는 바로 이것이라고 추천, 아니 지시와 강요를 하는 나의 부하, 동료, 아니 빅브라더Big Brother가 21세기 마케팅 AI의 최전선이다. 그 신기하고도 약간 두렵기까지 한 추천 알고리즘의 세계를 미국 실리콘밸리 여행으로 시작해보자.

AI로 소비패턴 분석... 타깃 광고의 노출·결제까지 곧바로 클릭

"컴퓨터나 휴대전화로 뉴스 검색, 쇼핑, 게임 같은 온라인 접속을 할 때 작은 광고창이 뜨는 걸 본 적이 있나요? 아무 광고나 나오는 게 아닙니다. 접속하는 순간, 1초도 안 되는 사이에 AI가 그 사람의 평소 취향 등 소비패턴을 반영해 가장 클릭할 확률이 높은 제품과 서비스만 내보내는 거죠. 이후에는 광고창 클릭click에서 해당 제품·서비스의 애플리케이션 설치install로, 그리고 실제 구매와 결제 행위action까지 최종적으로 연결되는 소비자의 행동이 광고주가 원하는 목표입니다. 거기까지 도달해야 우리도 광고비를 받습니다. 그게 우리 몰로코Moloco만의 머신러닝 기술 강점입니다."

미국 실리콘밸리에서 AI 기계학습을 모바일 광고에 도입해 애드 테크Ad Tech의 신흥강자로 급부상한 한국계 벤처 '몰로코'의 브라이언 유(유병곤) 이사의 말이다. 우리의 온라인 구매 행위가 잘 짜인 AI 각본에 의해 의도적으로 유도된 것이라니! 그러나 이건 엄연한 사실이다. 현대의 디지털(웹·모바일) 광고는 전통적인 아날로그 광고와는 완전히 다른 방식으로 진행된다. 컴퓨터프로그램 자동매매로 모든 업무가 진행된다. 더 노골적으로 말하면 온라인 경매·입찰bid 방식이다. 호가呼價와 응찰가가 일치하면 낙찰된다.

미사일처럼 정확하게 한 사람만을 겨냥한 핀포인트 맞춤형 마케팅도 애드 테크의 특징이다. 왜 광고가 달라졌을까. 광고시장이 모바일로 대거 이동했기 때문이다. 페이스북은 2018년 매출의 98퍼센트를 광고로, 그중 90퍼센트 이상을 모바일 광고로 벌어들였다. 모든 구매 행위가 휴대전화 안으로 쓸려 들어가는 모바일 경제의 탄생이다. 실제로 전 세계 광고 시장에서 보여주고 있는 모바일 광고의 성장세는 괄목할 만하다.

	2015년 광고비 비중 (단위: %)	2018년 광고비 비중 (단위: %)	해당기간 광고비 증가액 (단위: 십억 달러)
TV	36.9	33.8	7.32
PC	19.5	15.3	-10.66
모바일	10.4	23.3	81.27
신문	12.6	9.4	-9.62
잡지	6.5	5.0	-4.44
라디오	6.7	6.0	0.92
OOH	6.8	6.5	3.01

전 세계 매체별 광고비 비중 변화 및 광고비 증가액 (자료 제공: ZenithOptimedia)

그런데 광고에 AI를 도입한다는 게 무슨 뜻일까. 그 전까지는 컴퓨터에서 그냥 보여줄 뿐이던 광고를 클릭하도록 만들어, 광고주에게 '클릭당 과금cost per click'을 받기 시작한 것이 구글google이다. 그리고 PC 웹 환경이 모바일 환경으로 옮겨 오면서, 클릭 후 모바일 앱도 설치하도록 해 '설치당 과금cost per install' 시장을 키운 것이 페이스북이다. 여기서 한 걸음 더 나아가, 궁극적 단계인 소비자의 구매 행동으로까지 이어지는 광고 설계를 AI 기반으로 하고 있는 마케팅 회사가 몰로코이다. 바로 '행동당 과금cost per action'이다. 언제, 어느 사용자에게, 무슨 광고를 보여줘야 광고주가 원하는 최종 구매로 연결될지 AI가 실시간으로 확률을 계산해 최적화된 광고를 내보낸다. 적중률이 높을 수밖에 없다는 이야기이다. 여기까지 설명을 듣고도 구체적으로 어떤 식으로 모바일 광고가 진행되는지는 아직 완전히 이해되지 않았다. 추가적인 설명을 요구하자 다시 해설이 이어졌다.

"실시간 경매Real Time Bidding 방식입니다. 주식거래를 생각하면 쉽죠. 매수자와 매도자 간 희망가격이 일치하는 순간, 거래가 성사됩니다. 프로그램 매매처럼 사람의 개입 없이 컴퓨터가 0.1초 사이에 자동 체결합니다. 우리는 배스킨라빈스 등 100곳 이상 광고주의 300개 이상 광고 캠페인을 진행 중입니다. 웹이나 모바일의 광고 지면을 확보해 시장에 공급하는 곳을 인벤토리inventory 플랫폼 기업이라고 합니다. 이들과 우리 같은 광고주

대행 지면 구매 플랫폼의 알고리즘이 서로 쉴 새 없이 상호 작동하는 거죠. 그냥 가격만 일치시키는 게 아닙니다. 그 광고를 실어 실제 구매로까지 연결돼야 우리에게도 수익이 발생하기 때문에 정교한 알고리즘 설계는 필수입니다."

그가 사례를 들어 설명한 내용은 이렇다. 만약 어떤 한 소비자가 〈리니지2〉 같은 모바일 게임에 접속했다고 가정하자. 게임 회사는 〈리니지2〉의 초기 접속화면, 단계별 이동화면처럼 모바일 광고를 띄울 수 있는 귀퉁이 지면의 판매 대행을 인벤토리 업자에게 이미 넘긴 상태이다. 인벤토리란 눈에 잘 띄는 뉴욕 맨해튼 5번가 사거리의 빌딩 옥상 광고판과 마찬가지이다.

인벤토리 업자는 이 광고판을 얼마에 팔겠다고 온라인상에서 매도 주문을 넣는다. 게임 회사는 평소 그 사람의 게임 아이템 구매 성향, 1회 접속 후 평균 체류 시간 등 개별고객의 자사 서비스 이용 분석정보뿐 아니라 신원을 확인할 인적정보도 이미 갖고 있다. 이 정보들이 즉시 인벤토리 업자를 통해 수백 개 회사의 광고 캠페인을 담당하고 있는 몰로코 같은 광고 플랫폼 회사로 실시간으로 전달된다.

그러면 광고주들의 수많은 광고 가운데, 어떤 광고를 어느 타이밍에 어떤 인벤토리 업자의 무슨 광고판에 뿌려야 소비자가 실제 구매 행동까지 할지, 1초도 안 되는 시간에 알고리즘이 수학적 확률을 계산해낸다. 그러고는 가장 구매 확률이 높다고 답이 나온 해당 광고주의 상품 광고를 얼마에 내보내겠다고 인벤토리 업자에게 매수 주문을 낸다. 광고판을 얼마에 사겠다는 의사표시이다.

양쪽의 조건이 맞아떨어지면 그 순간 자동으로 온라인상 거래가 체결되고 즉각 특정 광고가 해당 광고판으로 송출된다. 접속한 게이머가 어젯밤 술집을 여러 군데 검색했던 이력이 포착되면 숙취해소제나 두통약 광고 등이 나가는 식이다. 인터넷 의류 쇼핑몰에서 검은색 가죽점퍼를 자주 산 과거 상거래 데이터들이 알고리즘에 포착된다면 좋아하는 게임 캐릭터가 입고 있는 코스프레용 가죽옷을 권하는 광고가 나갈 수도 있다. 그러면 아마 〈리니지2〉를 플레이하던 소비자는 "어, 내가 머리 아프다는 건 대체 어떻게 알았지?", "야, 이거 내가 좋아하는 스타일의 가죽 재킷이네" 하고 약간 의아해하며 아스피린이나 타이레놀, 의류 쇼핑몰 광고를 클릭해 진통제와 가죽옷을 주문하게 된다는 이야기이다.

광고에 알고리즘 거래를 결합한 애드 테크는 주식시장의 프로그램 매매(시스템 매매)와 매우 흡사하다. 프로그램 매매란 컴퓨터 알고리즘에 의한 자동 거래 시스템을 말한다. 팔고 싶은 매도자의 판매희망 가격과 사고 싶은 매수자의 구매희망 가격이 온라인상에서 제시되고, 중개소 컴퓨터에서 양측 조건이 일치하면 자동으로 즉각 실시간으로 거래가 체결된다. 이 거래자 중에는 남들보다 한발 앞서 대량 주문을 0.001초(1,000분의 1초) 간격으로 수천 번씩 내면서 사고팔기를 거듭하는 초단타 매매High

Frequency Trading, HFT 거래를 하는 사람들도 있다. 심지어 이들은 100만 분의 1초 차이로 명암이 갈리기도 한다.

이들은 다른 트레이더보다 단 100만 분의 1초라도 앞서려고 중개소 가까이에 더 고성능의 회사 컴퓨터를 두고, 증권거래소 메인 서버로 연결되는 전용 케이블까지 설치하기도 했다. 내부 고발자가 2014년 『플래시 보이스Flash Boys』란 제목으로 책을 펴내고 베스트셀러로 화제에 오르면서 HFT 거래방식의 불공정성에 대한 사회적 비판 여론이 높아졌다.

그러나 미국 증권선물위원회(SEC)는 이미 미국 전체 상장주식 거래의 50퍼센트 이상이 HFT 방식으로 이뤄지고 있다고 보고서에서 지적했다. 개미 투자자들은 마우스를 클릭하기도 전에 고성능 컴퓨터가 훨씬 빠른 속도로 자동 거래하는 현대 투자 시장에서 영문도 모른 채 매일, 매시간, 매분, 매초 돈을 잃고 있는 것이다. 우리는 기계가 이미 우리보다 더 빨리 달려가고, 머리 위에 앉아 이래라저래라 충고로 포장한 명령을 하는 세상에서 살고 있다.

AI 마케팅의 두 얼굴

AI 마케팅은 상반된 두 개의 얼굴을 갖고 있다. 내가 잘 가지 않던 길을 알려줘 새로운 경험을 할 수 있도록 도와주는 게 천사의 얼굴이다. 그러나 가장 무서운 악마의 얼굴은 추천 알고리즘을 왜곡시켜 수용자를 원하는 방향으로 조정하는 것이다. 알고리즘의 배후에도 결국 사람이 있음을 잊지 말아야 한다. 그 사람이 컴퓨터 엔지니어든, 생산한 기업인이든, 주문한 정치인이든 간에 말이다. 알고리즘의 사심 없는 과학적·객관적 추천이라고 믿고 그 방향으로 뛰어갈 때 우리는 알고리즘 코치 뒤에서 호루라기를 불고 있는 감독의 리듬과 구령에 맞춰 뛰는 것이다. 나의 건강을 위해서 나에게 꼭 맞는 운동량과 운동법을 권해준다고 믿었던 PT^Personal Training가, 실은 체육관장이 짜놓은 길고 비싼 교육 프로그램으로 서서히 발을 담그도록 유도하는 미끼였다는 이야기이다.

우리는 앞서 미국 케임브리지 애널리티카의 SNS 개인정보 수집에 의한 정치 여론 조작과 감정전이emotional contagion, 가짜뉴스 만들기와 전파의 나쁜 사례를 살펴보았다. 친구가 '좋아요'를 누른 포스팅에 우리는 무심코 엄지 척을 해준다. '싫어요'를 달고 심한 욕까지 해놓은 감정의 분출을 보면 가족이 곤경에 처한 장면을 본 것처럼 같이 흥분해 한마디 욕을 보탠다. 감정은 전염된다. 아니, 감정만일까. 나의 의견, 판단, 사상도 전염된 게 아닐까. 내 생각이라고 철석같이 믿던 신념이 알고 보면 남이 내 머릿속에 반복적으로 심어 세뇌하고 주입한 제3자의 신념이 아닐까.

원래 광고와 마케팅 상업 시장에서 발전한 이 기술은 최근 정치 캠페인에 이식되면서 여러 가지 부작용을 낳고 있다. 2019년 초 한국에서 발생한 드루킹 댓글 조작 사건은 아주 초보적인 단계의 통계 왜곡이다. 처음부터 조작의 의도를 갖고 매크로 프로그램을 동원해 자동 댓글이 단시간 내 대량으로 작성되도록 하고, 조회 수와 추천 수가 상위를 점하도록 했다. 나는 남이 써준 글을 기계적으로 미친 듯이 도배질한 기계, 아니 그 타인의 뒤를 따라간다. 그의 의견에 동조하게 된다. 음원사이트 사재기 논란도 비슷한 부정행위의 재현이다. 디지털 음원 사재기와 추천 수, 투표수 순간 조작 기술은 진정한 인기 가요의 자유경쟁 시장질서를 파괴한다. 〈프로듀스 101〉에서 발생한 프로듀서의 순위 조작 사건은 정부 권력자에게도 생기는 동일한 형태의 유혹이다. 케임브리지 애널리티카는 개인 성향을 분류한 SNS 빅데이터를 대통령, 상원의원 후보 캠프에 제공해 정치 참모가 자기 진영을 지지하는 유권자를 투표소로 불러모아 득표율을 높이는 정치 마케팅의 도구로 악용되도록 방치했다.

아는 자에겐 보인다, 디지털 리터러시

AI 알고리즘을 악용한 사기와 조작에 속지 않는 가장 좋은 방법은 판별력을 기르는 것이다. 다시 말해, 디지털 문해력Digital Literacy을 키워야 한다. 우리는 알고리즘을 직접 설계할 만큼 전문가는 아니다. 하지만 어떤 알고리즘이 위험한지 본능적으로 느낄 수는 있다. 차량을 정비할 기술은 없지만 운전하다 보면 어느 곳이 안 좋은지 알게 된다. AI를 생산하고 보급하는 쪽에도 책임감Resposibility과 책무성Accountability을 요구해야겠지만, 사용하는 소비자도 눈을 부릅뜨고 끊임없이 묻지 않으면 안 된다. "이 알고리즘은 꼭 필요한 것인가", "무엇을 측정하기 위한 것인가", "다른 측정 방법은 없는가", "왜 이런 결론을 내리는가, 근거는 무엇인가", "다른 알고리즘의 예측과 왜 다른가", "더 나은 알고리즘에 더 비싼 비용을 지불해야 하는가" 등의 질문이다.

AI에 투명성, 책임성, 설명 가능성 등 윤리적 의무 준수를 요구해야 한다. 복잡하고 긴 금융상품 약관을 소비자가 모두 읽을 수 없기에 계약 시 설명의무를 판매자에게 부과하는 것이다. 내게 적용될 AI 알고리즘이 어떤 것인지, 믿을 수 있는 알고리즘인지, 사후 잘못될 경우 어떻게 배상받으면 되는지를 낱낱이 이용자 및 소비자에게 밝혀야 한다.

미국 MIT 미디어랩은 중학생을 위한 AI 윤리 교재를 제작하면서 세 가지에 초점을 맞추었다. 첫째, 알고리즘의 원리이다. 음식을 만들면서 그 요리법을 알고리즘으로 짜서 설계 과정과 구조를 깨닫도록 도와준다. 둘째, 기술의 사회적 연계와 맥락, 내재된 가치 지향성을 이해시키는 일이다. 현실 인간사회와 유리된 실험실 안의 중립적 과학기술이란 있을 수 없으며, 모든 과학기술은 정치·경제·사회의 각 영역에 파고들어 영향을 미친다는 점을 가르친다.

기술은 세상을 바라보는 인간의 가치관을 바꾸고 때로는 새롭게 형성한다. 의도를 갖고 감추어 심은 정치적 의제, 상업적 목적을 알고리즘 안에서 골라낼 수 있게 깊이 읽는 힘을 키워야 한다. 그래서 과학기술은 인간사회의 바람직한 가치와 양립할 수 있도록 처음부터 인간의, 인간을 위한 선물이어야 한다는 점을 가르친다. 셋째, AI에 구조적으로 담겨 있는 편향성과 한계를 똑바로 알게 해주는 일이다. 그 단점을 포용하며 장점을 극대화할 수 있도록 제대로 사귀는 법을 알려준다. 이 세 가지를 배우고 나면 학생은 알고리즘 세상의 비판적 사용자로 건강하게 살아남을 수 있다. 초등학교 코딩 교육 의무화보다 AI 원주민 세대에게는 훨씬 중요한 배움이 될 것이다.

교육, AI가 개척할 마지막 지평

AI의 기술적 특이점은 지식과 학습의 정의를 바꾸는 단계이다. 우리가 무엇을 '안다' 혹은 '배운다'라고 말할 때 크게 네 가지의 지식 기술을 활용한다. 암기memorize, 분석analyze, 종합synthesize, 창조create이다. 컴퓨터는 암기를 처음 정복했다. 백과사전을 외우며 어떤 질문이든 척척 대답하는 인간 만물박사는 퀴즈쇼에서 암기왕 메모리칩에 졌다. 고故 이민화 교수가 "이제 목적지에 도착하려면 중간에 나오는 길과 건물의 이름을 외울 필요 없다. 그저 내비게이터 사용법만 익히면 된다"라고 멋지게 비유했듯이. 분석도 서서히 컴퓨터가 우리를 따라잡고 있다. 세밀하게 분류해 상호 연관 관계를 파악하는 것은 이제 기계에게 맡길 귀찮은 일이 되어가고 있다. 흩어진 지식의 파편을 끼워 맞춰 하나의 맥락을 만들어내는 작업은 아직 인간이 조금 낫다. 메타 지식, 지식의 지도를 이리저리 바꿔가며 스토리텔링을 추출하는 건 창조의 영역에 근접하기 때문이다. 이런 상황에서 가르치고 배우는 지식의 전승 시스템이 변하지 않을 리 없다. AI 전문가는 마지막 AI 프런티어는 사상(철학)과 교육이 될 것이라고 예언하고 있다.

그중 교육에 IT를 접목한 신교육 기법이 바로 에듀테크이다. 학습자별로 맞춤형 콘텐츠를 제공해 가장 효율적인 교육 효과를 내게 하는 머신러닝 기반의 적응 학습Adaptive Learning이 대표적이다. 사람이 직접 모든 학습 데이터를 분류하고 난이도와 문제 범주를 태그tag해 학습 콘텐츠를 제공하는 지도학습 방식의 태깅 알고리즘이 가장 널리 쓰이고 있다. 그러나 최근에는 AI가 수천만 건의 데이터를 스스로 학습하고 인간의 추론이 닿지 않는 범위까지도 고려해 학습자 상태를 실시간 분석 및 예측하는 빅데이터 방식의 맞춤형 학습, 교사 지원 기술도 나왔다. 음성 인식 및 합성 기술로 학생들과 상호작용interative 수업을 하고, 자연어처리(NLP) 훈련을 받은 학습 도우미 챗봇과 대화하며 배우는 방식도 있다. 세계 에듀테크 시장은 2017년 2,200억 달러

(235조 6,000억 원)에서 2020년 4,300억 달러(460조 5,000억 원)까지 성장할 것으로 전망된다.

IBM 왓슨

IB의 AI 왓슨을 활용한 '티처 어드바이저'는 교사가 학년과 키워드를 입력하면 다양한 교육 콘텐츠, 수업에 도입 가능한 활동을 검색할 수 있게 도와준다. 수업 계획을 짜는 교사의 도우미이다. 조지아공대에서는 학생 질문에 대한 답변 및 과제 점검 조교로 활용한다. 포럼에 게시된 4만 개의 글을 왓슨에게 학습시킨 후 다음 시간 강의실 찾아가는 법, 다음 학기 강의 신청법, 과제 제출 요령 등 캠퍼스 FAQ에 답변하게 만든 것이다.

드림박스 러닝

수학 강좌를 게임처럼 구성해 학습 이력을 데이터로 파악해 교수에게 학생 성취도, 학습량 등 현장 정보를 제공한다. 미국 내 실사용자 1,500만 명을 헤아린다.

KNewton

학생·교사·학교 등에서 교육 통계·학습결과 등 빅데이터를 축적·생성해 개별 학생에게 필요한 학습자료를 맞춤형으로 제공하는 어댑티브 러닝Adaptive Learning 기법을 활용한다. 같은 교실에서 공부하는 급우라도 모두 다른 교재를 갖고 공부하는 셈이다. 미국 애리조나주립대는 뉴턴 방식을 적용해 수학, 기초물리학, 생물학, 화학 강의를 개정했다.

Third Space Learning

영국 런던칼리지와 공동 개발한 에듀테크 기술로, 약 10만 시간의 온라인 수업 기록을 AI에게 학습시켜 성과가 높아진 학습 패턴 파악, 학습지도 방법 최적화 구조를 구축했다. 온라인에서 학생과 인간 교사가 교재를 공유하면서 학습하는 과정을 지원하는 시스템으로 현재 영국 초등학교 1,200개 교 이상에 보급돼 있다.

새로운 일자리를 만드는 새로운 교육

AI 혁명이 처음으로 사람들에게 충격을 안겨줬을 때 가장 보편적으로 다가온 공포는 '기계가 내 일자리를 빼앗지 않을까' 하는 것이다. 이미 1973년 노벨 경제학상 수상자인 바실리 레온티에프는 "농경시대 말이 맡았던 역할이 트랙터가 도입되면서 제거된 것처럼, 컴퓨터의 도입으로 가장 중요한 생산요소로서의 인간의 역할이 감소하게 될 것"이라고 예언했다. 일자리의 공포감은 노동총량이론Lump of labor theory에 근거한 것이다. 노동시장에서 정해진 양을 놓고 각 주체 간 경쟁을 벌이는 제로섬 게임이란 가정에 따른 이론이다. 그러나 2015년 영국 베네딕트 프레이 교수와 PwC컨설팅 영국연구소의 존 호크스워스John Hawkesworth 교수는 1990년대 디지털 혁명으로 새로 생긴 직장과 일자리의 성장 관계를 연구한 결과, 근로자가 새로운 직군에서 일하는 비중이 높을수록 일자리 성장률도 높다는 결과를 발표했다. 기술혁신은 일자리 파괴보다 일자리 창출 효과가 더 크다는 결론이었다. 사라지는 일자리와 새로 생기는 일자리를 구별해 교육과 훈련의 자원을 배분해야 한다는 게 이들의 주장이다.

새로운 일자리

자, 그럼 새로운 일자리의 특징은 무엇일까. 긱 경제Gig economy•와 프리 에이전트free agent가 키워드이다. 직업occupation은 작업task으로 진화하고 있다. 중앙집권화된 공간을 가진 직

• 산업현장에서 필요에 따라 사람을 구해 임시로 계약을 맺고 일을 맡기는 형태의 경제 방식. 긱GIG은 1920년대 미국 재즈 공연장 주변에서 연주자를 섭외해 짧은 시간에 공연한 데에서 비롯한 단어이다.

장은 분권화된 네트워크 프로젝트팀으로 가상공간 위에 흩어지고 있다. 기업은 더 이상 유형화된 생산시설(공장)도, 관리시설(본부, 사무실)도 갖길 원하지 않는다. 온라인상에서 직업의 정의를 규정하고job description, 그 프로젝트에 필요한 내외부 전문인력agent 모집을 거쳐 일정기간 임시조직을 운영한다. 이른바 액체 업무 단위liquid task unit이다. 대니얼 핑크Daniel Pink는『프리에이전트의 시대』에서 이 같은 조직에서 일하는 독립 노동자에게 각종 편의 서비스를 제공하는 비즈니스가 유망 산업으로 떠오르고 있다고 지적했다. 매듭 작업knot working으로 불리는 일의 방식은 끊임없이 변화하는 목표에 따라 유연하게 구성원을 재구성하며 움직이는 새로운 조직 운영 규칙이다.

이와 함께 미래의 일자리는 일과 놀이가 결합된 일-놀이 혹은 놀이-일이 된다. 업무의 게임화gamification라고 표현할 수도 있다. 일은 밥벌이를 위해, 사회적 신분상승을 위해 견디고 참아야 하는 고행이 아니라 나의 자아실현을 위해, 살아가는 즐거움을 위해 구체적으로 현실에 구현된 하나의 거대한 사회적 놀이가 될 것이다.

새로운 교육

일자리의 정의가 바뀜에 따라 교육의 개념도 바뀌고 있다. 유연하게 사고하고, 이질적인 구성원과 협력하며, 창의적으로 즐겁게 새로운 상황에서 배우도록 학습의 정의를 재편해야 한다. 공동체가 공인한 학교와 직장에서 받는 시민 교육, 직무 교육에서 벗어나 은퇴 후에도 자신의 재미를 위해, 사회적 의미 실현을 위해 배우는 평생 교육도 한 축이다. '늙은 학습자grey learner'는 21세기의 새로운 문화 계층이 될 것이다.

21세기 초반에 탄생한 MOOCMassive Open Online Course는 글로벌 디지털 고등학습기관이다. 누구나 시간과 장소의 제약을 벗어나 기존 지식체계에 접근할 수 있다. 2001년 MIT가 첫 MOOC를 개설한 뒤 유다시티Udacity, 코세라Coursera, 에드엑스EdX, 유데미Udemy, 칸아카데미Khan Academy 같은 온라인 교육 플랫폼이 속속 등장해 유연 교육, 평생 교육을 선도하고 있다. 긱 경제에 대응하는 긱 에듀와 함께, 게임화에 맞춘 교육의 게임화 선두업체 게임런Gamelearn은 수료율 90퍼센트, 고객추천 비율 93퍼센트를 자랑하는 충성도 높은 학습 프로그램을 자랑하고 있다.

교육에 지능화 기술을 접목한 에듀테크는 첫째, 학습의 질을 높인다. 예컨대, 30명이 한 단위인 교실에 동일한 교재와 동일한 속도의 교습법이 적용되는 게 아니라, 학생마다 다른 교재로 다른 내용의 콘텐츠를 다른 속도로 진행한다. 이에 따라 개인에게 최적화된 학습법으로 학습의 능률도 고도화할 수 있다. 일본의 AI 학원 쿠나베는 학생과 AI와의 일대일 맞춤 학습으로 수업 진도를 7배 빨리, 학생 성적도 80퍼센트 이상 향상시켰다. 둘째,

학습의 양이 커진다. 스마트 수업은 교재도 오픈 소스형이다. 필요한 지식을 모아 스스로 교과서를 만든다. 이 교과서도 다중의 지식을 모은 위키피디아처럼 끊임없이 진화한다. 화석 같은 죽은 지식이 아니라 현실의 살아 움직이는 정보와 지식을 습득한다. 셋째, 학습의 몰입이 강해진다. 새 교육 방식은 무엇보다 학생끼리 가르치고 배우는 것을 권장한다. 우리는 일방적으로 남의 지식을 주입받을 때보다 내가 스스로 찾아보고, 나아가 남을 가르칠 때 가장 빨리 배운다. 동료 학습peer learning의 개념이다. 1페이지에서 300페이지까지만 다 읽으면 끝나는 교육이 아니라, 필요한 양과 질의 지식을 스스로 발굴하고, 이를 남에게 발표·전달하면서 가장 효과적으로 습득하는 게 AI 시대의 교육 방법이다.

데이터 저널리즘의 본산에서
AI 알고리즘의 감시자를 만나다

뉴욕대 카터 저널리즘연구소 메러디스 브루사드 교수

2019년 6월 어느 비 오는 날, 우산을 쓰고 터덜터덜 걸어 미국의 심장부 뉴욕 맨해튼에서 지하철로 15분 거리에 있는 뉴욕대를 찾았다. 컴퓨터(데이터) 과학자로 일하다가 지금은 AI 알고리즘을 감시하는 언론 취재 기법을 가르치는 메러디스 브루사드 교수를 만나기 위해서였다. 급행전철을 잘못 타서 10분가량 지각해 등에 진땀이 났다. 간신히 입구를 찾아 들어가니 접수원이 신분을 확인하고 방으로 안내했다. 잠시 후 곱슬곱슬한 머리카락에 커다란 장신구를 손목과 귀에 걸친 젊은 여교수가 문을 열고 들어왔다. 그와의 대화는 2시간 30분가량 진행됐다.

그는 "AI 알고리즘의 어두운 면을 추적 보도하는 새로운 취재 기법이 필요하다"라며 "첨단 기술을 맹목적으로 숭배하는 태도를 버려야 한다. 알고리즘을 감시하고, 불평등한 지점이 있는지 주시하고, 기술 업계 내부의 편견을 줄여 AI로 스며들지 않도록 해야 한다"라고 강조했다. 그의 전공은 컴퓨터 저널리즘computational journalism, 알고리즘 책무責務보도라 불리는 데이터 저널리즘의 한 분야이다. 브루사드 교수는 컴퓨터 과학자에서 저널리스트로 변신한 경력답게 AI를 맹신하는 풍토에 매우 비판적이었다. 그는 데이터 과학으로 무장한 언론인들이 어느새 사회를 지배하게 된 알고리즘의 한계와 어두운 이면을 파헤쳐 널리 알려야 한다고 힘주어 말했다.

알고리즘 저널리즘은 무엇인가.

"첫째, 알고리즘 책무보도algorithmic accountability reporting를 말한다. 사람의 결정을 돕는다는 명목으로 널리 보급된 AI 알고리즘을 조사하는 취재 기법을 말한다. 알고리즘의 신뢰성을 비판적으로 검증하는 것이다. 둘째, 탐사보도를 위해 직접 알고리즘을 작성하는 취재 방식이다. 심층 보도를 위해 저널리스트가 취재용 알고리즘을 짜고 이를 적극적으로 활용하는 것이다. 셋째, 자동 뉴스작성이다. 로봇 저널리즘이라고도 한다. 블룸버그, 워싱턴포스트, AP 등이 채택해 벌써 금융 스포츠 기사에 광범위하게 활용하고 있다."

컴퓨터 과학자에서 언론학계로 옮기게 된 계기는 무엇인가?

"저널리스트가 되기 위해 컴퓨터 과학자를 그만뒀다. 미국에서 컴퓨터 과학은 성차별주의가 팽배한 분야이다. 그곳에서 여성으로서 경쟁이 어려웠고 행복하지 않았다. 2006년 컴퓨터 과학과 저널리즘이 합쳐진 데이터 저널리즘에 빠지게 됐다. 전에는 정밀 보도precision journalism, 컴퓨터 지원 보도computer assisted reporting, CAR로 불리던 분야다. CAR 연구가 데이터 저널리즘으로 이어졌다. 인터넷 발전으로 인해 데이터를 공유하고 사용하기가 훨씬 쉬워졌다. CAR 시절에는 데이터베이스와 스프레드시트를 활용하는 정도였다."

AI 알고리즘 스스로 기사를 작성하는 로봇 저널리즘이 도래했다. 인간 기자는 어떤 보도에 더 집중해야 할까.

"자율 시스템과 인간-기계 협동 모델human-in-the-loop model을 분리해보는 게 중요하다. 오랫동안 자율 저널리즘autonomous journalism에 대한 잘못된 인식이 존재해왔다. 컴퓨터가 모든 기사를 작성하고 인간 저널리스트들을 완전히 대체하는 시점이 온다는 생각 같은 것 말이다. 많은 이가 컴퓨터가 모두를 대체하면 더 빠르고 효율성이 오를 것이라는 무의식적 환상에 사로잡혀 있다. 하지만 실제로는 컴퓨터와 인간이 협력하는 것이 훨씬 더 효과적이라는 증거와 연구가 많다. 환상을 깨는 것이 중요하다."

어떤 온라인 매체는 아예 의제 설정agenda setting부터 크라우드 펀딩처럼 독자(대중)의 선택에 맡긴다. 구독자가 가장 원하는 주제를 취재하는 식이다. 이것은 바람직한 변화인가.

"내 책에서 말한 주제 중 하나는 바람직한 것과 대중적인 것의 차이이다. 만약 우리가 대중적 보도에만 집중한다면, 뉴스는 연예계 가십으로 가득 차고 시리아에서 벌어진 끔찍한 소식은 사라질 것이다. 저널리스트는 대중이 듣고 싶어 하는 것, 들을 필요가 있는 것의 차이를 생각해봐야 한다. 그런 균형을 잘 맞추는 것이 전통적으로 언론기관들이 지켜온 의무이다. 대중이 요구하는 데이터만 따른다면 사람들은 늘 자신이 원하는 것만 듣고 결국 사회에 좋지 않은 영향을 미칠 것이다."

토익 시험을 AI로 정복한다고?

국내 딥러닝 에듀테크 1호 뤼이드Riiid 강남 본사를 가다

뤼이드 강남 본사 사무실에 걸린 플래카드의 캐치프레이즈

2019년 9월 9일 오후 1시 서울 강남구 테헤란로에 있는 한 건물의 10층 사무실. 직원의 안내를 받아 보안 카드키로 투명한 유리문 안으로 들어서자 커다란 검은색 플래카드에 흰 글씨로 쓴 캐치프레이즈가 보였다. 그 아래에는 작은 글씨로 프로그래밍 언어처럼 쓴 장난스러운 격려 문구도 보인다. 사람의 말로 해석하자면 "패러다임이 변했습니다", "서두르세요, 당신은 이미 늦었습니다", "직원들은 다 천재이다, AI로 놀며 세상을 바꾸자" 정도의 뜻이 되겠다. 사무실 한가운데는 2단 짜리 나무 데크와 작은 어린이 미끄럼틀도 있다. 누가 봐도 젊은 회사, 벤처의 분위기가 팍팍 풍긴다. 잠시 후 인터뷰 룸에 푸른색 와이셔츠 차림을 한 훤칠한 키의 청년이 성큼성큼 들어선다. 한국 최초로 영어 교육에 기계학습을 도입해 선풍을 일으킨 에듀테크 1호 벤처

뤼이드의 장영준 사장이다.

그가 이끄는 뤼이드는 '산타 인사이드Santa inside'로 명명된 AI 엔진을 탑재한 산타토익을 한국과 일본에 출시해 국내에서 11개월 만에 100만 유저를 돌파했다. 일본에서도 유료 출시 5일 만에 안드로이드앱 교육 부문 매출 1위를 기록했다. 학생이 스마트폰으로 AI 튜터와 일대일로 문제를 풀면 걸린 시간, 먼저 선택한 문항, 틀린 오답 패턴 등을 분석해 최단 시간 내 성적 상승이 가능한 학습 플랜을 짜준다. 2019년 10월 미국 '교육 기술 인사이트Education Technology Insights'가 뽑은 아시아태평양 지역 10대 에듀테크 스타트업 중 하나로 선정돼 커버스토리를 장식했다.

유튜브에 '산타토익'을 검색해보면 조회수 205만 회에 달하는 인기 동영상이 하나 떠 있다. 머리를 빡빡 깎은 이 회사 연구원이 자신은 왜 대기업을 퇴사해 뤼이드에 취직하게 되었나를 유머러스하게 고백하는 내용이다. 장 사장도 2007년 미국 UC버클리 비즈니스 스쿨을 졸업하고 글로벌 금융사 메릴린치에서 인턴까지 마쳤는데 왜 한국에 들어와 생소한 교육 사업에 투신하게 되었을까.

왜 교육인가.

"학교 졸업 후 메릴린치보다는 실리콘밸리행을 택했다. 1년간 창업 경험을 쌓았지만 빈털터리, 정말 주머니 0원이 됐다. 하지만 그 상태에서도 교육에 AI를 접목한 사업을 한국에서 해야겠다고 마음먹었다. 한국에서 기술 기반의 회사를 만들고 싶었다. 왜 한국이냐? 의학, 금융 산업 데이터는 이미 상당량 구축돼 있다. 그러나 교육 데이터는 없다. 우리가 만들어야 했다. 모을 수 있는 동네가 어딜까, 생각해보면 정답이 나온다. 한국은 교육 사업이 성숙을 넘어 과열된 시장이다. 교육열이 높고 문제 풀이도 많이 한다. 미국은 사업기회 측면에서는 오히려 약하다. 중산층이 연간 수입의 40퍼센트를 자녀의 교육에 투자하는 나라가 아니다. 수요가 크지 않다. 또 외국인이 창업하기 만만한 곳도 아니다. 이런 의미에서 아시아 시장이 낫고, 그중에서도 한국이라고 생각했다."

왜 토익인가.

"사실 우리 딥러닝 기술은 도메인이 한정되지 않고, 범용성과 확장성이 있기 때문에 과목이 한국사냐 토익이냐는 중요치 않다. 과외 선생님 같은 영역 전문가도 필요 없다. 많은 교육 아이템 중 토익 시험을 첫 상용화 서비스 대상으로 출발한 이유는 세 가지이다. 첫째, 시장 볼륨이 크다. 수능을 보는 사람은 연간 60만 명이지만, 토익은 200만 명으로 한국에서 가장 큰 교육 시장이다. 둘째, 문제집·학원·인터넷 강의 3대 전통 공부 방식의 관성이 뿌리 깊은 시장이다. AI 튜터가 보완재가 아닌 대체재가 되길 원했다. 그리고 토익은 목숨 걸고 보는 시험이 아니다. 수

능처럼 한 번 망하면 인생이 망하는 그런 시장에 도전하고 싶지는 않았다. 우리가 첫 성공사례를 만드는 곳은 중급 레벨 정도의 위험도를 가진 안정적이고 검증된 시장이라야 했다.

동시에 기술적 우월성을 검증받을 수 있는 시장이어야 했고. 밑천 없이 시작했기에 고객이 돈 주고 살 만한 가치가 있는 기술임을 빠르게 증명해야 했다. 고객에게 실제 성적을 올려주는 결과나 학습 효과를 보여주는 것도 중요했지만, 이걸로 돈을 벌 수 있다는 사실을 투자자에게 알려야 했기 때문이다. 셋째, 구매 결정권자와 실사용자가 일치하는 시장이다. 학부모가 사주면 안 되고 학생이 직접 산다. 그런 면에서 수능, 유아 교육 같은 다른 곳은 위험 시장이다. 토익은 구매가격만 맞춰 준다면 대학생, 직장인이 직접 선택할 수 있는 교육 시장이다."

왜 AI인가.

"교육에 IT 기술을 접목하는 에듀테크 벤처들은 대부분 규칙 기반rule-based 적응 학습Adaptive Learning 방식을 채택하고 있다. 이와 달리 우리는 콘텐츠와 데이터를 AI가 스스로 학습해 학생의 학습 패턴을 분석하고, 최고의 점수 향상을 위한 최적의 학습 경로를 일대일 맞춤형으로 제공한다. 도메인 지식이 필요 없는 딥러닝 기술은 다른 분야로 확장이 용이해 다른 객관식 시험Test-prep에도 적용할 수 있다. 이미 토익 말고 SAT 시장에 진출해 베트남에서 서비스 중이며, 내년 유료화를 앞두고 있다. 영어 공부

하는 학생에게 AI 튜터가 더 인내심이 많고, 예측과 추론 능력
도 뛰어나 인간보다 신뢰할 수 있다고 믿도록 하는 절대적 수준
까지 가는 게 목표이다."

윤리

AI에게도 '윤리와 사상'이 필요하다

AI 윤리의 필요와 변화

왜 4차 산업혁명 시대에 AI 윤리라고 하는 새로운 화두가 부상하고 있을까. 크게 세 가지 이유가 있다. 첫째, AI의 자율성과 정밀성 때문이다. AI는 사람의 개입 없이 스스로 알아서 원래 설정한 목표에 매우 가깝게 접근해가게 된다. 그런데 그 중간 과정을 인간이 일일이 감시하거나 통제할 수 없다. 그렇기에 시작부터 인간과 유사한 수준의 사회규범을 준수하도록 요구되는 것이다. 자율적으로 ①데이터를 수집하고 ②변화하는 외부상황에 대응하며 ③미래 결과를 예측하는 각 단계에서 인간사회의 기존 규범과 나란히 합치하는 정렬이 필요하다. 또 일부 AI는 특정 분야에서 인간보다 더 높은 효율의 작업 완성도를 뽐내고 있다. 인간 노동자를 대체할 것이라며 호들갑들인 것도 무리는 아니다. 이 부분이 더 진전되면 AI에게 전자인electronic person과 같은 제한된 법인격을 인정하자는 법률가들의 법리적 주장이 나타나기도 한다.

둘째, AI는 인간의 두뇌 활동을 모방한 기술이므로 사회에서 발현되는 양태가 대단히 인간과 흡사하다. SF 소설이나 영화에서 흔히 AI/로봇을 의인화해서 묘사하는 것도 이런 이유에서이다. 그러나 과학자들은 이를 잘못된, 나아가 위험한 이미지 설정이라고 경계한다. 설사 외형상 인간과 유사해 보이더라도 AI는 AI만의 별개 지능이나 구조를 지닌 것으로 간주해야 한다는 것이다. 필자도 이에 동의한다.

셋째, AI 기술이 그동안 등장한 어떤 선행기술보다 모든 인간에게 미치는 영향이 가장 큰 연결적·파괴적 범용기술이기 때문이다. 18세기 영국에서 시작된 1차 산업혁명이 증기기관을 필두로 한 기계혁명이라면 19~20세기 초에 걸친 2차 산업혁명은 전기를 이용한 대량생산 공업화·산업화 혁명이었다. 그리고 3차 산업혁명은 20세기 후반 컴퓨터와 인터넷의 고도화 및 네트워크화를 수반한 정보화 혁명이다. 그리고 다음 단계인 4차 산업혁명기로의 진입 전조가 가상세계, 사이버월드, 온라인, 디지털 전환에 이은 21세기 초 AI와 빅데이터, 블록체인, 사물인터넷(IoT) 등 지능화 혁명이다.

이 변화는 단계적·점진적 이행이 아니라 기술혁신에 의한 단절적·도약적 이행이다. 이처럼 급격한 패러다임의 변화에는 필연적으로 법규범의 공백이 수반된다. 특히, 4차 산업혁명의 사령탑 내지 두뇌에 해당하는 AI 기술은 생산성 혁신의 긍정적 효과 못지않게 부작용과 역기능도 상당할 것으로 예측된다. 다보스포럼(WEF)●은 2017년에 AI야말로 인류가 역사상 개발해온 신기술 중 가장 부정적 영향이 큰 기술이 될 것으로 예측했다. 제도 설계자들은 경제가치 폭발이라는 긍정적 효과의 극대화를 바라지만 실업, 사생활 침해, 계층 양극화 등 AI 기술 오남용에 따른 부負의 효과에도 대비해야 한다.

김소영 KAIST 과학정책대학원 원장이 AI 윤리를 일컬어 "정보사회의 지속 가능성을 위한 조건"이라고 말하는 것은 바로 그 때문이다. 윤리가 현실 세계에 맞게 체화하면 법규범이 된다. AI 법규범은 기술과 산업 측면뿐 아니라 국가·사회의 정상적 운영에도 절대 필요하다. 산업적으로는 적정 규제를 조기에 마련하지 못할 경우 혁신적 시장 성장과 소비자 후생 증대를 저해하는 발목잡기regulatory bottleneck 현상이 생길 우려가 있다.

이와 함께 사회에 미치는 충격을 최소화하면서 기술이 유연하게 현실 세계와 연결되고 잘 발달할 수 있도록 안전망을 칠 필요도 있다. 그래서 각국 정부는 윤리 규범 차원의 느슨한 기준 설정에서 출발해 개방/연성법open/soft law 형태의 가변적 입법 기

● 저명한 기업인·경제학자·저널리스트·정치인 등이 모여 세계 경제에 대해 토론하고 연구하는 국제민간회의이다. 본래는 세계경제포럼이라는 이름이지만, 가장 중요한 회의가 매해 1월 다보스에서 개최되기 때문에 다보스포럼이라는 별칭으로도 불린다.

술로 매우 빠르게 변화하는 동태적 기술 동향에 맞춰 진흥과 규제 사이의 속도를 조절하는 한편, 사회 구성원들도 신기술의 부작용에서 보호하는 방향으로 법과 제도를 설계하고 있다.

AI 윤리 담론의 변화 과정

AI 윤리 담론은 AI/로봇 알고리즘의 신뢰성을 강조하는 '기계 윤리'에서 생산자·소비자 등 AI를 접하는 사람의 대응원칙에 집중하는 '인간 윤리'로, 이어 대중 보급에 따라 구체적인 '산업별 윤리적 기준과 표준 제정'으로 옮겨가는 추세이다.

기계 윤리는 'AI/로봇은 ~해야 한다'라는 형태의 존재론적 당위에 따라 윤리 해석을 가하는 방식이다. 미국의 연구자이자 SF 작가 아이작 아시모프Isaac Asimov가 1942년 로봇 소설『런어라운드Run around』를 출간하면서 제시한 로봇 3원칙이 아직도 일반적으로 통용되고 있다. 그 내용은 다음과 같다.

①사람을 해치지 말아야 한다.
②사람의 명령에 복종해야 한다.
③1, 2원칙에 위배되지 않는 한, 스스로를 보호할 권리가 있다.

일본에서도 2000년대 중반 이후 로봇과 사람의 공존에 대한 논의가 활발해짐에 따라 "로봇은 인간과 공존하는 파트너로서,

육체·정신적 보조자이며 평화사회에 기여해야 한다"라는 후쿠오카福岡 세계 로봇 선언이 2004년 발표되기도 했다.

그 이후 AI 자체보다 AI를 만들고 다루는 사람에게로 관심이 옮겨 가면서 AI 개발·공급·이용에 대한 인간의 윤리적 책무를 강조하는 경향이 대두됐다. UN 교육과학문화기구(UNESCO)는 2018년부터 다수의 철학자, 과학자, 사회학자, 교육학자 등이 참여해 AI 윤리 선행연구를 했다. 이 작업을 수행한 작업반은 2019년 3월 인권, 포괄성, 자율, 설명 가능성 등 열한 가지 원칙을 제시했다. AI 알고리즘을 코딩하는 개발자, 이들을 지휘해 최종 제품을 만들어낼 기업, 상품화된 AI를 보급하고 적용하는 유통 주체 및 정부기관 등이 지켜야 할 원칙적이고 최소한의 도덕 기준을 제시한 것이다.

선진국들의 모임인 경제협력개발기구(OECD)는 2017년 'OECD 디지털 경제 전망 보고서'에서 AI 알고리즘의 규범적 대응원칙 및 정책 방향을 제시한 데 이어 2019년 5월 AI 권고안을 채택했다. AI 기반 의사결정의 투명성과 감독권 보장, 알고리즘 편향 및 차별 방지, 책임과 보안, 안전 등의 윤리 원칙을 기술전망 파트에서 예시한 것이다. 각국 정부가 참석해 일종의 국제사회의 공통기준에 합의한 점이 특징이다.

마지막으로 개별 산업에 AI가 적용되면서 일반적 총론에서 나아가, 산업 발전과 조화를 이루는 방향으로 구체적 규범의 기준이 논의되고 있다. 대표적인 것이 윤리 가이드라인이다. 일본, EU 등 선도국가들은 잇따라 AI 윤리 가이드라인을 마련하여 발표했다. 일본은 '인간 중심의 AI 사회원칙'을 기본 이념으로 인간 중심, 교육·교양, 개인정보 보호, 보안, 공정경쟁, 공정·책임·투명성, 혁신이란 7대 원칙을 제시했다. EU는 AI 최고 전문가 그룹(AI HLEG)을 창설하고 2019년 4월 '신뢰할 수 있는 AI에 대한 윤리 지침Ethics Guidelines for Trustworthy AI'을 공포했다. 불확실성을 제거하고 개인과 공동체의 이익 보호 및 추구를 목표로 하는 AI 시스템의 구체적 구현과 운영 지침을 만들기 위해 지속적인 업데이트를 약속하고 있다. 이 논의는 기업 등 민간인들이 주축이 된 점이 특징이다. 대한민국에서도 2017년 한국정보화진흥원이 공공성, 책무성, 통제성, 투명성 등 4대 원칙에 기반한 개발·공급·사용자를 위한 세부 지침을 발표한 데 이어, 2018년 9월 지능정보사회 윤리 가이드라인이 제기된 바 있다. 정부는 2019년 12월 국가 AI 전략을 발표하면서 한국만의 AI 윤리 헌장 같은 기준을 마련하겠다고 밝혔으나, 2020년 1월 현재 AI에만 특화된 공식적인 윤리 가이드라인은 아직 나오지 못한 상태이다.

한편, 구글·애플·아마존 등 글로벌 기업도 최근 개별적으로 AI 개발 원칙을 속속 발표했다. 한국의 선두 기업인 카카오도 2018년 카카오 알고리즘 윤리 헌장을 공개했다.

국가	명칭	주체	시기
미국	아실로마 AI 원칙	FLI	2017.1
	인공지능과 인권	하버드대	2018.9
일본	전문가를 위한 인공지능 가이드라인	일본 인공지능협회 (JSAI)	2017.5
독일	자동화 및 네트워크화된 자동차에 대한 윤리 규범	BMVI	2017.6
한국	카카오 알고리즘 윤리 헌장	카카오	2018.1
	지능정보사회 윤리 가이드라인	한국정보화진흥원	2018.9
유럽연합(EU)	신뢰할 수 있는 인공지능에 대한 윤리 지침	집행위원회 최고 전문가그룹(HLEG)	2019.4
경제협력개발기구(OECD)	인공지능 OECD 원칙	OECD	2019.5

국가별 AI 윤리 가이드라인 (자료 제공: 정보통신정책연구원)

윤리적 쟁점에는 어떤 것들이 있을까

AI의 특징인 자율성·합리성·유사성·연결성에서 새로운 윤리적 문제가 제기되기 시작했다. 자율성이란 AI가 인간의 지시와 판단을 배제하고 스스로 결정을 내리는 '지능', 그 자체의 속성에서 나온다. 그 결정으로 인해 당초 의도하지 않았거나 의도에 반하는 결과가 나왔을 때 법적 효력과 책임의 한계를 어디까지 설정할 것인가. 인간보다 우월한 계산력과 합리성을 발휘해 인간노동의 결과 못지않은 가치를 생성했을 때 AI에 성과물의 권리 귀속을 인정해야 할 것인가. 또 고도의 소비자 맞춤형 가격

자동 책정으로 구매자별로 서로 다른 비용을 지불하게 했을 때 가격차별에 해당할 것인가. 판매자 사이에서도 경쟁자의 가격 데이터를 시장에서 자동 수집해 실시간에 가까운 순차적 가격 추종이 이뤄지면 이를 알고리즘 담합으로 처벌해야 할 것인가. 스마트 계약으로 인간의 의사결정 과정을 배제한 자동거래가 성사됐을 때 사후 계약 불이행이나 불법 행위에 대한 손해배상 책임은 어느 쪽에 지게 할 것인가. 인간에 준하는 판단능력을 가진 존재로서 AI에 일정한 법적 지위를 부여하고 의무 이행도 요구해야 할 것인가. AI는 빅데이터의 입력과 예측 데이터 출력을 통해 다른 권리주체와 연결되는데 이때 발생할 수 있는 해킹, 프라이버시 침해 등 사고 발생 시 어느 쪽에 책임을 지워야 할 것인가.

AI 법제도 이슈	연결성	프라이버시 침해
		사이버 보안
		클라우드 규제
	자율성	책임귀속 문제
		법적 효력 인정 문제
		사적자치 원칙
	유사성	법인격 부여
		법적 지위
		윤리적 지위
		수범자로서의 의무
	합리성	정보 비대칭성
		지재권 권리인정
		자기결정권 침해
		불공정 경쟁

AI의 기술적 특징과 법제도 이슈 (자료 제공: 정보통신정책연구원)

AI 알고리즘은 인간의 현실 사회에서 수집된 기존 데이터를 바탕으로 학습하므로 과거의 행태적 차별도 그대로 반영하는 경향이 강하다. 미국의 범죄자 재범 확률 예측 AI '컴퍼스'가 흑인에게 백인보다 2배가량 높은 위험성 판단을 했다는 비영리 탐사보도 기관 프로퍼블리카의 유명한 고발 기사가 있다. 검거된 범죄자 중 흑인 비율이 백인보다 훨씬 많은 현실의 자료를 반영한 결과이지만, 훈련 데이터에 내재된 과거의 사회적 차별과 편향이 알고리즘의 논리적 결론 도출에 고스란히 영향을 미친다는 점에서 큰 반향을 불러일으켰다. 또 아마존은 2018년 수년간 비밀리에 진행해온 AI 채용 프로젝트를 포기했다. 과거 10년간 제출된 이력서의 단어 패턴을 훈련시킨 결과, AI가 백인 남성을 선호하고 여성에게는 불리한 채용 성향을 보였기 때문이다.

아마존이 훈련시킨 AI 알고리즘의 판단에는 아마존 글로벌 인력의 60퍼센트, 관리직의 74퍼센트가 남성인 학습 데이터 자체에 내재된 젠더 편향이 그대로 반영돼 있었다. 정보통신기술(ICT)업계, 특히 컴퓨터 과학 분야에는 백인 남성 엔지니어들의 비율이 압도적으로 높고 따라서 이들이 쓰는 용어나 프로그래밍 관행 같은 것들이 업계에 광범위하게 퍼져 있었다. 아마존의 알고리즘은 이를 정상 또는 표준이라고 여기고 여기서 벗어나는 데이터에는 박한 점수를 주었던 것이다. 기존 데이터와의 일치율, 효율에만 주목하다 보니 현실 맥락과의 괴리가 발생한 것이라고 할 수 있다. 마찬가지로 AI가 데이터를 수집할 때 노인과 장애인 등 상대적으로 온라인 활동이 활발하지 않아 디지털 흔적도 적게 남긴 소수 이용자의 데이터를 덜 반영해 이들이 배제된 결론을 도출하기 쉽다는 분석도 있다.

개인정보·사생활 침해

2018년 5월 미국 오리건주에 사는 대니얼 씨 부부는 자신들의 사적인 대화가 아마존 에코에 의해 녹음된 후 텍스트 파일로 바뀌어 지인에게 전송된 사실을 뒤늦게 알고 크게 놀랐다. 아마존 알렉사, 구글 어시스턴트 등도 AI 스피커로 수집된 음성 정보를 여러 가지 목적으로 제3자가 청취하는 '휴먼 리뷰Human Review'를 한다는 미국 언론의 보도들이 2019년 4월 나왔다. AI 스피커는 개인에 가장 최적화된 맞춤형 서비스를 제공한다는 명분으로 음성 데이터를 수집해 프라이버시 침해 우려를 낳고 있다.

특히 주인의 음성 인식률을 높이기 위해 스피커에서 수집되는 전체 대화 중 일부를 무작위로 녹음해 재인식용 훈련자료로 활용하기도 한다. 부부 성생활, 의사와 환자 간 의료 비밀도 마구잡이로 녹취한다는 의혹이 제기돼 미국에서도 큰 문제가 됐다. 과연 AI 스피커는 대기모드에서도 사전 청취 및 녹음을 하는지, 한다면 어느 시점을 개인정보 수집 행위가 이뤄지는 때로 봐야 하는지? AI 스피커의 알고리즘 고도화를 위해 인간의 사후 재청취Human Review가 얼마나 이뤄지는지? 한다면 대부분 업체에서 음성 정보를 누군지 알 수 없도록 비식별 처리한다고 하는데 어느 정도 수준까지 하고 있는지? 알고리즘 정확도 향상에 원본 정보의 청취가 정말 필요한지? 이런 질문들이 모두 쟁점 사항이다.

5장에서 소개했던 AI 프로파일링은 SNS 등 사이버 공간에 나도는 파편 데이터를 주워 모아 특정한 인물의 정치적·종교적 성향이나 쇼핑 습관 등 행동 예측 모델을 재구성하는 기법이다. 자율적인 정보 수집과 학습 과정에서 사생활 침해의 우려가 나온다. 최초의 수집 정보는 개인을 특정할 수 없는 비식별정보라 하더라도 이를 시간·장소·양태별로 분류하고 해석·추론하는 AI의 강력한 패턴 인식능력은 개인정보를 재구성할 잠재력이 풍부하다. 원천raw 데이터가 언제든지 개인정보화할 우려가 있다는 이야기이다. 이런 이유로 EU의 강력한 개인정보보호법 GDPR 제22조는 "프로파일링을 포함한 자동화된 처리에 전적으로 의존하여 정보 주체에게 법적 효력이나 그와 유사한 수준의 중대한 영향을 미치는 의사결정"은 개인이 거부할 권리를 있다고 인정하고 있다. 한국에는 아직 이런 개인정보 수집 거부권 규정이 없다.

AI 양극화를 해소할 도덕적·법적 보완장치

금융 분야에 급속하게 확산되고 있는 투자 AI를 예로 들어보자. 일명 로보 어드바이저로 불리는 투자 상담 및 추천 알고리즘은 우선 거래행위의 주체성 인정부터 따져야 한다. AI의 자율적 투자 판단에 대해 문제가 생길 경우 누가 책임을 지느냐 하는 문제이다. 현행법 체계를 유지해 배후의 인간을 행위자로 의제해 책임을 묻는 게 가장 쉽다. 그러나 AI에 일정한 권리주체성을 인정하거나 책임재산을 부여해 자율성에 무게를 싣는 방안도 외국 입법례에서는 고려되고 있다. 이를 절충해 AI를 행위자로 보되 권리주체성은 인정하지 않고 다른 권리주체의 후견적 책임으로 거슬러 올라가는 법리 구성이 합리적이라는 주장이 설득력을 얻고 있다.

다음은 로보 어드바이저의 도움을 받아 투자에서 유리한 정보를 보유하게 된 투자자와 그렇지 못한 일반 투자자 사이에 정보 격차를 메꾸는 보호 장치를 마련해야 할 것인가 하는 문제이다. 금융 투자는 매우 전문적인 영역의 지식 보유자인 공급자와 소비자의 정보 비대칭이 현저한 분야이다. 그래서 한국에서는 금융 소비자보호 정책이 별도의 독립기관에 의해 다뤄질 만큼 강한 공정성을 요구하고 있다. 이처럼 AI를 보유한 투자자와 AI를 보유하지 못한 투자자 사이의 'AI 격차^AI Divide'는 이미 해결책을 모색해야 할 하나의 과제로 인식되고 있다. 2010년 5월 6

일 초단타매매(HFT)로 미국 증시가 폭락한 '플래시 크래시Flash Crash' 사태 이후 컴퓨터에 의한 초고속매매를 일정 제한하는 소비자 보호장치가 도입되었던 것과 같은 맥락이다.

반인권, 반윤리 금지

SF 영화 〈가타카Gattaca〉는 유전체 분석 기술로 태어날 때부터 우성 인간과 열성 인간으로 구분된 미래사회를 그리고 있다. 유전자 조작 기술과 의료 AI의 발달로 인간의 유전체와 생리학적 상태·조건을 분석해 신체를 도구화·등급화하고 여기에 서열을 매겨 학업·취업이나 보험 가입, 결혼 등 각종 계약에서 차등 대우의 근거로 삼을 경우 과거의 신분제 계급사회가 재현될 것이라는 우려이다. 자신의 의지와 관계없이 부모로부터 물려받은 생물학적인 특성이 일정 기준의 가치에 의해 평가되고 그로 인해 불이익을 입는다면, 그것은 인간의 존엄성, 천부인권에 반한다는 윤리적 문제 제기인 셈이다.

중국은 이미 사회 신용 등급제를 도입할 준비를 하고 있다. 학생 시절 학업 성적과 사회생활에서의 근무 평정, 재정적 신용, 사법처리 기록 등을 모두 디지털 기록으로 축적해 이를 한 인간의 신용을 평가하는 종합적 잣대로 활용하겠다는 야심이다. 실제 시범 운용 과정에서 아버지의 전과로 명문학교 입학을 거부당한 자식이나 파산 등 과거 신용불량으로 출국을 금지당한 사례가 나타났다고 한다. 과연 다퉁大同, 유토피아 사회로의 진화인지, 오싹한 빅브라더 국가의 탄생인지 두고 볼 일이다. 이처럼 의료뿐 아니라 다른 분야에서도 AI 기술이 인간을 측정 가능한 대상, 추천을 통해 의도된 방향으로 유도할 수 있는 도구로 여길 위험성은 다분히 내재되어 있다.

또 사람의 생명과 재산을 빼앗는 비도덕적·반윤리적 범죄행위에 AI 기술이 사용될 경우 이를 강력하게 규제해야 한다는 오남용 금지 주장도 있다. 대표적인 것이 군사 분야의 치명적 자율무기체계Lethal Autonomous Weapon System, LAWS, 일명 '살인 로봇' 생산이나 유사한 범죄행위에 AI가 악용되지 않도록 개발 단계에서 과학자들이 솔선수범해 협력하지 말자는 국제적 합의이다. UN도 특정 재래식무기 협약(CCW) 정부 전문가 회의(GGE)의 틀 안에서 2014년부터 LAWS를 공식 의제로 다루면서 관련 규범을 꾸준히 업그레이드하고 있다.

법적 쟁점의 사례와 전개

추상적 윤리 문제에 이어 이미 상용화돼 AI 관련 제품이 보급되고 있는 특정 제품과 서비스 시장에서 분쟁이 생겼을 때 어떤 법적 원칙을 적용할 것인가에 대한 논의가 활발하다. 우선, AI 가운데 가장 먼저 상용화돼 생활 속으로 들어올 것으로 보이는 자율주행자동차를 중심으로 예상 쟁점을 살펴보자.

자율주행자동차의 손해배상법·보험법상 책임

자율주행자동차는 테슬라가 2016년 첫 운전자 사망사고, 우버는 2018년 첫 보행자 사망사고를 냈다. 자율주행자동차가 이같은 교통사고를 냈을 경우 과거와 전혀 다른 문제들이 발생한다. 일반적으로 차량 교통사고 시 과실의 귀속 주체와 비율 산정 등을 놓고 운전자의 부주의, 기계적 결함, 천재지변 등 외부 요인에 의한 것인지 여러 가지 원인을 면밀하게 따지게 된다.

그런데 자율주행자동차는 전통적인 과실 귀책과 비율 평가가 극히 곤란하다. 누가 책임이 있느냐를 놓고 지능형 에이전트에 표현表見대리의 법리를 적용하거나 공리주의에 입각해 최소비용 구제행위자를 가리는 법리 등이 검토되고 있다고 앞서 5장 말미에서 소개한 바 있다. 자율주행자동차의 문제를 여기에 대입해보자. 운전자의 자의 또는 묵시적인 위임을 받은 AI 대리인에게 우선 책임을 묻고, 만약 AI에 결함이 있다면 프로그래밍 엔지니어나 자동차회사, 또는 사용승인을 내준 감독관청 등에 과실 비율에 따라 배분해야 할 것이다.

하지만 AI 알고리즘은 원인과 결과의 인과관계를 추적하기 불가능할 만큼 매우 복잡하고, 설사 결함을 찾아낸다 해도 책임 비율 판정은 다수의 이해관계자를 대상으로 한 번 더 솔로몬의 지혜를 발휘해야 할 상황으로 갈 확률이 높다. 상용화 단계의 알고리즘은 초기 데이터 수집과 정제, 팀 단위 프로그래밍 및 검수 등 설계와 적용 과정이 집단창작에 가까운 대형 프로젝트이기 때문이다. 그래서 사후 검증이 가능한 설명 가능 AI^{Explainable AI}로 알고리즘의 블랙박스를 투명하게 만들고, 알고리즘으로 알고리즘을 분석하는 검사 AI를 개발하자는 의견도 나왔다. 그러나 이때도 설명이란 게 어느 정도 상세해야 하느냐란 반론이 있다.

아르헨티나 출신 소설가 보르헤스^{Jorge Luis Borges}의 단편 〈과학적 정밀함에 대하여〉에 등장하는 지도의 우화처럼 현실의 표상(AI의 경우 알고리즘 모델링)이 너무 상세하면 상징이나 알레고리로서의 쓸모를 잃어버린다. 알고리즘을 파헤치는, 알고리즘의 약점을 파악하는, 알고리즘 마인드 리더 알고리즘은 옥상옥의 가능성이 있다. 도둑을 잡는 경찰은 검찰이 감시하고, 검찰은 공직자비리수사처(공수처)가 감시한다. 그렇다면 공수처는? 끝이 없는 뱀 꼬리 물기 순환론이 되기 십상이다.

자율주행자동차가 일반도로를 주행하려면 다음의 과제가 어느 정도 해결돼야 한다. 첫째, 도로교통법에 자율주행 체계를 새로 편입시킬 수 있는 제도의 보완이다. 현재 시험·연구 목적이 아닌 100퍼센트 상업 도로주행은 불가능하다. 선진국도 일정 공간 내 왕복 구간, 또는 매우 제한된 도로에서만 허용하고 있다. 독일은 운전자의 책임을 면제하는 조항을 도로교통법에 신설했다. 자동차검사에 자율주행시스템 관리 의무를 포함하고, 레벨3

에서의 제어권 전환 기준도 마련해야 할 것이다. 둘째, 손해배상 책임의 재설계이다. 과실 여부에 관한 판단 없이도 손해를 전보할 수 있는 제도를 새로 고안해야 한다. 독일 도로교통법은 자율운행으로 이익을 얻는 주체(운전자 등)가 위험책임을 지는 방안을 고려중이다. AI 법인격을 일부 인정해 자율주행자동차 자체에 책임재산을 부여하자는 아이디어도 있다. 셋째, 보험법 정비이다. 자율주행자동차의 레벨 단계마다 배상책임을 구분해 세심하게 보험체계를 만들어나가야 한다.

단계Level	정의	주행 제어 주체	주행 중 변수 감지	차량 운행 주체
00 No Automation	**전통적 주행** 운전자가 모든 것을 통제, 시스템은 경고와 일시적인 개입만.	인간	인간	인간
01 Driver Assistance	**부분 보조 주행** 속도 및 차간거리 유지, 차선 유지 등 시스템이 일정 부분 개입	인간 및 시스템	인간	인간
02 Partial Automation	**보조 주행** 특정 상황에서 일정 시간동안 보조 주행, 필요시 운전자가 즉시 개입	시스템	인간	인간
03 Conditional Automation	**부분 자율주행** 고속도로와 같은 조건에서 자율주행, 필요시 운전자가 즉시 개입	시스템	시스템	인간
04 High Automation	**고도 자율주행** 제한 상황을 제외한 대부분의 도로에서의 자율주행	시스템	시스템	시스템
05 **Full Automation**	**완전 자율주행** 탑승자는 목적지만 입력, 운전대와 페달 제거 가능	시스템	시스템	시스템

미국자동차공학회(SAE) 기준 자율주행자동차 발전 단계

예술 AI 창작물의 지식재산권

6장에서 음악, 미술, 문학 등 다양한 장르의 AI 창작물을 소개한 바 있다. 렘브란트의 화풍을 적용해 다른 그림을 해석하거나 새로 그려주는 넥스트 렘브란트, 인기 클래식 음악을 학습해 영화나 게임용 주제가를 새로 작곡해주는 아이바 등이 대표적인 예이다. 뉴욕 크리스티 경매장에서 AI가 그린 그림이 예상가의 40배에 가까운 약 5억 원에 낙찰된 게 2018년 말이다. 우리는 AI 예술가의 창조성을 인정하는 단계로 가고 있다.

여기에서 여러 가지 지식재산권 이슈가 새로 발생한다. 특허·상표·디자인·저작권 등의 창작 주체성을 인정할 것인지, 인정한다면 제조자·판매자·이용자 중 누구에게 권리를 귀속시키고 그 조건은 어떻게 정해야 할지, 권리침해가 발생할 경우 구제의 대상과 범위는 어디까지 보호할 것인지 등이다. 가장 대표적인 저작권을 중심으로 살펴보자. 우선 창작 이전의 정보 수집 단계에서 문제가 발생한다. 예술 AI를 학습시킬 때 기존 저작물을 데이터로 활용했다면 원저작권자의 허락이 필요할 것인가.

이를 학습상 공정公正이용 이슈라고 한다. AI봇이 웹상에서 예술창작의 재료를 검색하면서 타인의 저작물을 모아왔다면 이 행위에 대해 면책을 해줘야 하는지가 쟁점이다. 비영리 목적일 때만 허용하는 국가도 있고, 영리 목적이라 하더라도 변형적trasformative 요건이 충분히 완비됐을 경우 면책을 인정하는 곳도 있다. 미국의 저작권 관련 판례법이 대표적이다. 변형적이라 함은 원래 저작물을 단순 카피하는 데서 벗어나 새로운 표현과 의미가 더해진 창의성이 있는가를 판단하는 추상적인 법적 기준이다. 지나치게 엄격한 개인정보보호보다 데이터 산업의 육성에 초점을 맞춘 데이터법을 운용하는 것과 같은 이유이다.

다음은 창작물이 생성된 후 권리 인정 이슈이다. 예술 AI의 작품에 독창성과 창의성을 인정할 것인가. 여기에는 예술가의 의도와 자유의지, 창작하는 주체로서의 자기인식 등 미학적·철학적 논란거리가 다수 포함돼 있으므로 섣불리 결론을 내릴 수는 없다. 다만, 저작권의 경우 고도의 철학적 사상·감정의 표현일 필요는 없고, 독자적인 정신적 노력의 소산이면 충분하다는 과거 판례에 따라 AI의 저작권을 대체로 인정하는 추세로 가고 있다.

그렇다면 권리의 귀속 주체는 누구로 봐야 할까. 여기서 현대 예술의 창작 주체성을 판단한 최근 판례를 볼 필요가 있다. 대한민국 법원은 2017년 가수 조영남의 화투 그림 판결에서 조 씨의 작품이 '대작代作'에 해당한다고 판시했다. 여러 명의 조수를 두고 덧칠 등을 시켰지만, 핵심 아이디어는 자신이 제공한 개념 미술 내지 팝아트에 해당한다고 주장한 조 씨의 논리를 받아들이지 않았다. 한마디로 조 씨의 작품이 아니라는 결론이다. 법원은 작품 활동에 관여한 보조의 역할이 조 씨의 지휘·감독을 벗어났다는 점도 근거로 들었다.

주된 창작자와 이를 보조한 인간 보조자의 관계를 가린 판결이라서 예술 AI에 그대로 인용하긴 어렵지만 '창작에 핵심적으로 기여한 다른 관여자'의 개념은 유사할 것으로 보인다. AI 알고리즘을 설계한 컴퓨터 엔지니어, 그 알고리즘을 적용해 구체적인 작품을 만들어낸 사용자도 공동저작자로 봐야 할까.

마지막으로 AI가 다른 저작자의 권리를 침해했을 때는 어떻게 될까? 저작권 침해의 현행 법리는 주관적 요소인 의거성依據性과 객관적 요건인 실질적 유사성이 모두 인정되는 경우에만 저작권 침해라고 보고 있다. 의거성은 의식적으로 인지한 상태에서 갖다 썼다는 뜻이다. 접근성이나 현저한 유사성 등이 판단 근거로 꼽힌다. AI에 저작권을 인정한다고 하더라도 학습 과정에서 명백하게 과거 유사 저작물을 대량으로 접한다는 점에서 통상의 저작권과는 다른 법적 구성요건 아래 기존보다 약한 보호를 받는 방향으로 입법이 고려돼야 할 것이다.

국내외 AI 윤리 및 입법 동향

2017년 1월 AI 연구에서 선구적인 과학자와 기업인들이 미국 캘리포니아주 아실로마에 모여 이 기술의 긍정적인 미래와 위협이 될 가능성을 함께 논하고, 인류에 혜택을 줄 수 있는 방향으로 개발해야 한다는 데 뜻을 모았다. 그리고 이를 '아실로

마 AI 원칙'이란 이름의 23개 항목으로 정리해 발표했다. 맥스 테그마크 미국 MIT 교수가 공동 설립자로 있는 인류미래연구 소Future of Life Institute, FLI를 중심으로 스티븐 호킹, 일론 머스크, 데미스 허사비스 등 2,000여 명의 저명한 과학자와 기업인들이 연구 이슈, 윤리와 가치, 장기적 이슈의 3대 부문에 걸쳐 스물세 가지 원칙을 천명한 것이다. 그 후 이 원칙들은 UN, EU, OECD 등 국제기구뿐 아니라 개별 국가의 AI 윤리 가이드라인을 설정하는 데 큰 영향을 미쳤다.

아실로마 AI 원칙Asilomar AI Principle

아실로마 AI 원칙에는 크게 세 가지 이슈가 있다. 연구, 윤리와 가치, 장기적 이슈의 세 가지이다. 첫 번째 연구 이슈에는 연구목표, 연구비 지원, 과학정책 연계, 연구문화, 경쟁 회피 원칙이 포함돼 있다. 두 번째 윤리와 가치에는 안전, 실패의 투명성, 사법적 투명성, 책임성, 가치 정렬, 인간의 가치, 개인정보 보호, 자유와 프라이버시, 이익의 공유, 번영의 공유, 인간 통제, 사회 전복 방지, AI 무기 경쟁에 관한 원칙이 포함되었다. 마지막으로 장기적 이슈에는 역량 경고, 중요성, 위험성, 자기 개선 순환, 공동의 선 원칙이 제시됐다.

유네스코(UNESCO)의 'AI 개발과 실행, 사용을 위한 포괄적 원칙'

유엔 산하기구인 유네스코(유엔 교육과학문화기구)의 집행위원회는 2018년부터 AI 윤리 기초연구Preliminary Study on the Ethics of AI를 담당한 확대 작업반Extended Working Group의 논의 결과를 모아 2019년 3월 열한 가지 원칙을 제시했다. 인권, 포괄성inclusiveness, 양성flourishing, 자율, 설명 가능성, 투명성, 인식과 이해력Awareness and Literacy, 책임성, 책무성, 민주성, 좋은 지배구조이다. 유네스코의 윤리 헌장은 다른 조직의 헌장보다 더 근본적이고 포괄적 이슈에 집중하는 점이 특징이다. 이는 조직의 성격상 논의에 다수의 철학자, 법학자, 교육자 등 학자들이 대거 참가하기 때문이다. 교육, 과학, 문화 분야에 AI가 미칠 영향을 검토하고 문화적 다양성, 평화와 안전보장, 성평등, 아프리카 경제 부흥에 도움이 되는 방향을 제시한 점도 눈에 띈다.

유럽연합(EU)의 '신뢰할 수 있는 AI의 윤리 가이드라인'

유럽연합 집행위원회Commission 산하 최고전문가그룹High-Level Expert Group은 2015년 5월 '신뢰할 수 있는 AI의 윤리 가이드라인Ethics Guidelines for Trustworthy AI'에서 일곱 가지 원칙을 제시했다. 인간 주체성과 통찰Human agency and oversight, 강건성과 안전성Robustness and safety, 프라이버시와 데이터 통제권Privacy and data governance, 투명성, 다양성과 차별금지 및 공정성, 사회적·생태적 웰빙, 책무성이다.

EU 집행위 가이드라인의 특징은 민간 주도로 정부를 배제하고 기업, 연구기관, 시민단체 등이 주축을 이룬 점이다. 그래서 헬스케어, 에너지, 차량 안전, 농업, 기후변화, 금융 위기관리, 사이버 보안, 보다 효율적인 범죄 대응 등 구체적인 이슈에 적용시키고 있다. 공공 영역이 섣불리 처음부터 뛰어들어 간섭하기보다 민간 자율로 기본 규칙을 만드는 열린 사고, 사후에 섬세하게 민간을 돕겠다는 민관 조율 의식이 돋보인다.

경제협력개발기구(OECD)의 AI 원칙

선진국 모임인 OECD는 2019년 5월 'AI에 대한 이사회 권고안Council Recommendation on AI'을 최고 의사결정기구인 각료이사회에서 만장일치로 통과시켰다. 신뢰할 수 있는 AI의 국가적 책임 5대 원칙으로 포괄적이고 지속 가능한 성장과 웰빙, 인간 중심의 가치와 공정성, 투명성과 설명 가능성, 강건성과 안전성, 책무성을 들었다. 인권과 기술산업의 혁신을 어떻게 조화시킬 것인가에 중점을 뒀다. OECD 권고안의 가장 큰 특징은 정부 공직자들이 주축이 돼 기업인, 과학자 및 엔지니어(IEEE 회원), 유네스코 같은 국제기구와 함께 범정부 가이드라인을 제시했다는 점이다. 앞서 EU 가이드라인은 정부 공무원을 배제한 채 민간

주도로 자율성을 강조하고, 유네스코 원칙은 보다 철학적·윤리적 쟁점에 집중하는 자세와 비교된다.

한편, 신뢰할 수 있는 AI를 위한 국가 정책 우선순위에 대한 권고사항으로 책임 있는 AI 연구개발 투자, AI에 필요한 디지털 생태계 조성, 혁신을 위한 유연한 정책환경, 인적역량 배양 및 일자리 변혁 대응, 신뢰할 수 있는 AI 정책 수립을 위한 국제 협력 등을 들고 있다. OECD는 다음 단계로 정책 관찰기구를 곧 출범시켜 국가별 AI 전략 데이터베이스를 구축하고, 미래 AI 적용에 대한 경제·사회적 충격을 직접 확인할 예정이다.

전기전자학회(IEEE)의 AI 국제 이니셔티브

IEEE는 전기전자공학을 연구하는 학자들의 단체이다. 역시 전문 기술자의 모임답게 일반인들이 사용하는 AI라는 표현을 쓰지 않고, 의도적으로 A/IS^Autonomous Intelligent System라는 엄밀한 정의의 고유 명칭으로 부른다. 이들은 인간의 조작(개입) 없이 작동하는, 인식 또는 정신의 확장이란 이론에 동의한다. OECD 및 유네스코와 협력해 2019년 9월 '윤리적으로 정렬된 A/IS 디자인 초판^Ethically Aligned Design First Edition, EAD 1e'을 내놓았다. 정렬이란 말은 인간의 윤리와 나란히 줄을 맞추었다는 뜻이다. 일반원칙으로 제시된 것은 인권, 웰빙, 데이터 에이전시, 효율성, 투명성, 책무성, 오남용 가능성 인식, 역량의 여덟 가지이다.

IEEE는 실제 기업이나 연구소에서 일하는 현장 실무자 단체라는 성격답게 다음 단계로 AI 표준을 추진하고 있다. 이들의 AI 인증은 'P7000 시리즈'로 불리며 앞에서 제시한 EAD 기준을 충족해야 한다. 자율체계의 투명성 인증 P7001과 데이터 프라이버시 절차 P7002 등이 있다. 앞으로 AI 제품과 서비스를 개발하는 기업들은 P7000 시리즈의 산업 표준을 준수해야 하며, 그렇지 않을 경우 유통과 수출입에 어려움을 겪을 것이다.

AI 윤리 선언도 기업의 방패막이에 불과한가

'착하게 돈 벌자Don't be evil'라는 것은 거대기업 구글의 경영 이념이다. 순다르 피차이Sundar Pichai 구글 CEO는 AI 사업에 있어서도 사회적 혜택, 불공정한 편견을 만들거나 조장하지 않기, 안전이 우선, 인간의 지시와 통제, 개인 정보 보호와 데이터 사용에 대한 투명성 등을 비롯한 일곱 가지 '구글 AI 원칙'을 밝히기도 했다. 실제 구글은 과도한 영업 이익 달성보다 공공의 이익에 부합되도록 전체 비즈니스를 운영한다는 좋은 이미지를 쌓아왔다. 그러나 일각에는 이것이 구글의 허울 좋은 위선에 불과하다고 통렬하게 비판하는 목소리가 있다.

구글은 에릭 슈미트Eric Schmidt 회장 시절 '더블 아이리시 위드 더치 샌드위치Double-Irish with Dutch Sandwich'란 조세회피 수법으로 여론의 도마에 올라 슈미트 회장이 미국 의회 청문회에 출석까지 요구받았다. 상세한 설명은 생략하지만 전 세계에서 벌어들인 수익을 법인세율이 낮은 아일랜드에 세운 2개의 자회사와 경유지 네덜란드 자회사로 몰아 송금함으로써 세금을 거의 물지 않는 탈세 혹은 절세의 재주를 부린 것이다. 이 나라에서도, 저 나라에서도 세금을 내지 않는 '국제 이중 비과세'로 인해 도적적 비난이 들끓었지만 슈미트 회장은 당시 "정부가 규칙을 정한다면 기업은 따를 것"이라는 말로 현행 법체계의 허점을 비웃었다.

미국 세무 당국이 계산한 바에 따르면 구글은 절묘한 세금 탈루 기법으로 20~30퍼센트의 미국 법인세, 10퍼센트대의 아일랜드 법인세율보다 훨씬 낮은 2.4퍼센트 가량의 실효세율(실제 납부 세율)을 적용받는 데 그쳤다고 한다. 구글의 주요 제품인 음악·게임 같은 앱과 서비스는 컴퓨터, 스마트폰 등 온라인으로 유통되므로 해외 영업지에 물리적 장소(사업장)를 두지 않고도 판매가 가능하다. 소득 발생 국가에 사무소(회사)를 정식으로 설립하지 않아도 되는 것이다.

실제 한국에 있는 구글 코리아도 주식회사가 아닌 유한회사에 불과해 재무제표 등 기업 정보를 공표할 필요가 없는 비공개 기업이다. EU가 최근 구글을 포함한 애플, 아마존 등 거대 IT 다국적기업들에 세칭 '구글세'로 불리는 디지털 재화 영업이익 환수 세금을 신설해 트럼프 미국 대통령과 무역마찰을 빚고 있는 데도 이 같은 배경이 깔려 있다.

마찬가지로 2010년대 후반 나타나기 시작한 AI 윤리 담론도 AI 기업들에 대한 정부와 시민사회의 선제적 규제 내지 경계 열풍을 기업의 자율적 의무준수 선언 정도로 피해 가려는 고도의 전략적 목적 아래 급조된 주문품이란 통렬한 비판이 있다. 구체적으로는 2018년 3월 미국에서 페이스북의 개인정보를 무단 수집해 선거에 유리한 방향의 투표 유도행위를 시도한 AI 정치 마케팅업체 케임브리지 애널리티카의 조작 기술이 내부 고발자에 의해 폭로된 이후 AI 윤리 논쟁이 본격적으로 불붙기 시작했다. 또 구글이 미 국방부와 컴퓨터 비전 시각인식 기술 제공 계약을 체결했다가 컴퓨터 개발자 등 내부 직원들의 집단 반발로 포기했던 사건도 그즈음이었다. 언론과 시민들 사이에 AI 알고리즘의 어두운 얼굴, 위험성과 부작용에 대한 경각심이 크게 높아졌다. 특히 사생활을 침해하고 여론을 조작하거나 인간을 살상하는 킬러로봇 등 군사적 전용에는 재갈을 물려야 한다는 규제론이 고개를 들었다.

그러자 실리콘밸리의 돈줄이 MIT, 하버드대 등 연구자들에게 흘러 들어가기 시작했고, AI 윤리 산학 동맹이 형성되었다는 내부 고발자의 기고문이 실리기도 했다. 그는 이런 일련의 흐름을 '기술 로비'라고 비난하면서, 미래에 예상되는 강한 법적 규제를 기업의 자율적 윤리 준수란 연성 규범으로 구렁이 담 넘듯 부드럽게 넘어가려는 술수에 불과하다고 폄하했다.

그러나 기업의 AI 윤리 원칙 제정을 너무 부정적인 시각으로만 바라보는 것은 지나친 비관이 아닐까. 기업은 생물로 치면 생존과 자손 번식에 해당하는 이윤 창출과 자본 확대를 위해 야수처럼 뛰어다닌다. 애니멀 스피릿, 자본가의 이 야수적 본능이 자본주의의 원동력이란 케인즈의 분석도 있다. 슘페터는 기업가의 혁신 정신이 요체라고 갈파했다. 양적 확대든 질적 도약이든 야수의 마음은 야생에서 날것 그대로 살아 숨 쉬는 자유혼을 의미한다. 자유는 귀중한 본능이지만 넘치면 방종과 일탈로 이어진다. 그 극단적 폐해를 치유하려는 시도가 수정 자본주의, 인간의 얼굴을 한 자본주의였다.

AI 윤리도 미쳐 날뛸 수 있는 악마 AI로 치닫기 전에 자발적으로 인간의 마음을 입혀보자는 수정 기술주의 정도의 역할이라고 생각해 보면 어떨까. 물론 윤리와 도덕적 통제로 악마화를 100퍼센트 막을 순 없을 것이다. 그래서 AI가 들어가는 길목마다 단계에 맞는 제도적 통제, 법적 규율이 필요하게 된다. 법이 제 할 일을 하기 바로 전에 가장 외곽에서 AI의 선한 모습을 미리 그려보는 스케치에 해당하는 게 AI 윤리라고 생각한다. 그 테두리 안에 어떤 색을 칠해 전체 그림을 완성할지는 그 사회의 합의에 달려 있다.

마치며

AI 시대라고 하면, 가장 흔히 터져 나오는 것이 일자리에 대한 걱정이다. 내가 하는 일이 내일 사라질지도 모른다는 두려움이다. 전혀 근거가 없는 건 아니다. 우버가 등장한 후 택시 기사들이 삶이 팍팍해졌다며 한탄하는 것처럼. 그렇지만 우리는 기술과 어깨동무를 해야 한다. 미친 속도로 쑥쑥 커가는 거인 아기를 안아야 한다. 절친이 되어야 한다. 인공지능 피하기, 가로막기, 비웃기는 올바른 태도가 아니다.

누군가 내게 'AI 시대의 미래상'을 묻는다면 나는 바둑 기사들을 보라고 말하고 싶다. 그들은 이렇게 말한다. "AI의 바둑에서 몰랐던 새 수법을 많이 배웠다." "흉내바둑 같은 변칙이나 평소와 다른 비정상적 흐름에는 굉장히 약하다." "너무 AI에 의지하다 보면 생각 없이 복기할 때도 가끔 있다. 본인의 생각이 없으면 아무 의미가 없다." 그리고 "AI와의 협업을 통해 더 깊은 바둑의 우주 속으로 들어갈 수 있다"라고.

밀려오는 AI에게 일자리를 뺏길 위험성도, 그 AI와 협업해 공존의 길을 모색할 가능성도 어느 누군가의, 혹은 한정된 업계의 전유물이 아니다. AI라고 하는 거인 아기의 활용 가능성은 무궁무진하고, 너 나 할 것 없이 사회의 전 영역을 덮쳐 온다. 그렇기에 우리는 고개를 돌려서는 안 된다. AI 기술이 어떤 분야에서, 어떻게 사용되고 있고 또 앞으로 어떻게 적용될지 알아야 한다. 당장 내일 내 일을 지키기 위해서, 혹은 찾기 위해서라도.

필자는 인문학도 출신의 과학 기자이다. 컴퓨터공학을 전공한 적도 없어 인공지능 취재가 어렵기도, 재미있기도 했다. 인공지능의 기술적 지식보다 법조계, 의료계, 금융계 등 인간사회에 적용되면서 나타나는 새로운 현상의 명암을 조명하는 데 공을 들였다. 아직 충분히 검토하지 못한 내용은 다음에 쓸 책에 담을 예정이다. 2020년 새해에 책을 내면서 지난 1년간 만난 분들의 얼굴이 쭉 떠올랐다. 이름을 모두 쓰자니 너무 길었다. 가족부터 시작해 취재의 기회를 부여해준 회사와 지원기관, 귀한 지식을 나눠주신 국내외 선후배, 동료들에게 감사드린다. 더 열심히 읽고 쓰는 열정으로 보답할 생각이다.

2020년 1월
AI의 최전선에서
노성열

AI 시대, 내 일의 내일

인공지능 사회의 최전선

초판 1쇄 찍은날 2020년 1월 14일
초판 1쇄 펴낸날 2020년 1월 21일

지은이	노성열
펴낸이	한성봉
편집	조유나·하명성·최창문·김학제·이동현·안상준
디자인	전혜진·김현중
마케팅	박신용·오주형·강은혜·박민지
경영지원	국지연·지성실
펴낸곳	도서출판 동아시아
등록	1998년 3월 5일 제1998-000243호
주소	서울시 중구 소파로 131 [남산동 3가 34-5]
페이스북	www.facebook.com/dongasiabooks
전자우편	dongasiabook@naver.com
블로그	blog.naver.com/dongasiabook
인스타그램	www.instargram.com/dongasiabook
전화	02) 757-9724, 5
팩스	02) 757-9726

ISBN	978-89-6262-320-8 03320

이 도서의 국립중앙도서관 출판예정도서목록(CIP)은
서지정보유통지원시스템 홈페이지(http://seoji.nl.go.kr)와
국가자료종합목록 구축시스템(http://kolis-net.nl.go.kr)에서
이용하실 수 있습니다. (CIP제어번호 : CIP2020001283)

※ 잘못된 책은 구입하신 서점에서 바꿔드립니다.

만든 사람들

편집	최창문
크로스교열	안상준
디자인	전혜진
본문조판	김경주